WUNDERPFLANZE GEGEN
KLIMAKRISE ENTDECKT:

# DER BAUM!

# Machen ist
# wie wollen – nur krasser!

Allen Menschen und Unternehmen gewidmet, die sich freiwillig
klimaneutral stellen und in einer positiven Kettenreaktion ihre Freunde,
Bekannten und Kunden sowie andere Unternehmen mitreißen,
sich ebenfalls klimaneutral zu stellen.

Das sind unsere Helden!

FELIX FINKBEINER
& PLANT-FOR-THE-PLANET

WUNDERPFLANZE GEGEN
KLIMAKRISE ENTDECKT:
# DER BAUM!

Warum wir für unser
Überleben pflanzen müssen!

KOMPLETTMEDIA

Originalausgabe
1. Auflage
© Verlag Komplett-Media GmbH
2019, München/Grünwald
www.komplett-media.de
ISBN Print: 978-3-8312-0486-1
Auch als E-Book erhältlich

Umsetzung: Jonathan Adler
Lektorat: Redaktionsbüro Diana Napolitano, Augsburg
Korrektorat: Redaktionsbüro Julia Feldbaum, Augsburg
Umschlaggestaltung: Guter Punkt, München
Grafische Gestaltung, Bildredaktion, DTP: Lydia Kühn, Aix-en-Provence, Frankreich
Druck & Bindung: COULEURS Print & More, Köln
Printed in the EU

FSC
www.fsc.org
MIX
Aus verantwortungs-
vollen Quellen
FSC® C106954

# Inhalt

Vorwort – Ernst Ulrich von Weizsäcker ................ 8

Vorwort – Franz Josef Radermacher ................ 10

## #change

**Machen wir uns klimaneutral** ................ **14**

Global denken – global handeln ............ 14

Eine Bewegung wird geboren ............ 18

**Die Gesellschaft steht auf** ................ **26**

Klimaklagen und Aktionen rund um den Globus ...... 26

Aufregung um den Hambacher Forst ........ 38

Die Mehrheit will den Kohleausstieg ........ 40

Wie kommt ein 13-jähriger dazu, vor den
Vereinten Nationen zu sprechen? ........ 46

Unsere Motivation ................ 58

Die Entwicklung von Plant-for-the-Planet
von 2007 bis 2018 ................ 60

## #status quo

**Uns bleibt nur noch ein halbes Grad** .......... **66**

Die Erderwärmung beschleunigt sich .......... 66

Zwei Grad machen uns verletzlich ........ 70

Die Ambitionslücke ................ 72

Zehn harte Fakten zur Klimakrise .......... 74

**Die Natur leidet mit uns** ................ **76**

Viele Tiere würden es nicht schaffen ........ 76

Viele Baumarten würden nicht mithalten ........ 80

Die Meere ersticken ................ 81

## Gesundheitsgefahr Klimakrise ...............83

Hitze stresst: Neue Krankheiten und hohe Belastungen . . . 83

Weniger Nährstoffe in Lebensmitteln . . . . . . . . . . . 86

Das Essen wird teurer . . . . . . . . . . . . . . . . . . 88

Die Landwirtschaft beeinflusst das Klima massiv . . . . . 89

## #future

## Im Jahr 2030 ... ......................92

Klimaflucht und Ressourcenkonflikte . . . . . . . . . . 92

Nur Kooperation kann uns jetzt noch helfen . . . . . . . 97

Eine nachhaltige globale Entwicklung . . . . . . . . . . 98

Eine sichere und würdevolle Migration . . . . . . . . . 110

Klimaverträgliche Wirtschaft in Deutschland und Europa . . 112

Klimagerechtigkeit . . . . . . . . . . . . . . . . . . . 112

## Manipulationsversuche der Klimaleugner.......118

Die Desinformationskampagne zur Klimakrise in den USA . . 124

In Deutschland streut das EIKE Zweifel . . . . . . . . . 128

Zweifel gegen Fakten . . . . . . . . . . . . . . . . . . 131

## #betterworld

## Das Klima wird nicht auf einer Konferenz gerettet, sondern im Wald .........136

Wir rufen auf zur größten Aufforstung
der Menschheitsgeschichte . . . . . . . . . . . . . . . 136

Wälder effektiver schützen . . . . . . . . . . . . . . . 145

## Unsere Zukunft beginnt jetzt ...............149

Wir sind viele . . . . . . . . . . . . . . . . . . . . . 149

Change is coming . . . . . . . . . . . . . . . . . . . . 153

Wir brauchen jetzt Helden, die sich klimaneutral stellen . 154

# #wood

## Der Weg aus der Klimakrise führt in den Wald . . 160

Unsere Generation muss sich der größten
Herausforderung stellen . . . . . . . . . . . . . . . . . .160

Das Übereinkommen von Paris ist ein Anfang . . . . . . .162

Die Ambitionslücke beträgt 500 Milliarden Tonnen $CO_2$ . . . 165

Die Klimafrage entscheidet sich in Afrika und Indien . . .167

Holz lebt. Holz ist Leben. Holz aus 1000 Milliarden
neuen Bäumen speichert 250 Milliarden Tonnen $CO_2$ . . . . .168

Beleaf-it – Holz hilft, die Kluft zwischen
Arm und Reich zu schließen . . . . . . . . . . . . . . .170

Wir müssen den geopolitischen Joker spielen . . . . . . .172

DESERTEC macht die Armen sauber reich und
die Reichen sauber . . . . . . . . . . . . . . . . . .172

Beleaf-it – Die Reichen finanzieren die weltweite
Aufforstung . . . . . . . . . . . . . . . . . . . . .177

Unternehmen, die sich über Aufforstung klimaneutral
stellen, haben Vorbildfunktion . . . . . . . . . . . .179

Wir haben 60 Jahre weitgehend verloren – das
nächste Jahrzehnt entscheidet . . . . . . . . . . . . .184

Beleaf-it – Aufforstung funktioniert auch
mit Klimaleugnern . . . . . . . . . . . . . . . . . . .186

Klimaklagen wirken . . . . . . . . . . . . . . . . . .190

Weltweites Mobilisieren . . . . . . . . . . . . . . . .192

#Beleafit **Kampagne** . . . . . . . . . . . . . . . . . . . 194

Endnoten . . . . . . . . . . . . . . . . . . . . . .202

# Vorwort

Ernst Ulrich von Weizsäcker

Der Club of Rome begrüßt die Bewegung Plant-for-the-Planet ausdrücklich! Junge Leute haben sich getraut, sich selbst einzumischen und aktiv zu werden. Nicht auf die Erwachsenen warten. Bäume pflanzen ist richtig, und es ist ein gutes Symbol für den Klimaschutz. Es ist auch ein gutes Symbol für Langfristigkeit. Bis die Bäume groß sind, sind die heutigen Kinder und Jugendlichen erwachsen.

Die Kraft der jungen Bäumepflanzer hat jetzt auch die Schüler insgesamt angesteckt. Für ein paar Stunden dem Unterricht fernbleiben und auf Demonstrationen, möglichst vor den Rathäusern, ernsthaften Klimaschutz einfordern.

So soll die Jugend sein, sagen wir beim Club of Rome.

Der Club of Rome hat ja schon vor bald 50 Jahren auf die Grenzen des Wachstums hingewiesen. Es ging um die Grenzen der Verfügbarkeit von Mineralien, Energie, Wasser und ganz einfach Land. Die Zahl der Menschen auf der Erde muss dringend stabilisiert werden, später sogar abnehmen. Sonst werden die Wohltaten der Baumpflanzaktionen weit überrundet von rasend wachsendem Konsum und weiterer globaler Erwärmung – mit wahrscheinlich katastrophalen Folgen.

Aber machen wir uns nichts vor: Die heutige Wirtschaft denkt hauptsächlich kurzfristig. Die Vierteljahresabschlüsse der Firmen sind der hauptsächliche Erfolgsmaßstab für die Aktiengesellschaften. Und der Siegesslogan in Amerika heißt zur Zeit »disruptive«: alles umkrempeln, die schläfrige Konkurrenz zerschmettern und ganz viele Dollars für das egoistische Zerstörungswerk scheffeln. Und möglichst wenig Steuern zahlen.

Wir wünschen dem Buch der jungen Autoren von Herzen weite Verbreitung. Auch, damit das öffentliche Bewusstsein wacher wird. Und wir danken Felix Finkbeiner und all denen, die mit ihm zusammenarbeiten. Für eine lebenswerte Welt.

*Ernst Ulrich von Weizsäcker*
Ehrenpräsident des Club of Rome

# Vorwort
### Franz Josef Radermacher

Die Klimafrage ist eine der zentralen Herausforderungen der Menschheit. Und die Menschheit droht, an dieser Stelle zu scheitern.

## Was tun?
Das Thema ist komplex und nicht nur eine Umweltfrage. Es geht um Energie, Macht, Geopolitik, wirtschaftliches Wachstum, Arbeitsplätze, um sehr viel Geld und um die Frage, wem es zufließt und wer es verliert.

Im Dezember 2015 in Paris haben sich die Staaten der Welt auf folgendes gemeinsame Ziel geeinigt: Die globale mittlere Temperatur darf die 2-Grad-Grenze nicht überschreiten. Die Politik hat mit dieser Zielbestimmung geliefert. Viel mehr wird sie nicht leisten können.

## Wie also können wir die 2-Grad-Grenze halten?
Ein Schlüssel ist die Kompensation. Wenn alle in Deutschland mitarbeiten, gemeinsam ab 2025 eine Milliarde Tonnen $CO_2$ zu kompensieren, wäre Deutschland, das zurzeit 904 Millionen Tonnen $CO_2$ verursacht, als erste

Industrienation klimaneutral, ja sogar klimapositiv. Klimakompensation wird von vielen Umweltschützern und Aktivisten zu Unrecht als »Greenwashing«, »Ablasshandel« oder »Freikauf« abqualifiziert. Dabei ist es die aussichtsreichste Art, die 2-Grad-Grenze noch zu halten.

Denn eines ist sicher: Wenn jeder so weitermacht wie bisher, werden wir nicht nur das Klimaziel verfehlen und die Zukunft des Planeten gefährden, sondern wir steuern mittelfristig auf Verbote zu, die unseren Lebensstil betreffen, auf hohe Eigentumsverluste und nicht zuletzt auf eine Klimaplanwirtschaft, die keiner wollen kann.

Vor diesem Hintergrund ist es höchst erfreulich, dass Felix Finkbeiner und seine Freunde die Menschen mit dem vorliegenden Buch wachrütteln. Felix geht seit über einem Jahrzehnt sehr logisch an die Klimakrise heran: Seit er als Neunjähriger begriff, dass es die Klimakrise gibt und Bäume $CO_2$ binden, rief er konsequenterweise die Schüler der Welt dazu auf, Bäume zu pflanzen. Wenige Jahre später begeisterte er Wissenschaftler der Yale Universität in den USA dafür zu ermitteln, wie viel Bäume wir Menschen noch zusätzlich pflanzen können und was diese bewirken: 1000 Milliarden Bäume, die ein Viertel des menschengemachten $CO_2$ binden würden. Ähnliche Einsparungspotenziale bestehen in den Bereichen Humusbildung und synthetische, klimaneutrale Kraftstoffe. Bäume sind als Teil der Lösung besonders wichtig, denn sie liefern mit dem Rohstoff Holz zusätzlich eine wichtige erneuerbare Ressource für vielfältige Nutzung. Zusätzlich schaffen sie über die gesamte Wertschöpfungskette »Holz« Millionen von Arbeitsplätzen.

All diese Ziele verfolgen Felix und seine Freunde. Als heute 21-Jährigem ist ihm klar, dass das Geld für den Zeitjoker, den die Bäume darstellen, realistisch nur vermögende Familien und Unternehmen werden aufbringen können, indem diese sich klimaneutral oder sogar klimapositiv stellen. Damit helfen sie sich wie uns allen. Je mehr, desto besser. Bäume sind ein Geschenk des »Himmels«. Bäume sind wunderbar.

*Franz Josef Radermacher*
Präsident des Senats der Wirtschaft und Mitglied des Club of Rome

#change

# Machen wir uns klimaneutral!

## Global denken – global handeln

2100 liegt für viele junge Leser noch in ihrer Lebenszeit, und sie könnten bereits eine Erwärmung von +3 Grad Celsius oder +4 Grad gegenüber der vorindustriellen Zeit erleben, denn wir steuern auf eine Heißzeit[1] zu. Bis heute haben wir im globalen Mittel erst +1 Grad Erwärmung vollzogen, und es ist erschreckend, was diese vergleichsweise kleine Störung bereits für durchgreifende Veränderungen zur Folge hat.

Beispielsweise häufen sich die Jahrhundertsommer wie 2003 und 2018. Bereits 2050 könnte jedes zweite Jahr ein Jahrhundertsommer werden. Es liegt im Bereich des Möglichen, dass sich nördlich der Alpen eher mediterranes Klima entwickeln könnte, während sich südlich der Alpen, in Italien, Spanien und Griechenland Wüstenklima durchsetzt. Diese Veränderung vollzieht sich nicht linear, sondern mit starken Schwankungen. So war 2017 ein sehr nasses Jahr, und die Äcker waren teilweise versumpft, während sie 2018 völlig ausgetrocknet waren. Unsere Bauern können sich schwer darauf einstellen. Auch in den Städten wird das Leben belastender mit Spitzentemperaturen von 38 Grad oder mehr, während es nachts nicht mehr unter 25 Grad abkühlt.

Wir können uns Klimaanlagen anschaffen, und wir können die Deiche erhöhen. Wir haben das Geld dafür. Regionen, die nicht verantwortlich für diese globale Erwärmung sind, zum Beispiel in Afrika, leiden viel extremer unter den Hitzeperioden und dem Meeresspiegelanstieg. Und die Probleme in Afrika werden zu unseren Problemen.

Die gute Nachricht: Wir können den Anstieg der Durchschnittstemperatur auf +1,5 oder +2 Grad gegenüber der vorindustriellen Zeit noch begrenzen. Wir haben alles, was wir brauchen, um die 1,5- oder 2-Grad-Grenze zu halten: Wissen, Technologie, Geld, Willen, Einfluss und Mut.

Außerdem haben wir keine Alternative! Denn sollten wir die 1,5- oder 2-Grad-Grenze nicht halten, müssten wir uns verabschieden von einem Leben in einer Zivilisation, wie wir sie in den letzten Jahren und Jahrzehnten haben kennenlernen dürfen.

Daher müssen wir sofort handeln und dürfen uns kein »Weiter so!« mehr leisten! Außerdem müssen wir lernen, global zu denken und global zu handeln. Das ist kein Tippfehler. Jeder von uns kann und muss global handeln! Weder die 2-Grad- noch die 1,5-Grad-Grenze sind möglich, wenn wir nur bei uns in Europa mehr Rad fahren, unsere Häuser besser dämmen, weniger Fleisch essen und weniger fliegen.

Die Zukunft der Menschheit wird auch in Sachen Klima in Afrika entschieden. Sollten nämlich Afrika, Indien und Lateinamerika den Weg einschlagen, den China in den letzten Jahren gegangen ist, dann sprechen wir von +4 Grad und mehr. China hat in den letzten fünf Jahren mehr Beton und Stahl verarbeitet als die USA in ihrer gesamten Geschichte. Beton und Stahl sind zusammen für zehn Prozent der weltweiten $CO_2$-Emissionen verantwortlich. Inzwischen emittiert China absolut mehr Klimagase als Europa, USA und Russland zusammen und auch relativ pro Kopf mehr als Europa.

Während sich die Bevölkerung in China aufgrund der früheren Ein-Kind-Politik weitgehend stabilisieren wird, wird sich die Bevölkerung in Afrika in den kommenden 30 Jahren auf 2,4 Milliarden Menschen verdoppeln. Und jeder dieser Menschen in Afrika wird versuchen, unseren $CO_2$-intensiven Lebensstandard zu erreichen.

Bei allem, was wir hier in Europa in Sachen Klimaschutz investieren, sollten wir immer überlegen, ob wir mit demselben Geld in Afrika nicht einen viel größeren Hebel in unseren Händen halten, indem wir dort Bäume pflanzen oder Sonnenenergie in den Wüsten Nordafrikas einfangen und als Strom, synthetisches Öl oder Gas nach Europa transportieren. Damit können wir die Armen sauber reich machen und uns Reiche sauber.

Indem wir den Menschen auf unserem Nachbarkontinent Geld geben, damit sie für uns Klimaspeicher pflanzen und so unser $CO_2$ binden oder Solarparks bauen und so weiteres $CO_2$ vermeiden, schaffen wir in den armen Ländern viele Millionen von Arbeitsplätzen und helfen den Menschen, sich zu entwickeln. Vor allem aber verhindern wir, dass die Menschen dort dieselben Fehler machen wie wir und unseren $CO_2$-intensiven Lebensstil kopieren müssen. Außerdem reduzieren wir zwei Fluchtursachen: Klimaerwärmung und Perspektivlosigkeit.

Mit etwas Empathie können wir uns leicht vorstellen, wir wären in einem der 54 Länder Afrikas geboren, hätten ein Smartphone und wüssten, welche Herausforderungen unsere Altersge-

nossen in Europa zu lösen haben und vor welchen existenziellen Problemen wir in Afrika jeden Tag stehen.

Manch einer wird sich jetzt denken: Was kann ich als einfacher Bürger denn schon global ausrichten? Sehr viel, und das sogar sehr einfach! Genau das wollen wir mit diesem Buch beantworten.

Unsere Initiative Plant-for-the-Planet wird finanziell unterstützt von der gleichnamigen Stiftung. Unser Stiftungssitz ist ein 142 Jahre altes Bahnhofsgebäude in Uffing am Staffelsee, das meine Eltern mit ihrem privaten Geld und viel Herzblut für uns Kinder und Jugendliche zum ersten Plus-Energie-Bahnhof Deutschlands saniert haben. Dank Dämmung aus Holzfaser, Photovoltaik, Solarthermie, Wärmepumpe und Batterie produziert das gut 330 Quadratmeter große Gebäude mehr Energie, als es für den Betrieb des Gebäudes verbraucht. Der Anteil der energetischen Sanierung machte rund 200.000 Euro an den Gesamtkosten aus. Dort können 24 Mitarbeiter klimaneutral arbeiten. Unter üblichen Umständen würde jeder etwa drei Tonnen $CO_2$ im Jahr verursachen, somit spart unser Bahnhof über einen Zeitraum von 50 Jahren 3600 Tonnen $CO_2$ ein.

Damit Sie sich besser vorstellen können, was mit diesen 200.000 Euro global

Der »Blaue Bahnhof« in Uffing am Staffelsee ist Sitz von Plant-for-the-Planet und Deutschlands erster Plus-Energie-Bahnhof.

möglich wäre, hier ein Vergleich: Für 200.000 Euro könnte beispielsweise ein Hauseigentümer 200.000 Bäume in Ländern des Südens pflanzen und pflegen lassen. Diese Bäume würden bei einer konservativen Standzeit von nur 15 bis 20 Jahren etwa 40.000 Tonnen $CO_2$ binden, also gut um den Faktor 10 mehr. Zusätzlich würden diese 200.000 Euro die Entwicklung in einem Land des Südens noch mal um einen weiteren Faktor 10 fördern, also Entwicklung im Wert von zwei Millionen Euro bewirken. In 15 oder 20 Jahren könnte zum ersten Mal wertvolles Bauholz geerntet und anschließend wieder aufgeforstet werden und in weiteren 15–20 Jahren weitere 40.000 Tonnen $CO_2$ binden. Außerdem liefert der Wald Nahrung, Arbeitsplätze und produziert Baumaterial für den Wohnraum von mehr als Zehntausend Menschen[2] in heute armen Ländern. Wir leben auf einem Globus, und wir sollten lernen, global zu denken und global zu handeln! Nutzen wir intelligent die geopolitischen Vorteile, die unsere Nachbarn uns bieten und wir ihnen bieten können, um unsere gemeinsame Herausforderung, die Klimakrise, zu meistern. Die Menschen in Indien, Afrika und Lateinamerika sollen einen anderen Weg aus der Armut einschlagen, als den Weg, den die Chinesen im letzten Jahrzehnt gegangen sind.

Das Geld dafür bekommen sie von uns, weil sie Bäume pflanzen. Wer unsere Stiftung und unsere Arbeit bereits kennt und selbst bereits Klimaexperte ist, dem möchte ich insbesondere das letzte Kapitel (→ Seite 160 ff.) ans Herz legen. Machen wir uns gemeinsam klimaneutral, und starten wir eine weltweite positive Kettenreaktion.

Es klappt.

Ihr Felix Finkbeiner

# Eine Bewegung wird geboren

Ich bin Felix Finkbeiner, 21 Jahre alt, und ich habe die Schülerinitiative Plant-for-the-Planet als Kind gegründet. Damals war ich neun Jahre alt und ging in die vierte Klasse. Meine Lehrerin gab mir die Aufgabe, ein Referat über die Klimakrise zu halten. Während ich es vorbereitete, erfuhr ich von einer beeindruckenden Frau: Wangari Maathai. In 30 Jahren hat diese Frau aus Kenia 30 Millionen Bäume gepflanzt.

Da dachte ich mir, ganz kindlich naiv, dabei müssten wir ihr doch helfen. Und so sagte ich am Ende der Präsentation vor der Klasse, dass wir Schüler eine Million Bäume in jedem Land der Welt pflanzen sollten. Vielen meiner Mitschüler gefiel die Idee – obwohl wir uns überhaupt nicht vorstellen konnten, was für eine Zahl »eine Million« eigentlich ist, geschweige denn, wie viele Länder es überhaupt auf der Welt gibt. Vielleicht war das gut so. Denn ganz ungehemmt und mit guter Laune gingen wir zwei Monate später nach draußen und pflanzten unseren ersten Baum.

Zwei Lokaljournalisten berichteten über unsere Aktion, und kurz darauf begannen auch einige andere Schulen in der Nähe, Bäume zu pflanzen. Ein älterer Schüler richtete eine einfache Website ein, die ein Ranking unter den örtlichen Schulen zeigte: Wer hatte die meisten Bäume gepflanzt? Die Schulen in den Nachbarorten nahmen die Challenge an, der Wettbewerb kam in Fahrt.

Die Medien mögen Kinder und Jugendliche, die etwas für ihre Zukunft tun. Vielleicht ist das der Grund, weshalb das UN-Umweltprogramm uns Kinder und Jugendliche 2011 gebeten hatte, die Billion Tree Campaign zu übernehmen. Die Kampagne wurde ursprünglich von unserer Heldin Wangari Maathai gestartet, mit dem Ziel, eine Milliarde Bäume zu pflanzen. Sieben Jahre später hatten wir mit der Hilfe von Unternehmen, Organisationen und Regierungen geschafft, nicht eine Milliarde, sondern 14 Milliarden Bäume überall auf der Welt zu pflanzen.

Inzwischen werden unsere Aktionen immer präziser und wissenschaftlich fundierter. Wir gingen zwei großen Fragen nach: Wie viele Bäume gibt es auf der Welt? Und wie viele können wir noch pflanzen? Ein dreijähriges Forschungsprojekt von Tom Crowther an der Universität Yale zeigte 2015: Es gibt 3041 Milliarden Bäume auf der Welt. Und 1000 weitere Milliarden können wir aufforsten. Somit wussten wir, was es zu tun gab: Wir mussten die Billion Tree Campaign (eine Milliarde) in die Trillion Tree Campaign (eine Billion, also 1000 Milliarden) umwandeln.

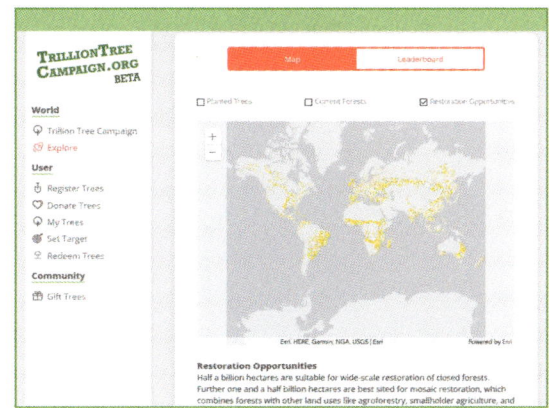

Ich bin Sagar Aryal, 23 Jahre alt, und der Vorsitzende des Global Board von Plant-for-the-Planet. Ich bin in den Ausläufern des Himalayas aufgewachsen und hätte mir nie vorstellen können, dass der Mount Everest – der höchste Berg der Welt – seine Schneedecke verliert. Jahrhundertelang sorgten die Berge für ein ausgewogenes Klima, Süßwasser und Tourismus für die nepalesische Wirtschaft. In den letzten Jahrzehnten haben die Überproduktion von Treibhausgasen, der Anstieg der Temperatur und der verantwortungslose Umgang mit den Ressourcen die zerstörerische Klimakrise geschaffen. Gletscher schmelzen rasch, Überschwemmungen und Erdrutsche bedrohen die Menschen in Nepal. Hurrikans und Taifune werden heftiger, der Anstieg des Meeresspiegels sowie lang anhaltende Dürreperioden gefährden Millionen Menschenleben.

Während meiner Kindheit hatte mein Vater verschiedene Jobs in der gemeinnützigen Klimaarbeit. Das kleine Einkommen, das er so nach Hause brachte, konnte unsere Familie kaum versorgen. Doch sein Engagement inspirierte mich. Mit neun, im Jahr 2005, hatte ich also im Dorf Umweltkampagnen gestartet, und Hunderte von Kindern haben sich angeschlossen.

Inzwischen hatte allerdings der Bürgerkrieg zwischen den
maoistischen Rebellen und den Regierungtruppen im ganzen
Land mehr als 13.000 unschuldige Menschenleben gefordert.
Das Leben im Dorf wurde sehr schwierig. Meine Familie war
gezwungen wegzuziehen, und so gingen wir nach Kathmandu.
Ich war groß genug, um zu verstehen, was passierte, aber noch
zu klein, um selbst Geld zu verdienen. Meine Eltern hatten
nicht genug, um mir die Schule zu finanzieren. Weil ich der
wohl jüngste Umweltaktivist der Welt war, bat ich also um
ein Stipendium für den Schulbesuch. Und tatsächlich – aufgrund meiner Aktivitäten und Erfolge aus den Dorfkampagnen
erhielt ich ein Vollstipendium, um meine Ausbildung auch
nach der Grundschule fortsetzen zu können.

Ich dehnte meine Aktivitäten auf die Schulen in der Nach-
barschaft aus und gründete 2006 mit der Unterstützung meines Vaters die Sano Sansar Initiative (engl.: »Small World
Initiative«, SSI), um Kinder in Umweltfragen, persönlicher
Hygiene und nachhaltigem Lebensstil zu unterrichten. Damals
war ich zehn Jahre alt und hatte die Idee, dass die kleinen Dinge, die wir tun, große Auswirkungen auf unsere Welt
haben können. Mitte 2008 starben Hunderte von Menschen im
Westen Nepals durch eine Cholera-Epidemie. Das hat mich dazu
inspiriert, das Little Doctors Program zu organisieren, das
mehr als 50 Schulkinder für primäre Gesundheitsdienste in
entlegenen Gebieten ausgebildet hat. Das Programm wurde vom
nepalesischen Präsidenten Dr. Ram Baran Yadav eingeweiht
und war sehr erfolgreich. Unsere Initiative SSI expandierte
weiter, erhielt weltweit Aufmerksamkeit und Unterstützung
von Regierungen. Bis heute hat die SSI viele Programme wie
Debattenwettbewerbe, Alphabetisierungskampagnen, Buchakti-
onen und Bibliotheksaufbau in Dörfern realisiert.

Für die SSI reiste ich 2008 zu einer UN Kinderkonferenz nach
Norwegen. Dort hörte ich durch einen Vortrag von Felix von
Plant-for-the-Planet und der Vision, eine Million Bäume in
jedem Land der Welt zu pflanzen. Das fand ich inspirierend.
Die Tatsache, dass Plant-for-the-Planet von einem neunjäh-
rigen Kind gegründet und von Teenagern geführt wurde, fas-
zinierte mich. Ich fühlte mich nicht mehr allein damit,

die Welt verändern zu wollen; es gab viele weitere Kinder und Jugendliche mit derselben Vision. Ich wollte ein Teil davon werden und entschied mich schließlich 2012 als 15-Jähriger dazu, im Plant-for-the-Planet Global Board zu arbeiten, und wurde bald zu dessen Präsidenten für den Zeitraum 2012/13 gewählt.

Bei Plant-for-the-Planet gibt es viele junge Menschen voller Energie, die etwas tun wollen und sich dabei gegenseitig unterstützen. Mit jungen Menschen zu arbeiten, verändert, wie man über die Welt denkt. Kinder mögen es, Probleme zu vereinfachen, und finden so auch überraschend einfache Lösungen. Manchmal lehren sie uns so mehr, als wir ihnen über die Welt beibringen können.

Nach der Schule habe ich Philosophie studiert. Das erlaubte mir, noch tiefergehend unsere Handlungen auf diesem Planeten infrage zu stellen und aktiv zu werden. Nicht nur an mich und meine Familie, sondern an die Gemeinschaft und die Welt als Ganzes zu denken. Die Klimakrise ist allerdings kein philosophisches Thema. Die Klimakrise ist ein globales Problem und betrifft jeden, unabhängig von seinem Mitwirken. Das bloße Pflanzen von Bäumen stoppt zwar nicht den ganzen Schaden, den wir unserem Klima zugefügt haben. Es ist jedoch eine der kostengünstigsten und schnellsten Lösungen, die uns zusätzliche Zeit verschafft, um mit einer Lösung für das grundlegende komplexe Problem fortzufahren.

Die Welt spiegelt unsere Gedanken und Handlungen wider. Ich halte es daher für wichtig, dass junge Erwachsene zusammenarbeiten und eigene Ideen entwickeln. Sich auf politische Versprechen zu verlassen und von anderen abhängig zu machen – davon rate ich ab. Darüber hinaus habe ich ein sehr wichtiges Anliegen: Wir sollten alle viel mehr Fragen stellen. Oft sind wir durch unser Bildungssystem darauf konditioniert, nur das zu wiederholen, was uns andere vorgegeben haben. Gute Fragen hingegen verleiten zum Nachdenken. Wenn wir in die Natur gehen und die Gemeinschaft mit anderen Menschen suchen, können wir durch diese Verbindungen immer wieder Neues lernen und kreative Möglichkeiten finden, der Welt etwas zurückzugeben.

Ich bin Jana Reiter, 12 Jahre alt, und ich habe im Juni 2018 eine Rede bei einer Konferenz gehalten, gleich nach dem Geschäftsführer der Deutschen Bank, Christian Sewing, und dem Nordrhein-Westfälischen Ministerpräsidenten Armin Laschet. Es handelte sich um eine wichtige Wirtschaftsveranstaltung, die jährliche Cheftagung der KATAG AG, die Modehäuser beliefert. Doch die Medien schien nur eins zu interessieren: mein Vortrag darüber, wie das Bäumepflanzen unser Klima retten kann.

Das Handwerkszeug dazu habe ich in einer Akademie von Plant-for-the-Planet erworben. Auf die Initiative bin ich gestoßen, weil ich von dem Siegel Fairtrade gehört hatte und einfach mal eine Fairtrade-Schokolade kaufen wollte. Rein zufällig fand ich »Die Gute Schokolade« von Plant-for-the-Planet im Supermarkt. Hinten stand die Internetadresse plant-for-the-planet.org drauf. Dort habe ich gesehen, dass es in der Nähe meines Wohnorts bald eine Akademie geben würde. Also habe ich mich dort angemeldet und gleich noch eine Freundin mitgenommen. Im November 2016 wurden wir zu Botschafterinnen für Klimagerechtigkeit ausgebildet. Dort pflanzte ich

Rärßßand: Jana Reiter kämpft gegen den Klimawandel und begeistert ihr Publikum. | © Barbara Franke

BILDER10
**12-jähriges Mädchen stiehlt Polit-
und Wirtschaftsprominenz die
Show**

Die Rednerliste der Katag-Cheftagung ist mit dem Chef der Deutschen
Bank und dem Ministerpräsidenten hochkarätig besetzt – trotzdem sind
alle Augen auf Jana Reiter gerichtet

auch meine ersten Bäume. 2018 war ich außerdem bei der Kinderkonferenz von Plant-for-the-Planet, in Possenhofen am Starnberger See.

Außerdem unterstütze ich die Initiative bei Schokoladenverkostungen in Supermärkten. Dort lasse ich die Kunden probieren und informiere sie dann jeweils mit zwei anderen Klimabotschaftern, beispielsweise meinen sieben- und zehnjährigen Brüdern. Die Schokolade wird für einen Euro verkauft, mit fünf verkauften Tafeln wird ein Baum gepflanzt. Bei diesen Verkostungen und auch bei Vorträgen erlebe ich oft, dass Kinder mehr nachfragen und in vielen Dingen offener und interessierter sind als manche Erwachsene. Kinder lassen sich von positiven Projekten begeistern und gern mitreißen. Das ist das Gute, schließlich geht es ja um unsere gemeinsame Zukunft. Wir möchten die gleichen Chancen haben wie die Erwachsenen heutzutage. Auch meine Generation und die Generationen danach wünschen sich ein gutes Leben.

Wir möchten nicht sagen müssen: Die Leute damals, die haben es vergurkt, und jetzt müssen wir darunter leiden. Ich glaube, dass wir es schaffen, das Klima zu retten. Mittlerweile habe ich einen eigenen lokalen Plant-for-the-Planet-Klub gegründet. Wir haben jetzt schon 29 Mitglieder und planen zusammen Aktionen und treffen uns einmal im Monat. Im August 2018 hat mich unser Ministerpräsident, Armin Laschet, zum Gespräch eingeladen. Die Menschen hören uns zu!

Ich bin Johannes Heiderich, 18 Jahre alt, und stehe kurz vor dem Abitur. Plant-for-the-Planet hat mir in den letzten sechs Jahren mehr gegeben als ich der Initiative – so fühlt es sich zumindest an. Durch mein Engagement als Botschafter für Klimagerechtigkeit komme ich mit den verschiedensten Menschen in Kontakt, auch etwa dem Leiter einer Sparkasse, der mir als Organisator einer Baumpflanzaktion gleich einen Job bei sich anbieten wollte. Die Menschen sehen es, wenn jemand engagiert ist, und das ist in jedem Berufsfeld nützlich. Genau weiß ich noch nicht, in welche Richtung ich beruflich gehen möchte, aber es sollte schon mit Nachhaltigkeit zu tun haben.

Zurzeit organisiere ich viele Akademien, um andere Kinder und Jugendliche für die Aufforstung zu begeistern, und halte Vorträge. So kam es, dass zwei weitere Botschafter und ich beim Deutschen Handelskongress 2017 in Berlin spontan – mit Erlaubnis – auf die Bühne gingen. Eigentlich hatten wir nur geplant, vor Ort einen Infostand zu betreuen und die Gäste des Kongresses aufzufordern, ihre Anreise durch das Spenden von Bäumen klimaneutral zu stellen. Das hat übrigens geklappt: Mit 8000 Bäumen wurde das gesamte Event klimaneutral! Und plötzlich durften wir auf der Bühne erklären, wie so etwas funktioniert – interviewt von der berühmten Journalistin und Fernsehmoderatorin Dunja Hayali. Damit hatten wir die Aufmerksamkeit der rund 200 Zuschauer im Saal – und das Gefühl, wirklich viel bewegt zu haben.

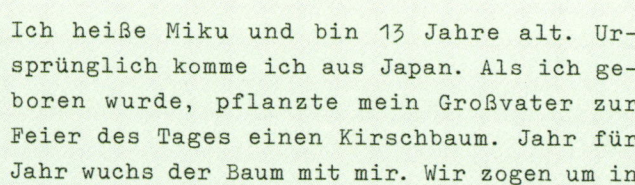

Ich heiße Miku und bin 13 Jahre alt. Ursprünglich komme ich aus Japan. Als ich geboren wurde, pflanzte mein Großvater zur Feier des Tages einen Kirschbaum. Jahr für Jahr wuchs der Baum mit mir. Wir zogen um in die USA, und ich begann im Alter von neun Jahren, mit Plant-for-the-Planet selbst Bäume für eine bessere und grünere Zukunft zu pflanzen. Meine Freunde, meine Familie, alle machen mit. Dabei tun wir Gutes – und haben vor allem jede Menge Spaß.

Unser Engagement wird bemerkt: So lud uns beispielsweise der Umweltschützer und ehemalige Vizepräsident der USA, Al Gore, einmal zu einem Mittagessen ein. Ich habe in Schulen Vorträge gehalten – und auf der Global Warming Conference.

Wir jungen Menschen dürfen und sollten uns aufrichten und unser Licht in der Welt scheinen lassen, um sie zu retten. Dazu sind wir hier. Allerdings brauchen wir auch die Unterstützung der Erwachsenen. Gemeinsam können die Generationen Berge versetzen – oder eben eine Billion Bäume pflanzen.

2015 zogen wir aufgrund des Jobs meines Vaters nach Sambia. Auch dort konnte ich schnell viele Menschen für das Bäumepflanzen begeistern. Wir bildeten neue junge Botschafter für Klimagerechtigkeit aus und hielten 2017 sogar eine Rede vor dem Präsidenten von Sambia, Edgar Lungu.

Für mich haben das Bäumepflanzen und die Aufklärung der Menschen oberste Priorität. Denn wenn wir jetzt nicht handeln, wird es zu spät sein. Wir Kinder arbeiten hart für unsere Zukunft, doch viele Erwachsene zögern noch – vermutlich weil die Welt ja noch ganz gut aussieht und noch in etwa so funktioniert, wie man es von ihr erwartet. Doch in Wahrheit ist sie in größerer Gefahr denn je. Deshalb müssen wir – wie der Gründer Felix Finkbeiner einst unseren Leitspruch prägte – aufhören zu reden und anfangen zu pflanzen: Stop talking – Start planting.

Bei den rund 20 Aktionen, an denen ich in den letzten vier Jahren teilhatte, wurden etwa 10.500 Bäume gepflanzt. Allein in unserem Hinterhof in Sambia habe ich eine Baumschule mit über 1000 Bäumen errichtet. Hinzu kamen Pflanzaktionen in Schulen, Kirchen, den Gärten meiner Freunde usw. So viele Menschen haben geholfen, und dafür bin ich ihnen sehr dankbar! Diese Events machen mir unfassbar viel Spaß, einerseits interagieren wir mit der Natur, andererseits mit all den Menschen um uns herum, die alle an einem Strang ziehen.

In Sambia ist die Abholzung ein großes Problem. Die Leute dort fällen Bäume, um daraus Kohle herzustellen. Doch der Bevölkerung fehlt es an Zeit und Geld, um neue Bäume zu pflanzen. In Sambia wird Kohle für die Aktivitäten des täglichen Lebens verwendet: zum Kochen, Baden und vieles mehr. Dieses Problem haben viele Leute in Sambia verstanden und sind deshalb fest entschlossen, so viele Bäume wie möglich zu pflanzen. So war es für mich leicht, viele freiwillige Helfer zu finden. Zudem habe ich dort gelernt, dass es gut ist, Obstbäume zu pflanzen. Denn deren Früchte tragen so zur Ernährung der Leute dort bei – während der Baum das $CO_2$ aus der Atmosphäre holt und das »C« im Holz speichert.

# Die Gesellschaft steht auf

## Klimaklagen und Aktionen rund um den Globus

### Streiken fürs Klima

Greta Thunberg, 16 Jahre alt, sitzt zu Beginn des neuen Schuljahres 2018 nicht in der Schule. Sie schwänzt diese drei Wochen lang ganz öffentlich und bezieht vor dem schwedischen Parlament in Stockholm Position. Mit zwei geflochtenen Zöpfen und lila Trainingsjacke sitzt sie im Schneidersitz auf dem Bürgersteig. Neben ihr stehen ihr Schulrucksack mit dem Lernstoff des jeweiligen Tages, eine Wasserflasche und ein Schild, auf dem sie in schlichten schwarzen Buchstaben auf weißer Pappe geschrieben hat: »Skolstrejk for klimatet«, »Schulstreik für das Klima«. Die Parlamentswahlen stehen an, und die Neuntklässlerin protestiert dagegen, dass niemand die Klimakrise so ernst zu nehmen scheint, wie sie es sollten. In ihren Worten: »Ich mache das, weil ihr Erwachsenen auf meine Zukunft scheißt.« So hat sie es auf ihre Flyer geschrieben, die sie verteilte.

In der Grundschule hätte ein Lehrer vor Jahren erklärt, wie wichtig es sei, das Licht auszumachen, wenn man aus dem Zimmer geht – und was Stromsparen mit der Klimakrise zu tun hat. »Ich konnte mir erst nicht vorstellen, dass das wahr ist. Denn wenn es so etwas wirklich gab, dann war das ja total wichtig. Dann würde ja niemand über etwas anderes reden«, sagte Greta gegenüber der taz.[3]

Gretas Eltern unterstützen sie bei der Aktion, helfen ihr abends, falls der tagsüber allein erarbeitete Schulstoff noch unklar geblieben ist. »Wenn Erwachsene sagen, ihr Kinder müsst doch in die Schule gehen, dann sage ich: Und ihr müsst das Klima retten. Wenn ihr etwas von den Kindern wollt, dann haben die das Recht, etwas von euch zu wollen«, so Greta. Sie bleibt nicht allein. Schüler, Erwachsene, sogar ein Lehrer gesellen sich zu ihrem Streik hinzu. Am Ende sind sie ungefähr 35 Menschen. Doch Gretas Aktion geht um die Welt. Internationale Medien feiern sie für ihre »Radikalität«. Nach wochenlangem Streik, den sie im Lauf der Zeit auf freitags verlagert, hält sie im finnischen Helsinki eine Rede vor zehntausend Menschen.

Es ist genau diese Art von Entschlossenheit, die wir im Kampf gegen die Klimakrise jetzt brauchen. Egal, wie das jeder für sich interpretiert.

»Manche sagen, ich solle stattdessen in der Schule sein. Manche sagen, ich solle studieren, um Klimaforscherin zu werden, damit ich ›die Klimakrise lösen‹ kann. Doch die Klimakrise ist bereits gelöst. Wir haben bereits alle Fakten und Lösungen. Wir müssen nur aufwachen und uns verändern. Und warum sollte ich für eine Zukunft studieren, die bald nicht mehr sein wird, wenn niemand etwas tut, um diese zu retten?

Und was ist der Sinn des Lernens von Fakten innerhalb des Schulsystems, wenn die wichtigsten Fakten, die die beste Wissenschaft desselben Schulsystems auftut, unseren Politikern und unserer Gesellschaft nichts bedeuten?

Viele sagen, Schweden sei nur ein kleines Land, und es sei egal, was wir tun. Aber ich denke, wenn wir paar Kinder Schlagzeilen in der ganzen Welt bekommen, nur weil wir ein paar Wochen nicht zur Schule gehen, dann stelle man sich vor, was wir alle gemeinsam tun könnten, wenn wir es wirklich wollten.

Heute verbrauchen wir täglich 100 Millionen Barrel Öl. Es gibt keine Politik, um das zu verändern. Es gibt keine Regel, um dieses Öl im Boden zu halten. Wir können also die Welt nicht retten, indem wir uns an die Regeln halten. Denn die Regeln müssen geändert werden. Alles muss sich ändern. Und zwar ab heute.«

## Kinder und Jugendliche verklagen Regierungen

Greta Thunberg ist in guter Gesellschaft, denn immer mehr Kinder und Jugendliche auf der Welt zeigen ihren Mut und ihren Willen, sich durchzusetzen.

Gegen die Regierung des US-Staats Washington reichten 21 Kinder und Jugendliche im Alter von zehn bis 21 Jahren Klage ein. Begründung: Die ungenügenden Reduktionen der $CO_2$-Emissionen verletzen ihr (und unser) Recht auf Leben, Freiheit und Eigentum.[4] Unter den Klägern und Klägerinnen sind fünf Kinder von Plant-for-the-Planet und Sophie Kivlehan, Enkeltochter des berühmten Klimaforschers James Hansen. Der ehemalige NASA-Wissenschaftler hatte schon 1988 den US-Kongress vor den Gefahren der Klimakrise gewarnt. Nun empfiehlt er der Zivilgesellschaft Kla-

gen gegen die größten Öl-, Kohle-, Gas- und Zementunternehmen der Welt.

Hansen sieht das so: Wir brauchen riesige Geldmengen, um die $CO_2$-Emissionen drastisch zu reduzieren, überschüssiges $CO_2$ aus der Atmosphäre zu ziehen und Schutzmaßnahmen gegen die Folgen zu treffen, die jetzt schon eintreten. Ihm zufolge liegt es nahe, dass diejenigen, die vom $CO_2$-Ausstoß in der Vergangenheit am meisten profitiert haben, den Löwenanteil dieser Beiträge stemmen sollten. Hierbei handelt es sich um die sogenannten Carbon Majors, die 100 Unternehmen, die seit 1988 mehr als 70 Prozent der globalen Treibhausgase zu verantworten haben. Hierzu gehören beispielsweise Shell, BP, ExxonMobil und Chevron. Dass eben diese

Unternehmen für die Kosten der Schadensbewältigung aufkommen sollen, hätte sein Vorbild in den Gerichtsverfahren gegen die Tabakindustrie, die Milliarden von Dollar für die wissentliche Gefährdung der Gesundheit ihrer Kunden zahlen musste. Allerdings hat Richter Michael Scott vom Obersten Gerichtshof von King County die Klage abgewiesen. Er erkannte zwar an, dass die Klimakrise eine ernsthafte Gefahr darstellt, sah aber politischen statt juristischen Handlungsbedarf. In der Verfassung der USA sei kein Recht auf eine saubere Umwelt festgeschrieben.[5]

Das Jugendbündnis lässt sich nicht beirren: In acht weiteren US-Staaten verfolgen sie gleichartige Klagen. Damit haben die Kinder und Jugendlichen sogar schon die Trump-Regierung verärgert. Diese versuchte nämlich aktiv, ihre Klagen zu verhindern – dieses Ersuchen wurde aber von einem Berufungsgericht in San Francisco abgelehnt.[6]

Rückenwind bekommen die Kinder und Jugendlichen auch von Erwachsenen jeden Alters. In der Schweiz fordern die »Klimaseniorinnen« verstärkte Bemühungen, um den Schaden durch die Klimakrise zu mindern.[7] In Belgien brachten 2015 elf Kläger der Gruppe »Klimaatzaak« eine Klage ein, damit die Regierung ihre Klimaverpflichtung erfüllt. Mittlerweile hat die Gruppe rund 40.000 Mitkläger.[8] Die niedrigen Küstenregionen Belgiens würden bei steigendem Meeresspiegel überschwemmt werden, in einem Ausmaß, das nicht mehr in den Griff zu bekommen ist. In Norwegen verklagten Umweltschützer der Gruppe Greenpeace Nordic and Nature and Youth den Staat dafür, dass er in der norwegischen Arktis das Bohren nach Öl und Gas erlaubte. Doch im Januar 2018 bekam die Regierung vom Gericht recht.

Ein irisches Gericht erkannte dagegen an, dass es ein »Recht auf eine Umwelt, die im Einklang mit der Menschenwürde und dem Wohlergehen der Bevölkerung im Allgemeinen ist« gibt. Die entsprechende Klage hatte die Umweltschutzgruppe Friends of the Irish Environment eingebracht. Beim »Urgenda Fall« urteilte ein holländisches Bezirksgericht in Den Haag 2015, die Niederlande müssten ihre Bemühungen zum Klimaschutz verstärken. Konkret solle sie die Emissionen von Treibhausgasen auf niederländischem Gebiet bis 2020 um mindestens 25 Prozent (gegenüber den Werten von 1990) zurückfahren. Es ist das erste Urteil in Europa, bei dem ein

**Klima-klagen**

Gericht eine Regierung zu effektiveren Maßnahmen gegen die Klimakrise verurteilt. Dabei berief es sich auf das Fairnessprinzip, nachdem die niederländische Regierung dazu verpflichtet ist, Konsequenzen für künftige Generationen mitzubedenken. Enorme und konkrete Schäden der Bevölkerung durch die Klimakrise würden bedeuten, dass die Regierung ihre Fürsorgepflicht vernachlässigt hat, die Teil der Verfassung ist.[9] Die Regierung legte Berufung ein, denn sie wollte für ihren Beitrag zur Klimakrise nicht haftbar gemacht werden. Doch im Oktober 2018 wurde die Gerichtsentscheidung von 2015 in Den Haag erneut bestätigt und den 900 Nebenklägern recht gegeben.

## Saúl kämpft für seine Tochter

Der deutsche Energiekonzern RWE wurde 2015 von dem peruanischen Bergführer und Landwirt Saúl Luciano Lliuya verklagt. Denn in seiner Stadt Huaraz in den Anden droht eine Flutkatastrophe. Auf der Gebirgskette Cordillera Blanca wird die Klimakrise bereits sichtbar. Das vermeintlich ewige Eis der Gletscher könnte wegen der Klimakrise jederzeit in Form einer Lawine in den Palcachocha-See hinabstürzen, der ohnehin durch die Gletscherschmelze auf das 34-fache Volumen gegenüber 1970 angeschwollen ist. Das könnte zu einer riesigen Flutwelle führen, die das daruntergelegene Tal überrollt – wissenschaftlichen Berechnungen zufolge bis zu 30 Meter hoch. Aus einem kleinen, munter plätschernden Bach in der Nähe würde eine Sturzflut, eine Art Tsunami, entstehen.

Die 5000 armen Kleinbauern in unmittelbarer Nähe haben selbst so gut wie nichts zur Klimakrise beigetragen, haben aber auch keine Mittel und Möglichkeiten, ihre Häuser zu schützen. Hunderte Familien wären bedroht, wenn die Katastrophe losbricht, weil sich niemand gekümmert hat. Die 120.000-Einwohner-Stadt Huaraz könnte bis zu zehn Meter unter Wasser stehen, das hat eine Computersimulation der Universität Texas gezeigt.[10] Und es könnte jederzeit so weit sein. In ihrer Verzweiflung haben die Anwohner ein paar Gummischläuche verlegt, um das Wasser abzuleiten. Ein Versuch, der kaum nützen wird. Mit Unterstützung der Entwicklungs- und Umweltorganisation Germanwatch hoffen sie, einen Deich zu ihrem Schutz bauen zu können.[11] RWE soll einen Teil der Kosten tragen, eine beschei-

Die Cordillera Huayhuash ist ein beeindruckender Gebirgszug in den Anden, Peru, Südamerika.

dene Forderung, so scheint es auf den ersten Blick. Saúls Anwältin, Dr. Roda Verheyen, argumentiert: RWE sei für 0,47 Prozent der weltweiten Treibhausgasemissionen verantwortlich. Dementsprechend solle RWE auch ein halbes Prozent der notwendigen Schutzmaßnahmen in seinem Gemeindeverbund bezahlen.

Die Bedeutung des Falls ist weit größer als die potenzielle Strafzahlung, denn der Fall könnte als Musterklage dienen. Ein solcher Präzedenzfall würde dafür sorgen, dass auch bei anderen Schutzmaßnahmen Geld von Energiekonzernen eingeklagt werden könnte. Deshalb gibt es massiven Widerstand. Saúl fordert, dass die Industrieländer ihre Emissionen verringern. »Wenn wir jetzt nicht unsere Stimme erheben, dann werden wir sterben«, sagt er. Saúl kämpft für seine kleine Tochter

Adelie – und für alle Menschen, deren Leben von der Klimakrise bedroht ist. Aufgeben kommt für ihn nicht infrage. »Als Bergführer bin ich lange und steinige Wege gewohnt. Da darf man sich von Hindernissen nicht entmutigen lassen«, sagt er.

Das Gerichtsverfahren um den Deichbau am Gletschersee geht hin und her. Zuerst wurde die Klage im Dezember 2016 abgelehnt, man könne RWE nicht zur Rechenschaft ziehen, weil »keine lineare Verursachungskette zwischen der Quelle der Treibhausgase und dem Schaden« nachweisbar wäre.

Das ist das Hauptproblem bei den Klimaklagen: den direkten kausalen Effekt festzustellen. Es muss eine klare Beziehung zwischen einer Handlung oder dem Unterlassen einer notwendigen Handlung und dem daraus folgenden Schaden zu erkennen sein. Anwältin

Verheyen kommentiert: »Der Kern der Frage ist: Können sich die Hauptverursacher des Klimawandels einfach mit dem Argument aus der Verantwortung stehlen, dass es ja viele Mitverursacher gäbe? Das würde die vom Klimawandel betroffenen Menschen tatsächlich zu hilf- und rechtlosen Opfern machen. Es wäre ein Argument für kollektive Verantwortungslosigkeit.«[12] Etwa ein Jahr später war eine Berufung erfolgreich.

Die Beweisaufnahme wurde 2018 fortgesetzt und dauert an. Indes ist Saúl Luciano Lliuya für sein Engagement mit dem Kasseler Bürgerpreis ausgezeichnet worden. Anwältin Dr. Roda Verheyen hat den 25-Frauen-Award 2018 der Edition F[13] gewonnen. Als Mitgründerin des Climate Justice Program[14] wurde sie zu einer der wichtigsten Frauen gewählt, die unsere Wirtschaft revolutionieren werden.

## Familien gegen die EU

Dr. Roda Verheyen vertritt noch einige andere Klimakläger. Etwa drei Landwirte aus Hamburg und Brandenburg sowie von der Insel Pellworm, die die Nichteinhaltung der zugesagten deutschen Klimaziele bis 2020 als Verletzung ihrer »Grundrechte zum Schutz von Eigentum, Beruf sowie Leben und Gesundheit« sehen. Die Folgen der Klimaerwärmung für sie sind Ernteausfälle infolge von Trockenheit, Starkregen und Schädlingsbefall. »Noch so ein Sommer [wie 2018] würde an die Substanz gehen«, sagt Landwirt Heiner Lütke-Schwienhorst. Außerdem verstößt die Bundesregierung gegen europäisches Umweltrecht, argumentiert er gemeinsam mit den anderen. Gemäß einer Studie des Fraunhofer-Instituts[15] sei das Erreichen der Ziele für

2020 noch möglich. Dazu müsste das dreckigste Drittel der Kohlekraftwerke abgeschaltet werden, weitere Braunkohleblöcke gedrosselt und saubere, erneuerbare Energien ausgebaut werden. Unterstützung bekommen die drei Bauern von der Umweltorganisation Greenpeace, die die Studie in Auftrag gegeben hat und sowohl Unterschriften für eine entsprechende Petition als auch finanzielle Mittel für die Klage sammelt.

Erstmals läuft auch eine Klage gegen die EU vor dem Gericht der Europäischen Union (EuG).[16] Zehn Familien aus fünf EU-Ländern, von der deutschen Nordseeinsel Langeoog, von den Fidschi-Inseln und aus Kenia fordern den Schutz ihrer Grundrechte durch verschärfte Klimaschutzmaßnahmen. Sie stützen sich dabei unter anderem auf die Charta der Grundrechte, seit Lissabon 2009 Teil des EU-Rechts.[17] Dass ihre Klage überhaupt zugelassen wurde, wird unter Umweltschützern als Meilenstein gefeiert. Eigentlich darf man vor dem Europäischen Gericht nämlich nur klagen, wenn man individuell und exklusiv betroffen ist. Die Klimakrise aber betrifft uns alle.

Den Familien kann man unter dem Stichwort »People's Climate Case«[18] im Internet folgen. In einem offenen Brief schreiben sie: »Die Auswirkungen des Klimawandels sind bereits jetzt zu spüren, es passiert mitten in Europa. Sie sind das Ergebnis einer Temperaturerhöhung von gerade einmal einem Grad. Und es ist bereits jetzt mehr, als wir verkraften können.«[19]

Einer der Kläger ist Maurice Feschet. Seit Jahrzehnten baut er Lavendel in der Provence an. 2018 waren große Teile seiner Ernte vertrocknet, seine Einnahmen, die er zum Leben braucht, quasi verdorrt. Armando Carvalho aus Portugal verlor 2017 durch großflächige Waldbrände infolge der Dürre sein Eigentum. Der portugiesische Imker Ildebrando Conceição leidet darunter, dass seine Bienen weniger Honig sammeln als früher. Er führt dies darauf zurück, dass die Bienen »sich nur langsam an die klimatischen Veränderungen anpassen«, so Conceição. Die deutsche Familie Recktenwald betreibt ein Hotel auf der Insel Langeoog. Das ist durch den steigenden Spiegel der Nordsee und Sturmfluten gefährdet. »Wir klagen für unsere Kinder«, sagt Mutter Maike, »indirekt aber auch für kommende Generationen, die ein Recht darauf haben, zumindest ähnlich gute Lebensgrundlagen vorzufinden, wie wir sie haben.«

Die Kläger monieren, dass die derzeitigen Klimaziele der EU nicht ausreichend sind, um sie und ihre Grundrech-

Vom Klimawandel Betroffene klagen erstmals vor dem Gericht der Europäischen Union (EuG) den Schutz der Grundrechte ein und nehmen die EU damit für konsequenten Klimaschutz in die Pflicht.

te zu schützen. Diese Ziele sehen eine Verringerung der Treibhausgasemissionen um 40 Prozent bis 2030 vor, gegenüber dem Stand von 1990. Vertreten werden die Familien von Dr. Roda Verheyen, dem Londoner Rechtsanwalt Hugo Leith und dem Bremer Juraprofessor Gerd Winter. Die Anwälte haben ihrer 107 Seiten starken Klageschrift einen Anhang mit 6000 Seiten beigefügt. Dieser zeigt die Notwendigkeit, die Treibhausgase um mindestens 50 bis 60 Prozent zu reduzieren. Die EU könne mehr tun, sei es beim Verkehr, bei der Landwirtschaft oder beim $CO_2$-Emissionshandel.

»Die Gerichte der Union sind aufgerufen, deutlich zu machen, dass Klimaschutz nicht nur politische, sondern auch rechtliche Verpflichtung ist«, erklärte Prof. Gerd Winter in einer Pressemitteilung. »Grundrechte der EU waren bisher vor allem Vehikel des wirtschaftlichen Wachstums. Sie garantieren aber auch, dass ein Klima erhalten bleibt, welches Leben, Arbeit und Eigentumsgebrauch ermöglicht.«[20] Auch dieses Verfahren wird von verschiedenen Nichtregierungsorganisationen wie etwa Germanwatch, Protect the Planet, dem Climate Action Network Europe (CAN-E) und Plant-for-the-Planet sowie von Wissenschaftlern des Think Tanks Climate Analytics unterstützt und könnte zum Präzedenzfall werden.

Christoph Bals, politischer Geschäftsführer von Germanwatch, brachte es auf den Punkt: »Mit der Physik lässt sich nicht verhandeln. 40 Prozent Emissionsminderung bis 2030 in der EU ist für viele Menschen deutlich zu wenig, um ihre Lebensgrundlagen zu schützen. Diese Familien fügen sich nicht einfach in eine Opferrolle, sondern verlangen von der EU den Schutz ihrer Rechte. Diese Klage will den Grundrechten, für die die EU steht, zur Durchsetzung verhelfen. Daher unterstützen wir diesen Schritt.« Die Verhandlung wird im Lauf des Jahres 2019 geführt.

Im November 2018 reichten Bürger und Umweltverbände eine Klimaklage beim Verfassungsgericht ein, darunter der Schauspieler und Aktivist Hannes Jaenicke, der ehemalige Bundestagsabgeordnete Josef Göppel und der Wissenschaftler Volker Quaschning. Mit Unterstützung des BUND und des Solarenergie-Förderverein Deutschland e. V. übergaben sie ihre fast 150 Seiten starke Klageschrift den Karlsruher Richtern. Die Kläger sehen Grundrechte wie das Recht auf Leben und körperliche Unversehrtheit, das Recht

29. April 2017, Washington, D.C.: Tausende Menschen besuchen den People's Climate March, um sich gegen den Klimawandel zu wehren.

auf freie Entfaltung der Persönlichkeit (Grundgesetz Artikel 2) und das Recht auf Eigentum (Artikel 14) durch den mangelnden Klimaschutz der Bundesregierung bedroht. Damit beziehen sie sich vor allem auf das Klimaziel, das im vergangenen Jahr einfach ad acta gelegt wurde, nämlich die Reduzierung der deutschen $CO_2$-Emissionen um 40 Prozent im Vergleich zu 1990. Außerdem seien keine ausreichenden Maßnahmen getroffen worden, um das Pariser Abkommen hier umzusetzen. Es sei traurig, dass überhaupt eine Verfassungsbeschwerde notwendig sei, um unsere Lebensgrundlagen zu schützen, erklärte Volker Quaschning, Professor für regenerative Energien, gegenüber dem WDR, »(...) aber wenn unsere Regierung in dieser Frage total versagt, können wir nur noch auf die Gerichte hoffen.«[21]

Was, wenn die Klimaklagen scheitern? Einerseits wäre das bedauerlich, andererseits ist der Etappensieg bereits errungen. Klagen bauen Druck auf die Politik auf, indem sie die Öffentlichkeit erreichen und die konkreten Folgen der Klimakrise greifbar machen. In den USA hat es mit 600 Verfahren bisher die meisten Klimaklagen gegeben. 250 Gerichtsverfahren zur Klimakrise wurden seit 1994 außerhalb der USA verhandelt. Die Klagen richten sich meist gegen Regierungen, aber auch gegen besonders starke Treibhausgasemittenten unter den Unternehmen.[22][23] Eingelegt werden sie von Privatpersonen, Nichtregierungsorganisationen, aber auch von Staatsorganen oder sogar Unternehmen, die von Schäden durch die Klimakrise schließlich auch betroffen sind. Klagen bereiten den Boden für Gesetzgebungen, nämlich dort,

> **i** Klimaklagen bedeuten, dass Unternehmen künftig das Risiko einer solchen Klage wirtschaftlich einkalkulieren müssen. Hat ein Unternehmen Sorge, verklagt zu werden und hohe Strafen zahlen zu müssen, wird es sich $CO_2$-intensive Handlungen zweimal überlegen. Außerdem müssen Firmen für dieses Risiko Rückstellungen machen, was das Geschäft für sie teurer und wirtschaftlich nicht mehr so interessant macht.

wo auffällt, dass es keine passenden Gesetze gibt. Summieren sich überall auf der Welt Klimaklagen, dann beeinflusst das auch das politische Klima. Denkbar ist dann beispielsweise die Einführung einer $CO_2$-Steuer oder ein Tarifsystem für fossile Brennstoffe, wodurch sie teurer würden. Vor allem wird aber auch der breiten Masse der Menschen klar: Die Zerstörung des Klimas ist ein Verbrechen, und irgendjemand wird dafür geradestehen müssen.

## Wasser frisst Zuhause

Einer der stärksten Wirbelstürme der Geschichte zerstörte im November 2013 große Teile der Philippinen. »Höllensturm« wurde er genannt. An dem Tag, als seine Kraft endlich abebbte, wurde die UN-Klimakonferenz in Warschau eröffnet. Der philippinische Abgeordnete Naderev Sano kämpfte mit den Tränen, als er dort rief: »Stoppt den Wahnsinn!« Aus Solidarität zu seinen Landsleuten war er in einen Hungerstreik getreten. Zuhause war sein Bruder gerade damit beschäftigt, die Toten zu bergen. »Selbst unsere massiven Vorkehrungen konnten uns gegen die Kraft des Sturms nicht schützen«, sagte Sano.[24] Die Menschen auf den Philippinen seien nicht bereit zu akzeptieren, dass ihr Leben jetzt nur noch daraus bestehen solle, vor Monsterstürmen zu fliehen, Familien in Sicherheit zu bringen, mit den Folgen von Zerstörung zu leben und Tote zu zählen.

Mit Windgeschwindigkeiten von rund 315 Kilometern pro Stunde war 2013 der Supertaifun Haiyan über die Inselgruppe hinweggefegt und hatte über 10.000 Menschen in den Tod gerissen.

Allein in zwei Provinzen wurden 4,3 Millionen Menschen obdachlos. Dass die stärksten Stürme mit Windgeschwindigkeiten über 250 Kilometern pro Stunde im Zuge der Klimaerwärmung zugenommen haben, zeigen Satellitenmessungen.[25]

Die Philippinen sind von der Klimakrise massiv bedroht. Denn kaum irgendwo auf der Welt steigt der Meeresspiegel so schnell wie dort. In der Hauptstadt Manila ist er, relativ zur Küste, in den vergangenen Jahrzehnten um 80 Zentimeter gestiegen, in der südlichen Davao-Bucht um 24 Zentimeter. Zu den Sturmfluten kommen noch verstärkte Regenfälle. Denn wärmere Luft kann mehr Feuchtigkeit halten. Bisher kommt von den Industrienationen, die die Klimakrise maßgeblich zu verantworten haben, kaum Hilfe. Dabei wohnen so gut wie alle Bewohner der 7000 kleinen Inseln in Küstennähe.[26] Diese Inseln haben keine Steilklippen, sondern sind größtenteils flach. Buchten ragen weit ins Landesinnere. Selbst dort, wo keine Menschen direkt zu Schaden kommen, werden Ernten vernichtet. Das führt zu

Lebensmittelknappheit und Hunger. Das Wasser schwemmt Reis weg, die Stürme zerstören die Boote der oft bitterarmen Fischer. Die Umweltschutzorganisation WWF hat berechnet, dass 13 Millionen Philippinos umgesiedelt werden müssten, damit sie in Sicherheit sind.[27][28][29] Das sind etwa zehn Prozent der gesamten philippinischen Bevölkerung. Derzeit sammeln sich viele Entwurzelte in den Slums der Großstädte, und mit diesen wächst das Elend.

47 der Unternehmen, die besonders viel $CO_2$ verursachen, die sogenannten Carbon Majors, sind nun im Visier der Menschenrechtskommission der Philippinien, einem Staatsorgan. Seit September 2018 versucht diese zu klären, ob man die Unternehmen wegen Menschenrechtsverletzungen verklagen könnte. Die Klärung wird wohl dauern, liegen doch Tausende Aussagen und Hinweise vor.

8. November 2013, Boracay, Philippinen: Der Supertaifun Haiyan war einer der stärksten tropischen Wirbelstürme, die seit Beginn verlässlicher Wetteraufzeichnungen beobachtet wurden.

2018 im Hambacher Forst, Buir, Nordrhein-Westfalen:
Protestierende fordern den Kohle-Stopp.

# Aufregung um den Hambacher Forst

Kaum ein Thema erregte die Gemüter im Herbst 2018 so sehr wie die geplante Abholzung des Hambacher Forsts zwischen Köln und Aachen. Von den noch verbliebenen 200 Hektar des 12.000 Jahre alten Mischwalds sollten 100 weitere Hektar dem fortschreitenden Kohletagebau weichen. Seit der letzten Eiszeit beherbergt er seltene und bedrohte Pflanzen- und Tierarten. Zwischen Stieleichen und bis zu 350 Jahre alten Hainbuchen nisten Waldkäuze, der Mittelspecht, Fleder- und Haselmäuse. Es handelt sich um einen Wald mit »hoher ökologischer Wertigkeit«.[30]

Bereits seit 1978 schrumpft das Waldgebiet immer weiter zusammen, während sich der Tagebau Hambach, betrieben vom Energiekonzern RWE, ausbreitet. Der Widerstand hat eine ebenso lange Tradition. Schon 1977 gründeten Menschen, deren Häuser aufgrund des Tagebaus abgerissen werden sollten, die sogenannte Hambach-Gruppe. 1988 soll einem Bericht der Aachener Nachrichten zufolge eine Kirche auf dem Waldgebiet während eines Gottesdienstes von RWE-Mitarbeitern aufgesucht worden sein, weil Pfarrer Dieter Schmitten unter dem Titel »Im Norden schreit die Erde« zu seiner Gemeinde sprach und zu zivilem, gewaltfreiem Widerstand durch Sitzblockaden aufrief.[31][32] Mit Sitzblockaden unterstützte das evangelische

Pfarrkolleg Düren dann auch 2018 die Proteste.[33]

Vom Frühjahr bis Herbst 2012 besetzten 50 Aktivisten der Anti-Kohlekraft-Bewegung erstmals den bedrohten Teil des Waldes. Das Camp wurde geräumt, doch im September 2013 schwangen sich junge Aktivisten zu den Baumwipfeln auf und begannen, Baumhäuser zu bauen – es sollten 86 werden. Es folgten mehrere Räumungen und Wiederbesetzungen, teils unter sehr aufgeheizter Atmosphäre von beiden Seiten. Die Bilder der Räumung mit mehreren Hundertschaften der Polizei, die im September 2018 große Teile der Öffentlichkeit überraschten, hatten also eine Vorgeschichte.

Dennoch kam der Räumungserlass der schwarz-gelben Regierung Nordrhein-Westfalens im September 2018 für viele unerwartet. Argumentiert wurde mit einer angeblichen Sicherheitsgefahr wegen mangelnden Brandschutzes. Einen Zusammenhang mit den für Oktober geplanten Rodungen wies die Regierung zurück.

Letztlich wurde die weitere Rodung vorerst am 5. Oktober 2018 durch das Oberverwaltungsgericht Münster gestoppt.[34] RWE hatte nicht nachweisen können, dass die Rodung unverzichtbar sei, um die Energieversorgung aufrechtzuerhalten. Den Eilantrag auf den Rodungsstopp hat der Umweltverband BUND gestellt.[35] Auch ein Rechtsgutachten von Greenpeace hatte darauf hingewiesen, dass die Rodung gegen geltendes Recht verstoßen hätte. Denn der Hambacher Tagebau wurde unter der Voraussetzung genehmigt, dass der Wald in seiner »ökologischen Funktion möglichst lange« erhalten bleibt und die Rodungen ein »betrieblich erforderliches Maß« nicht übersteigen.[36]

873 Platzverweise, 144 Festnahmen, fast 40 Verletzte und einen Todesfall durch den Sturz eines Journalisten von einer 15 Meter hohen Hängebrücke hat es im Herbst 2018 im Hambacher Forst gegeben.[37] Und obwohl das Gericht die Rodung am 5. Oktober bereits gestoppt hatte, versammelten sich am nächsten Tag Zehntausende auf den angrenzenden Äckern des Tagebaus. Zum einen, weil vermutlich erst Ende des Jahres 2020 endgültig über das Schicksal des Hambacher Forsts entschieden wird. Zum anderen, weil es hier noch um weit mehr als 100 Hektar Wald geht. Der Streit um »Hambi« ist zum Symbol geworden: für den Streit um den Klimaschutz und Deutschlands Rolle darin.

Hambacher Forst

# Die Mehrheit will den Kohleausstieg

Auch wenn der ein oder andere scheinbar schon das Handtuch geworfen hat: Die große Mehrheit der Menschen in Deutschland möchte an dem Klimaziel 2020 festhalten. 74 Prozent fordern deshalb, alte Kohlekraftwerke entsprechend abzuschalten. Das zeigt eine Umfrage des Meinungsforschungsinstituts Emnid im Auftrag der Bürgerbewegung Avaaz.[38] Damit begibt sich die Bevölkerung auf eine Linie mit der Forderung von 50 Umweltorganisationen, kirchlichen Institutionen und Entwicklungsorganisationen, die ein »Sofort-Programm Klimaschutz« für den Zeitraum 2018 bis 2020 gefordert haben.

**Wie viel CO₂ darf Kohlekraft für 2-Grad-Ziel noch ausstoßen?**
Bis wann ist das CO₂-Budget aufgebraucht? Mögliche Szenarien

Millionen Tonnen CO₂ — CO₂-Budget aufgebraucht

250 · 200 · 150 · 100 · 50 · 0

2015 2017 2019 2021 2023 2025 2027 2029 2031 2033

- Zügiger Ausstieg mit mehr Zeit
- Gleichmäßiger Ausstieg
- Abruptes Ende bei „business as usual"

Quelle: SRU, Öko-Institut e.V., DW          ©DW

»Das Ergebnis ist eindeutig«, sagte der Geschäftsleiter des BUND NRW, Dirk Jansen, in Bezug auf ein Gutachten des Öko-Instituts. Der Großteil der Hambacher Kohle muss im Boden bleiben, wenn Deutschland seine Klimaschutzziele erreichen will.«[39]

Aber nicht nur ökologisch, sondern auch wirtschaftlich kann man die geplante Rodung infrage stellen. Denn durch einen schnellen Kohleausstieg Deutschlands würde sie hinfällig werden. Und einen schnellen Kohleausstieg brauchen wir, wenn wir in Deutschland unseren Beitrag zur Einhaltung der 2-Grad- oder besser noch 1,5-Grad-Grenze halten wollen. Bis zur 2-Grad-Erwärmung fehlen nur noch 700 Milliarden Tonnen $CO_2$, bis zur 1,5-Grad-Erwärmung nur noch 140 Milliarden Tonnen $CO_2$.[40] Ab 2019 steht uns in Deutschland demnach nur noch ein Restbudget von 6,6 Milliarden Tonnen $CO_2$ zur Verfügung. Machen wir weiter wie bisher, werden wir dieses Budget in sieben Jahren ausgeschöpft haben: im Jahr 2023. Es gibt zwar verschiedene Schätzungen darüber, wie groß das $CO_2$-Budget noch ist. Schlussendlich resultieren diese aber nur darin, dass wir ein paar Jahre mehr oder weniger

Zeit haben, um die Emissionen auf null zu bringen. Es ist also nicht entscheidend, wie hoch das Restbudget exakt ist — in jedem Szenario ist es extrem dringend zu handeln. Die Regierungskommission hat im Januar 2019 einen Ausstiegsplan vorgelegt, der beinhaltet, dass spätestens 2038 in Deutschland Schluss sein soll mit der Kohleverstromung.

## Frithjof Finkbeiner: »Wir könnten jetzt sofort aus der Kohle aussteigen.«
### Mitglied Club of Rome, Aufsichtsrat DESERTEC und Stifter Plant-for-the-Planet

»Tatsächlich sind Argumente, wir könnten nicht einfach so aus der Kohle aussteigen, absurd. Das wäre ohne Weiteres sofort möglich. Es gibt beispielsweise das wunderbare Projekt DESERTEC, und der größte Solarpark der Welt heißt Noor und entsteht gerade in Marokko. Wir könnten problemlos mit einer Kombination aus lokalem Solar- und Windstrom sowie Strom aus Solarparks in Nordafrika Deutschland versorgen. Die Sonne über den Wüsten liefert über Solarthermie auch in der Nacht Strom, weil die Sonnenenergie in Salz oder Öl gespeichert wird, so kann heißes Wasser produziert und auch nachts eine Dampfturbine betrieben werden, solange, bis die Sonne wieder aufgeht. Die ganze Welt könnten wir mit sauberem Strom, sauberem synthetischem Öl und sauberem synthetischem Gas versorgen, mit der Sonnenenergie aus den Wüsten, wenn wir es denn wollten.

Was uns daran hindert, sind marktwirtschaftliche Hintergründe. In Europa ist es nicht gewollt, dass nordafrikanische Länder mitbieten bei den Auktionen, also wenn es darum geht, Strom nach Europa verkaufen zu dürfen. Es gibt eine Art indirekten Importzoll auf sauberen Strom aus Nordafrika. Würde dieser aufgehoben, würden sofort weitere Solarparks der Größe Noor gebaut. Der Solarpark Noor produziert zwei Gigawatt (GW). Wir müssten dann lediglich noch Leitungen nach Deutschland verlegen. Eine Gigawattleitung hat in etwa den Durchmesser einer Untertasse. Mit 15 Leitungen von Nordafrika nach Deutschland könnten wir bei 15 Atom- oder Kohlekraftwerken den Stecker ziehen, und sauberer Sonnenstrom aus den Wüsten wird in die bereits vorhandenen Verteilernetze der abgeschalteten Kraftwerke eingepeist. Tag und Nacht und an 365 Tagen im Jahr.

Solarthermische Anlagen in der Wüste Nordafrikas

Die solarthermischen Anlagen in der Wüste sind anders als die herkömmlichen Photovoltaik-Anlagen. In einer solarthermischen Anlage wird mit gewölbten Spiegeln Öl auf 380 Grad erhitzt. Es gibt auch platte Spiegel, die Salz in einem Turm auf 580 Grad erhitzen. Wenn die Sonne dort gegen 18 Uhr untergeht, sind Salz oder Öl immer noch heiß genug, um Wasser zum Kochen zu bringen und über eine Dampfturbine solange Strom zu produzieren, bis die Sonne wieder aufgeht.

Und das Beste ist: Mit nur 15 Leitungen à einem Gigawatt und entsprechenden solarthermischen Anlagen in Nordafrika, sparen wir uns in Deutschland den Aufbau von 265 Gigawatt an Photovoltaik, Windrädern und Speicheranlagen, wenn Deutschland sich wirklich einmal zu 100 Prozent aus erneuerbaren Energiequellen versorgen möchte.[41] Da Windräder und Photovoltaik nicht zuverlässig Strom liefern, nachts oder an windstillen Tagen zu wenig, bräuchten wir unverhältnismäßig viele solche Anlagen und vor allem Speicher, um auch zu solch schwierigen Zeitpunkten genug Strom zur Verfügung zu haben. Wenn wir allerdings Photovoltaik und Windräder in Deutschland mit Wüstenstrom kombinieren, umgehen wir das Problem. Diese Leitungen aus Nordafrika können Punkt zu Punkt von einer Solaranlage in Afrika bis in den Verteiler eines ehemaligen Atom- oder Kohlekraftwerks gelegt werden. Wüstenstrom ersetzt damit die gesamte Kohleverstromung, das gesamte Erdgas, das über die North-Stream-Pipeline aus Russland hierhergebracht werden soll, und wir sparen uns die Atomkraft. Es gibt also eine Lösung, wir müssen sie nur wollen.

**Was uns momentan noch von dieser eleganten Lösung abhält?**

Das sind die Stimmen der Unternehmen, die hierzulande noch Kohle und Kernenergie verstromen. Ihre Ablehnung ist rein profitgetrieben. Technisch gesehen brauchen wir sie nicht.

Insofern handelt es sich bei der Verbrennung der Kohle beim Hambacher Forst um eine alte, auslaufende Technologie. Man versucht, diese überkommene Technologie am Leben zu erhalten, obwohl es Alternativen gibt, die besser, sinnvoller und günstiger sind. Der im Januar 2019 beschlossene Kohlekompromiss der Kohlekommission besagt, dass Kraftwerkskapazitäten ab 2022 bis 2038 stetig abgebaut werden sollen. Die Folgen in den betroffenen Regionen soll der Bund mit 40 Milliarden Euro abfedern. Ein Teilerfolg, auf dessen Entwicklungen man gespannt sein darf.

## Kohlestrom zerstört die Gesundheit

Braunkohlestrom ist der klimaschädlichste Strom – und kein Land auf der Welt verbrennt so viel Braunkohle wie Deutschland. Es ist ein Skandal, dass ein eigentlich so fortschrittliches Land wie Deutschland 25 Prozent seiner Energie auf die dreckigste Art und Weise erzeugt. Dazu kommt, dass nicht nur $CO_2$, sondern auch gesundheitsschädliche Schwermetalle wie Arsen, Blei und fünf Tonnen Quecksilber pro Jahr rausgespustet werden.[42] Quecksilber ist ein Nervengift. Menschen in der näheren und weiteren Umgebung von Kohlekraftwerken wachsen teilweise mit Hirnschäden auf, denn das Neurotoxin breitet sich in der Umwelt weitläufig aus und reichert sich im Wasser und in den Böden, auf denen unsere Lebensmittel wachsen, an. Die Folgen sind zum Beispiel Intelligenzminderung bei Menschen, die seit früher Kindheit belastet sind, bis hin zur geistigen Behinderung, zu Krampfanfällen, Hör- und

> **i** **Deutschland ist Weltmeister – leider in der Braunkohle-förderung.** 171,5 Millionen Tonnen Braunkohle haben wir im Jahr 2016 gefördert. Zum Vergleich: China förderte zur selben Zeit 140 Millionen Tonnen Braunkohle, die USA sogar »nur« 66,2 Millionen Tonnen.

Hambach im Ruhrgebiet, Deutschland: eine der weltgrößten Braunkohleminen

Sehverlust, verzögerte Entwicklung, Sprachstörungen und Gedächtnisverlust. Ein Biomonitoring der EU unter Beteiligung des Umweltbundesamts zeigt, dass die Haare bei einem Drittel der Neugeborenen in Europa eine Quecksilber-Belastung über den tolerierbaren Höchstwerten anzeigen.[43]

Auch der emittierte Feinstaub und das Stickoxid der Kohlekraftwerke belasten die Gesundheit massiv. Insbesondere die Atemwege und das Herz werden in Mitleidenschaft gezogen. Eine hohe Stickoxidbelastung wird mit erhöhter Mortalität, also einem tendenziell früheren Ableben in Verbindung gebracht. Natürlich sind die Auswirkungen für diejenigen am furchtbars-

ten, deren eigene Gesundheit zerstört wird. Doch auch der Gesellschaft wird ein finanzieller Schaden zugefügt. Die Folgekosten der Gesundheitsschäden durch Schadstoffemissionen der Kohlekraftwerke beziffern Wissenschaftler der europäischen Gesundheitsorganisation Health & Environment Alliance (HEAL) europaweit auf bis zu 42,8 Milliarden Euro. Die Organisation setzt sich rein aus gesundheitlichen und gesundheitswirtschaftlichen Gründen für einen kompletten Kohleausstieg bis zum Jahr 2030 ein.[44] Der Umweltrat sagt ebenso: Einen vollständigen Ausstieg aus der Kohleverstromung müssen wir binnen der nächsten 20 Jahre schaffen.[45]

## Sofortiger Kohleausstieg würde 28 Milliarden Euro sparen

Die Kohlekraftwerke in Deutschland stoßen so viel $CO_2$ aus wie der gesamte Verkehrssektor zusammen. Immer wieder fällt die Behauptung, die Versorgungssicherheit beim Strom wäre nur mit erneuerbaren Energien gar nicht zu leisten. Zur Einordnung dieser Aussage hier etwas Kontext: In den Neunzigern behaupteten die Kohle-Fans auch, regenerative Energien könnten maximal einen Beitrag von vier Prozent zum deutschen Strom leisten. 2018 lagen wir aber bereits bei 40 Prozent.[46] Bis 2030 ist ein Ökostromanteil von 65 Prozent vorgesehen, wenn unsere Regierung an den Zielen des Koalitionsvertrags festhält.

Derzeit wird das Verstromen der Kohle in Deutschland subventioniert und führt sogar zu einem Überangebot von Energie. Dabei werden bei den Preisen für diesen Strom die Folgekosten für Umwelt und Mensch nicht einkalkuliert. Die Kohleverstromung wäre nicht konkurrenzfähig, wenn man das täte. Für jede ausgestoßene Tonne $CO_2$ rechnet das Umweltbun-

desamt nämlich mit 120 Euro Folgekosten. Rechnet man das für das Jahr 2016 hoch, entsteht die gigantische Summe von 46 Milliarden Euro, die unsere Gesellschaft aufwenden muss, um die Folgen der Kohleverstromung in nur diesem einen Jahr zu beherrschen. Würden wir jetzt hingegen aus der Kohle aussteigen, würde das unserer Gesellschaft 28 Milliarden Euro pro Jahr sparen, rechnet das Forum Ökologisch-Soziale Marktwirtschaft (FÖS) in Berlin vor.[47] Bei der Kalkulation hat es Kosten für das Klima berücksichtigt, außerdem für die Gesundheit, die Subventionen und die Vergünstigungen.

Zudem sind unsere Anlagen auch noch besonders dreckig. Gemessen am $CO_2$-Ausstoß stehen acht der zehn dreckigsten Kohlekraftwerke in Deutschland. Allein das Kraftwerk Grevenbroich-Neurath pustete im Jahr 2017 29,9 Millionen Tonnen $CO_2$ in die Luft. Dass wir aus der Kohle aussteigen müssen, und zwar so schnell wie möglich, kann eigentlich nicht zur Debatte stehen.

Kohle-ausstieg

# Wie kommt ein 13-jähriger dazu, vor den Vereinten Nationen zu sprechen?

Ich war fünf Jahre alt, und der Kuschel-Eisbär war so groß wie ich, als meine Patentante Michi ihn mir schenkte. So wurde der Eisbär zu meinem Lieblingstier.

Vier Jahre später, in der vierten Klasse, hielt ich ein Referat an meiner Schule mit dem Titel »How to save the polar bear«, also »Wie man den Eisbären retten kann«. Es war Anfang Januar 2007, und der Winter war außergewöhnlich warm. Obwohl so ein Wetter nicht unbedingt etwas mit dem gesam-

ten Klima zu tun haben muss, nahm meine Lehrerin den warmen Winter zum Anlass, das Thema »Klima« zu behandeln, als wir aus den Winterferien zurückkamen. Um mein Referat vorzubereiten, schaute ich mir deshalb den Film »Eine unbequeme Wahrheit« von Al Gore an, der damals noch ziemlich neu war. Außerdem fand ich im Internet ein Video über Wangari Maathai, eine Frau, deren Bewegung über 30 Millionen Bäume gepflanzt hatte.

Wangari Maathai war ein unglaublich spannender Mensch. Ich bewundere, was sie alles geschafft hat. Sie war die erste Professorin in Kenia und hat diese Bäume nicht nur aus ökologischen Gründen gepflanzt, sondern auch, um Frauen auf diesem Kontinent zu stärken. Viele der Frauen, die im Rahmen ihrer Kampagne Bäume pflanzten, hatten dadurch zum ersten Mal ein Einkommen, um ihre Familien zu versorgen. Als ich mich damals auf das Referat vorbereitete, war ich aber vor allem von der Zahl der Bäume fasziniert. 30 Millionen Bäume in 30 Jahren, das ist gewaltig. Ich war voller Ehrfurcht und gleichzeitig inspiriert. Wenn sie 30 Millionen Bäume pflanzen kann, dann müssen

### ℹ Der Unterschied zwischen Wetter und Klima

Von Wetter sprechen Meteorologen, wenn sie die täglichen Veränderungen von Temperatur, Wind, Niederschlag, Luftfeuchtigkeit und Bewölkung meinen. Die jeweilige Wetterlage ist im Wesentlichen ein Resultat der vorbeiziehenden Hoch- und Tiefdruckgebiete in der Atmosphäre. Das gegenwärtige Klima hingegen bezeichnet die Mittelwerte der Wetterlagen und ihrer Faktoren wie Temperatur und Niederschlag über einen Zeitraum von 30 Jahren.

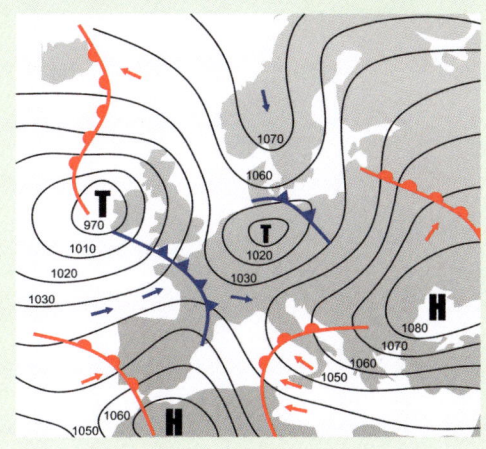

Schüler doch auch in jedem Land der Welt eine Million Bäume pflanzen können, sagte ich meiner Klasse am Ende des Referats. Genau genommen wusste ich gar nicht, was ich da sagte. Ich hatte keine Vorstellung davon, wie viel eine Million ist, geschweige denn, wie viele Länder es auf der Welt gibt. Die Million war einfach die größte Zahl, die mir einfiel. Und das war das Ziel. Nur wenige Wochen zuvor hatte mein großes Vorbild Wangari Maathai im Dezember 2006, bei der Internationalen Klimakonferenz in Nairobi, zusammen mit den Vereinten Nationen und Fürst Albert von Monaco die Billion Tree Campaign gestartet. Irgendwann hatte nämlich ein amerikanischer Unternehmer Wangari Maathai angerufen und ihr gesagt, dass er eine Million Bäume pflanzen wolle. Darauf soll Wangari Maathai geantwortet haben: »Das ist ja ganz nett, aber eigentlich brauchen wir eine Milliarde Bäume.« Daraus ist dann die Billion Tree Campaign entstanden. Und sie war sehr erfolgreich: Nach ungefähr zwei Jahren hatten sie das Ziel von einer Milliarde Bäumen bereits erreicht. Und so setzten sie sich ein zweites Ziel: zwei Milliarden Bäume. Auch das haben sie relativ schnell erreicht, also steckten sie ihre nächsten Ziele erst bei sieben, dann bei zwölf Milliarden und so weiter.

## Wangari Maathai:
## Die Mutter der Bäume

Wangari Maathai wurde am 1. April 1940 in Kenia geboren. Während sie aufwuchs, erzählte ihre Mutter oft Geschichten rund um die Bäume und Sträucher ihrer Heimat. So waren beispielsweise die Feigenbäume den Menschen dort heilig, ihre Ruhe durfte nicht gestört werden. Wangaris Mutter sagte dann auch den Satz, der ihr ganzes Leben prägen sollte: »Sitz nicht untätig rum, pflanz lieber etwas!«

Weil sie durch ihre Intelligenz auffiel, erhielt Wangari ein Stipendium fürs Ausland. So ging sie erst in die USA und später nach Deutschland, um Biologie zu studieren. 1971 erreichte sie als erste Kenianerin den Doktorgrad. Noch im selben Jahr wurde sie dort die erste Professorin für Anatomie in Tiermedizin.

Wangari Maathai erkannte, dass das Elend und die Verwüstung ihres Landes stark mit dem Schwund der Bäume dort zusammenhingen. Die kenianische Regierung hatte viele Wälder roden lassen, um Platz für Kaffee- und Teeplantagen zu schaffen, was zu massiver Bodenerosion führte. Der Bach, in dem Wangari als Kind gespielt hatte, versiegte. Andere Flüsse waren voller Schlamm. Rinder liefen abgemagert umher, weil sie kaum noch Gras fanden. Ihr geliebter Feigenbaum hatte für eine Teeplantage sterben müssen.[48]

Bereits seit einiger Zeit war Wangari Maathai Mitglied im kenianischen Frauenrat. Dort warf sie die Idee in die Runde, mit neuen Bäumen den Boden wieder festzuhalten, sodass er bei starken Regenfällen nicht weggeschwemmt wird. Der Schatten der Bäume würde außerdem dafür sorgen, dass das Gras der Kühe und die Nahrungsmittel für die Menschen nicht von der sengenden Sonne verbrannt werden. Allerdings hing das Auskommen vieler kenianischer Familien davon ab, dass sie Brennholz sammelten. 1975 suchte Wangari Maathai deshalb erstmals internationale Unterstützung. Auf der ersten UN-Frauenkonferenz in Mexiko City plädierte sie dafür, dass die Bereiche Frauen, Entwicklung und Umwelt nur gemeinsam angegangen werden könnten und erntete die Zustimmung der Abgeordneten aus 133 Ländern.

1977 gründete die mittlerweile international bekannt gewordene Wissenschaftlerin in Kenia die Green-Belt-Bewegung. In deren Rahmen wurden bis heute etwa 51 Millionen Bäume gepflanzt, der grüne Gürtel umspannt mittlerweile 13 afrikanische Länder. Am Anfang schien es, als würden Wangari Maathai und ihre Helferinnen gegen Windmühlen kämpfen. Schösslinge, die gerade liebevoll von den Frauen gesetzt worden waren, wurden von Polizeikräften der korrupten Moi-Regierung wieder herausgerissen. Doch Wangari Maathai blieb dran – und bekam von der staatlichen Forstaufsicht die Zusage zur Finanzierung von einer Million Baumsetzlingen. Diese Zusage wurde aber zurückgezogen, als die Frauen ans Werk gingen. »Nur gegen Bezahlung«, hieß es plötzlich. Wangari Maathai und ihre Helferinnen hatten das Geld nicht, dachten jedoch nicht daran, jetzt aufzugeben. Sie zogen ihre Setzlinge einfach selbst.

Wangari Maathai wurde vielfach ausgezeichnet. 1989 erhielt sie zusammen mit Mutter Teresa in London den Preis Woman of the World, überreicht von Prinzessin Diana. 2004 erhielt sie als erste Afrikanerin den Friedensnobelpreis,[49] weil ihr Widerstand gegen die Moi-Diktatur in ihrem Land als friedensbewahrende Tat anerkannt wurde. Sie hatte im Lauf der Jahre immer wieder Todesdrohungen bekommen und war mehrfach im Gefängnis gelandet, wo sie auch misshandelt worden war. Unterstützt – und laut ihrer Aussage gerettet – hat sie in dieser Zeit vor allem die Menschenrechtsorganisation Amnesty International. Das norwegische Friedensnobelpreis-Komitee würdigte »Mama Miti« (Suaheli für »Mutter der Bäume«) als »eine Quelle der Inspiration für alle, die in Afrika für nachhaltige Entwicklung, Frieden und Demokratie kämpfen«. Und fügte hinzu: »Frieden auf Erden hängt von unserer Fähigkeit zur Bewahrung einer lebendigen Umwelt ab.«

Wangari Maathai sagte einmal: »Es sind die kleinen Dinge, die Menschen tun, die einen Unterschied machen. Meine kleine Sache besteht darin, Bäume zu pflanzen.«

Zwei Monate nach meinem Referat über die Rettung der Eisbären, am 28. März 2007, versammelte sich unsere Klasse am Eingang vor unserer Schule, um einen Baum zu pflanzen. Es war ein Zierapfel, ein kleiner Baum, der auch klein bleiben sollte. Niemand von uns hatte damals gedacht, dass dieser Baum in irgendeiner Form sonderlich relevant sein würde, geschweige denn ein Symbol für die Geburt einer weltumspannenden Organisation. Als ich meine Eltern damals gebeten hatte, einen Baum zu besorgen, wollten sie ursprünglich eine Buche kaufen. Doch dann rief meine Mutter meinen Vater von der Baumschule aus an: »Weißt du, was eine Buche kostet?!« Schließlich entschieden die beiden, einfach den günstigsten Baum zu kaufen – diesen Zierapfel. Hätten sie damals geahnt, dass aus meinem Vortrag eine

weltweite Bewegung entstehen würde, dann hätten sie bestimmt etwas Beeindruckendes gewählt, etwa die gewünschte Buche oder eine stolze Eiche. So blieb es beim preiswerten Zierapfel.

Diese Geschichte zeigt, welche Eigendynamik die Initiative entwickelt hat. Als Kind habe ich nie darüber nachgedacht, was das Ganze eigentlich bedeutet. Und schon gar nicht habe ich mir beim Pflanzen dieses Zierapfels ausgemalt, dass mich diese Sache noch weit mehr als zehn Jahre begleiten würde.

Während wir also mit 30 Schülern unter Anleitung einer Gärtnerin den Baum pflanzten, kamen eine Journalistin vom Lokalteil der Süddeutschen Zeitung und ein Reporter vom Bayerischen Rundfunk, der seinen Bericht über den Deutschlandfunk sendete.

Den allerersten Baum ihrer Initiative pflanzten die Kinder an ihrer Schule in Starnberg.

Beide berichteten ganz knapp über unsere Aktion, doch das reichte, um andere Schulen zu inspirieren. Nur wenige Wochen später durfte ich auch dort Vorträge halten.

Das Publikum wurde schnell größer: 2007, zehn Monate nach meinem ersten Vortrag vor der Klasse, sprach ich schon vor der Versammlung aller Toyota-Händler in Deutschland, vor 1200 Menschen. Es war das erste Mal, dass ich einen Vortrag vor so einem großen Publikum hielt. Dazwischen hatte ich allerdings auch schon bei verschiedenen Veranstaltungen von Rotary-Clubs[50], die sich für das Gemeinwohl engagieren, Reden gehalten. Bei einer davon hatte der Deutschlandchef von Toyota im Publikum gesessen – und mich im Anschluss zu seiner Firmenveranstaltung eingeladen.

### ℹ Al Gore

Der Film »Eine unbequeme Wahrheit«, der im Jahr 2006 erschien, war eines der wichtigsten Instrumente, um die Argumente der Skeptiker zu entkräften, die die Realität der Klimakrise noch nicht wahrhaben wollten. Es war der Höhepunkt einer langen Reihe flammender Reden des Politikers und Umweltschützers Al Gore, dem Verfasser mehrerer Bücher, inklusive des Bestsellers »Earth in Balance« und der Entwicklung eines Umwelterziehungsprogramms[51] während der Clinton-Ära. Für sein Engagement erhielt der ehemalige US-Vizepräsident zusammen mit den Wissenschaftlern des Weltklimarats (IPCC) 2007 den Friedensnobelpreis für sein ökologisches Engagement. Der Nachfolgefilm von 2017 »Immer noch eine unbequeme Wahrheit« bestätigt bildgewaltig damalige Prognosen, die bereits eingetroffen sind.

Kleiner Klimaschützer trifft großen Klimaschützer: Felix und Al Gore begegnen sich erstmals 2008 (li.) auf einem Symposium in München.

2009 entwickelten wir eine Kampagne, die großen Anklang in den Medien fand. Wir waren damals einfach ein paar Schüler, die bis dahin etwa 200.000 Bäume gepflanzt hatten. Um unsere Idee bekannter zu machen, suchten wir Prominente, die unsere Botschaft beförderten. Die ersten Freiwilligen konnten wir auf einer Konferenz in Genf gewinnen, auf der ich als Redner eingeladen war. Viele große Namen waren dort, wie der ehemalige UNO-Generalsekretär und Friedensnobelpreisträger Kofi Annan und der progressive Theologe Hans Küng. Auch Fürst Albert II. von Monaco war da, er war der einzige der wichtigen Menschen, den ich kannte. Denn als er im Jahr 2007 in München einen Vortrag gehalten hatte, hatte ich mich am Ende zu Wort gemeldet, und weil es kein Saalmikrofon gegeben hatte, war ich einfach auf die Bühne gegangen und hatte das Podiumsmikrofon genutzt. Fürst Albert II. stand damals in Genf in einer Traube von ungefähr zehn Menschen. Und ich lief mit meinem Plant-for-the-Planet-T-Shirt durch die chic gekleidete Menschengruppe. Vermutlich hatte der Fürst mich an meinem T-Shirt wiedererkannt und bat seine Gesprächspartner um Verständnis, dass er mir seine volle Aufmerksamkeit widmen wollte. Gemeinsam gingen wir zu unserem mobilen Fotostudio, in dem unser Fotograf bereits ein weißes Papier als Hintergrund aufgehängt und es entsprechend beleuchtet hatte.

Auch der Schauspieler Harrison Ford ließ sich für unsere Kampagne fotografieren. Das war totaler Zufall. Im Oktober 2010 waren einige Botschafter für Klimagerechtigkeit und ich auf der UN-Biodiversitätskonferenz in Nagoya, Japan. Da lief plötzlich eine größere Gruppe über den Hauptplatz des Konferenzzentrums. Alle schienen diesem einen Menschen an der Spitze zu folgen. Da sagte einer unserer Botschafter zu mir: »Ich weiß nicht, wer das ist, aber der ist wichtig.« Weil wir noch auf der Suche nach Gesichtern für unsere Kampagne waren, liefen wir ihm hinterher und fragten ihn, ob wir ein Foto mit ihm machen könnten, mitten auf dem Platz. Erst danach fragten wir einen der anderen Fotografen, die außen herumstanden, wer das denn überhaupt war. So wurde der Han-Solo-Darsteller aus Star Wars zum Unterstützer unserer Kampagne.

Im September 2009 verabredeten wir uns mit Topmodel Gisele Bündchen auf einer UN-Pressekonferenz in New York, um ein Foto zu machen. Wir hat-

Stop talking Start planting

ten drei Leute dabei, einen Fotografen und zwei Studenten, die eine weiße Wand für den Hintergrund halten sollten, da diese Pressekonferenz in einem Park stattfand. Die beiden Studenten waren aber so von Gisele Bündchen abgelenkt, dass sie die weiße Wand komplett schief hielten. Der Fotograf hat später geflucht, denn er musste den Hintergrund massiv retuschieren: Die Wand hatte viel zu tief gehangen – unter Giseles Kopf statt darüber.

**i** Die Kampagne zeigt Kinder, die Erwachsenen den Mund zuhalten. Sie fand viele prominente Unterstützer, unter anderem den Tennisspieler Michael Stich, den Musiker Peter Maffay, den Schauspieler Til Schweiger, den Politiker und ehemaligen Direktor des UN-Umweltprogramms Klaus Töpfer, Ministerin Gesine Schwan, Prinz el Hassan bin Talal von Jordanien, den Autor und Theologen Hans Küng, Südkoreas Premierminister Seung Soo Han, die Königin von Lesotho, Masenate Mohato Seeiso, die chinesische Popsängerin Wei Wei sowie unser großes Vorbild Wangari Maathai. 2010 wurde die Kampagne mit dem goldenen Effie, quasi dem Oscar der Werbung, ausgezeichnet und damit unsere Hamburger Kommunikationsagentur Leagas Delaney und ihr Chef und Erfinder der Kampagne, Hermann Waterkamp. Leagas Delaney unterstützt uns seit mehr als einem Jahrzehnt pro bono.

Im September 2009 hatte ich erstmals das große Glück, mein Vorbild Wangari Maathai persönlich zu treffen, anlässlich einer von der UNEP einberufenen Pressekonferenz in New York parallel zum UN-Gipfel. Ein zweites Treffen gab es am 2. Februar 2011 bei einer UN-Generalversammlung, bei der unter anderem Wangari Maathai sprach und danach eben auch ich. Die Vereinten Nationen hatten gerade das internationale Jahr der Wälder ausgerufen. Ich war sehr aufgeregt, hatte diesen Vortrag so gut vorbereitet wie keinen anderen in meinem Leben. Aber mein junges Alter hat mir geholfen – heute wäre ich wahrscheinlich noch viel nervöser.

**i  Felix' Rede bei der UN-Generalversammlung 2011**

»Wir Kinder fragen uns oft, warum so wenig getan wird. Wir glauben, dass es drei mögliche Gründe gibt. Der erste Grund könnte die Wahrnehmung von Zukunft sein. Für die meisten Erwachsenen bedeutet Zukunft eine Zeit in 20, 30, 40 Jahren. Aber für uns Kinder wird auch das Jahr 2100 noch in unserer Lebenszeit sein. Für die meisten Erwachsenen ist es eine akademische Frage, ob sich der Meeresspiegel um zwei bis drei Zentimeter oder um sieben Meter erhöht.

Ein großer Moment:
Die Kinder sprechen vor der UN-Vollversammlung in New York.

Doch für viele von uns Kindern ist es eine Frage des Überlebens. Ein weiterer Grund für das Ausbleiben von Taten könnte sein, dass sich einige Erwachsene hinter den Argumenten der Klimaskeptiker verstecken, hinter denjenigen, die behaupten, es gäbe keine Klimakrise.

Für all diese Menschen haben wir eine Antwort: Wenn wir den Warnungen der Wissenschaftler folgen, die uns sagen, es gibt eine Krise, und entsprechend handeln, dann machen wir keinen Fehler – sogar wenn sich ihre Berechnungen doch noch als falsch herausstellen sollten. Wenn wir aber infolge der Argumente der Klimaskeptiker nichts tun und dann in 20 Jahren herausfinden, dass sie im Unrecht waren – dann wird es zu spät sein, um unsere Zukunft zu retten.

Ein Freund gab uns diese Analogie: Wenn du einen Affen wählen lässt, ob er eine Banane jetzt will oder sechs Bananen später, dann wird er immer die eine Banane nehmen, die er sofort haben kann. Darauf basierend haben wir Kinder verstanden, dass wir uns nicht auf die Erwachsenen verlassen können. Wir müssen unsere Zukunft in unsere eigenen Hände nehmen.«

Wer das Video der Rede auf YouTube anschaut, sieht, dass fünf andere Kinder mit mir auf der Bühne standen und je einen Pappbaum mit der Aufschrift »Plant a tree« in der Hand hielten. Diese fünf Kinder hatte ich erst kurz vorher kennengelernt. Eine Woche vor der Generalversammlung war ich nämlich schon nach New York gereist, um an den dortigen Schulen Vorträge zu halten und erste Akademien zu leiten. Diejenigen, die sich dabei besonders begeistert und engagiert gezeigt hatten, fragte ich dann, ob sie mich zur UN-Generalversammlung begleiten wollten. Sie wurden unsere ersten amerikanischen Botschafter.

Plant
a
tree

# i Plant-for-the-Planet-Akademien

Bei den eintägigen Akademien von Plant-for-the-Planet bilden Kinder andere Kinder quasi als junge Diplomaten aus, zu Botschaftern für Klimagerechtigkeit. Zuerst lernen die Kinder ganz konkret, wie die Klimakrise ihre Zukunft und das Leben von Menschen weltweit bedroht. Das erzählt ihnen kein Erwachsener, sondern ein Kind. Peer-to-peer, auf Augenhöhe, hält ein bereits ausgebildeter Botschafter oder eine Botschafterin für Klimagerechtigkeit einen Vortrag vor den Kindern. So sehen die Teilnehmer, dass es ganz einfach ist, vor Menschen zu sprechen. Das weckt die Lust, selbst so einen Vortrag zu halten – was die Kinder später am Tag dann auch lernen. Im »Weltspiel« erfahren sie anschaulich, wie Klimagerechtigkeit aussehen kann.

Dazu gehen sie in Kleingruppen zusammen und breiten eine Weltkarte aus. Sie haben Spielfiguren, die Menschen vor Ort repräsentieren. Ballons, die für den $CO_2$-Ausstoß und Bonbons, die für das Vermögen der Menschen stehen. So sollen sie lernen, wie Weltbevölkerung, Wohlstand und $CO_2$-Ausstoß global verteilt sind. Auf welchen Kontinent kommen wie viele Spielfiguren? Wenn die verteilt sind, sind die Bonbons dran. Welche Kontinente sind besonders reich? Hier zeigt sich für die Kinder schon, dass wenige Spielfiguren viele Bonbons bekommen. Gerecht ist das nicht. Noch ungerechter wird es in Runde drei. Wenige Spielfiguren mit vielen Bonbons bekommen viele Luftballons. Oder in die Wirklichkeit übersetzt: Reiche Länder mit einem kleinen Anteil an der Weltbevölkerung stoßen das meiste $CO_2$ aus. Ein Aha-Moment für die Kinder, von denen viele empört sind, dass die Welt so ungerecht ist. Da müssen wir doch was tun! Können wir auch, erfahren die Kinder. Zum Beispiel Bäume gegen die Klimakrise pflanzen. Und nach dem Mittagessen geht es raus: Die Teilnehmer pflanzen gemeinsam Bäume.

Am Nachmittag planen die Teilnehmer in ihren Schulgruppen, was sie tun werden, um die Klimakrise anzupacken. Wie viele Bäume wollen sie pflanzen? Wo könnten sie Vorträge halten? Wie Klassenkameraden begeistern, damit sie mithelfen?

Manche planen auch einen Spendenlauf für neue Bäume in Ländern des globalen Südens.

Am Abend präsentieren die Kinder dann ihre Pläne vor den Eltern und allen anderen Teilnehmern. Die Eltern sind stolz, und die Kinder motiviert, als Nächstes vor ihrer Klasse zu sprechen, dann vor einem Rotary- oder Lions-Club und dann, wer weiß, vielleicht bald vor wichtigen Unternehmenschefs?

Mittlerweile hat Plant-for-the-Planet über 70.000 junge Botschafter für Klimagerechtigkeit in 67 Ländern ausgebildet. Damit sie sich treffen und austauschen können, organisiert Plant-for-the-Planet nationale Kinderkonferenzen und internationale Youth Summits. So erleben sie sich als ein globales Netzwerk von Weltbürgern – und können gemeinsam viel bewegen. Sie haben sich zum Ziel gesetzt, eine Million Kinder zu Botschaftern für Klimagerechtigkeit zu machen, damit sie ihre Botschaft weltweit verbreiten können.

Junge Botschafter für Klimagerechtigkeit in Aktion

Noch im selben Jahr, im September 2011, ist Wangari Maathai leider an Krebs gestorben. Zwei Monate später, im Dezember 2011, wurde die Billion Tree Campaign offiziell an uns Kinder und Jugendliche von Plant-for-the-Planet übergeben, damit wir die Kampagne für sie weiterführen. Die Übergabe durch den damaligen Direktor des Umweltprogramms der Vereinten Nationen (UNEP), Achim Steiner[52], und Mitbegründer Fürst Albert II. von Monaco bei der Weltklimakonferenz in Durban war für uns ein sehr großer Moment.

Feierlich übergeben Achim Steiner (UNEP, re. im Bild) und Fürst Albert II. die Verantwortung für die Billion Tree Campaign an die Kinder und Jugendlichen.

## Unsere Motivation

Für uns steht der Schutz der Menschen bei all unseren Aktionen im Vordergrund. Natürlich empfinden wir die Natur per se als absolut schützenswert. Was uns aber am meisten bewegt, das sind die ernsthaften Probleme, die Menschen bekommen, wenn wir die Klimakrise nicht in den Griff kriegen.

Alle Mitarbeiter von Plant-for-the-Planet setzen sich überdurchschnittlich für diese gemeinsame Sache ein. Wir haben Top-Leute, es gibt nicht einen, der in der Wirtschaft nicht mehr verdienen könnte. Sie arbeiten trotzdem alle bei Plant-for-the-Planet, weil ihnen das Thema wichtig ist und sie in dieser Hinsicht etwas bewegen möchten. So ist das auch bei unseren 70.000 Botschaftern auf der ganzen Welt. Mir erscheint es wie ein ziemlich natürliches Bedürfnis. Wieso konzentrieren wir uns auf das Klima? Die Gesellschaft wird durch die Klimarettung nicht automatisch besser. Aber wir verhindern so, dass sie schlechter wird. Ich hoffe, dass wir durch das Pflanzen von Bäumen und die Bewältigung der Klimakrise viele Katastrophen verhindern können, wie lange Dürren oder Überschwemmungen, die Ernten zerstören und Millionen von Menschen zu Klimaflüchtlingen machen würden. Wie sehr das zu Spannungen führen kann, zeigt das Beispiel Syrien. Dem furchtbaren Bürgerkrieg ging beinahe unbeachtet von der Weltöffentlichkeit zwischen 2006 und 2010 eine der größten Dürren seit den Wetteraufzeichnungen voraus. Das zeigt eine Studie der Universität Kalifornien auf Basis von Satellitendaten der NASA.[53] Auch der Grundwasserspiegel sank.[54] 85 Prozent aller Herdentiere in Syrien sind eingegangen, und rund 800.000 verarmte Bauern zogen als Flüchtlinge vom Land in die Städte.[55] Zur selben Zeit flohen etwa 1,8 Millionen Flüchtlinge aus dem Irak nach Syrien. Die ohnehin schwierige Trinkwasserversorgung wurde zum immer größeren Problem.

In den syrischen Städten waren schließlich etwa 20 Prozent der Bewohner Flüchtlinge – Iraker oder syrische Bauern. Die Preise für Produkte des täglichen Lebens stiegen stark,[56] noch dazu gab es eine hohe Arbeitslosigkeit. Das bereitet Konflikten einen Boden, und in diesem Kontext begann der syrische Bürgerkrieg nach dem Arabischen Frühling. Die Klimakrise war natürlich bei Weitem nicht der einzige Grund für den Bürgerkrieg, hat aber dazu beigetragen.

Das muss uns allen klar sein: Die Klimakrise wird nicht nur Lebensmittel- und Wasserknappheiten sowie Naturkatastrophen wie Hurrikane verschlimmern, sondern auch zu politischen Konflikten beitragen. In Syrien ging es um weniger als zwei Millionen Flüchtlinge. Die Vereinten Nationen rechnen mit bis zu 200 Millionen Klimaflüchtlingen bis 2050.

Zum Schutz der Menschen

# Die Entwicklung von Plant-for-the-Planet von 2007 bis 2018

### Dezember 2006

Wangari Maathai ruft während der Klimakonferenz in Nairobi zur Billion Tree Campaign auf.

### 19. Januar 2007

Felix Finkbeiner hält ein Klassenreferat zur Klimakrise und endet mit den Worten: »Lasst uns in jedem Land der Erde eine Million Bäume pflanzen!« Die Lehrerin schickt ihn in andere Klassen, die Direktorin an andere Schulen.

### 28. März 2007

Erste Baumpflanzaktion an der Munich International School in Starnberg. In den nächsten Wochen schließen sich viele andere Schulen an. Klaus Töpfer, ehemaliger Bundesumweltminister, wird Schirmherr der Schülerinitiative Plant-for-the-Planet.

### 27. August 2007

Auf der UNEP Jugendkonferenz verspricht Felix dem UNEP-Vorsitzenden Achim Steiner, eine Million Bäume in jedem Land der Erde zu pflanzen.

### 20. Juni 2008

Felix stellt seine Idee auf der UNEP Tunza Children Conference in Stavanger, Norwegen, vor. 700 Kinderdelegierte aus 105 Ländern wählen ihn in das UNEP Junior Board 2008–2010.

### 31. Oktober 2008

Die erste Plant-for-the-Planet-Akademie, in der Kinder andere Kinder zu Botschaftern für Klimagerechtigkeit ausbilden, findet in Sonnenberg, NRW, statt.

### 11. November 2008

Felix spricht vor dem Europäischen Parlament.

### 18. August 2009

Felix fordert auf der UNEP Tunza Children and Youth Conference in Daejeon, Südkorea, am Ende seines Vortrags auf: »Jeder, der in seinem Land eine Million Bäume pflanzen möchte, kommt auf die Bühne!« Über 500 Kinder aus 56 Ländern stürmen die Bühne.

**21. September 2009**

Start der Kampagne »Stop talking.
Start planting.« in New York
anlässlich der UN-Vollversammlung.

**9. Dezember 2009**

30 Kinder von Plant-for-the-Planet
Berlin demonstrieren während des
Klimagipfels in Kopenhagen vor
dem Bundeskanzleramt in Berlin
dafür, der Klimakrise mit einem
Weltvertrag, basierend auf Klima-
gerechtigkeit, entgegenzuwirken.
Sie wenden sich mit ihren
Anliegen in einem offenen Brief an
Kanzlerin Angela Merkel.

**31. Januar 2010**

Gründung der Plant-for-the-Planet-
Kinderstiftung. Ziel der Stiftung
ist es, die weltweite Schülerinitiative
bei ihrem Ziel zu unterstützen,
dass in 20.000 Akademien
mindestens eine Million Kinder
Mitglieder des globalen
Netzwerkes und Botschafter
für Klimagerechtigkeit werden,
die sich als Weltbürger für die
Gestaltung ihrer Zukunft einsetzen.

**4. Mai 2010**

Pflanzung des millionsten Baums
in Deutschland in Bonn auf dem
Petersberg zusammen mit
Umweltministern und Delegierten
aus 45 Ländern.

**1. Juli 2010**

Botschafter für Klimagerechtigkeit
übergeben Briefe an
133 Regierungschefs über die
Botschaften in Berlin: »Do you
have plans to save our future?«

**20. Oktober 2010**

Kinder sprechen auf der COP 10,
der Convention of Biodiversity, in
Nagoya, Japan.

**8. Dezember 2010**

Pflanzung von 193 Bäumen – einen
für jedes Land – mit den jeweiligen
Regierungsdelegierten der
Weltklimakonferenz COP 16 in
Cancun, Mexiko.

# Die Entwicklung von Plant-for-the-Planet von 2007 bis 2018

## 2. Februar 2011

Wir Kinder eröffnen das Internationale Jahr der Wälder 2011 mit einer Rede vor den Vereinten Nationen in New York, USA, und rufen zur Trillion Tree Campaign auf.

## 27. März 2011

Erste demokratische Wahl des 14-köpfigen Weltvorstandes, bestehend aus Kindern und Jugendlichen aus sieben Weltregionen – Amtszeit ein Jahr.

## Juli 2011

Reise nach Afrika, mehr als 5000 empowerte Kinder in Akademien in Kenia, Lesotho, Südafrika und Tansania. Hissen der Plant-for-the-Planet-Flagge auf dem Kilimandscharo.

## 25. September 2011

Wangari Maathai stirbt.

## 7. Dezember 2011

Übergabe der Billion Tree Campaign an Plant-for-the-Planet in Durban, Südafrika.

## 29. Januar 2012

Vorstellung der »Guten Schokolade« auf der ISM in Köln. Mit deren Erlös werden Bäume gepflanzt.

## 13. April 2012

Der erste Vertrag zwischen einer Stadt und den Kinder von Plant-for-the-Planet: Die 140.000-Einwohnerstadt Chetumal in Mexiko verpflichten sich, pro Einwohner bis 2020 150 Bäume zu pflanzen.

## Dezember 2012

Die millionste Tafel der »Guten Schokolade« wird verkauft – dadurch wurden bereits 200.000 Bäume gepflanzt.

## 31. März 2014

Die Augsburger Städtepartnerschaft startet. Die Stadt pflanzt für jeden Einwohner einen Baum.

## 4. April 2014

Expedition Hope startet vom Nordpol nach Kanada, um Aufmerksamkeit für die Arktis und den Kampf der Kinder und Jugendlichen für Klimagerechtigkeit zu schaffen.

## März 2015

Pflanzung des ersten Baumes der Plant-for-the-Plant Yúcatan-Wiederbewaldung. Dort stellen wir eine Waldfläche so groß wie 50.000 Fußballfelder wieder her.

## 20. Mai 2015

Der deutsche Entwicklungsminister Dr. Gerd Müller ruft zusammen mit uns zum größten Aufforstungsprojekt der Menschheitsgeschichte auf.

## Dezember 2015

Auf der Internationalen Klimakonferenz in Paris verteilen Plant-for-the-Planet-Botschafter 40.000 Tafeln der »Guten Schokolade«, auf deren Verpackung unsere Forderungen gedruckt sind, an die Regierungsdeligierten.

## 6. Mai 2017

Eintausendste Akademie in Wohltorf, Deutschland, gegründet.

## 9. März 2018

Launch der Trillion Tree Campaign gemeinsam mit Fürst Albert II. von Monaco in Monte Carlo. 50 hochrangige Personen unterzeichnen die Trillion Tree Declaration.

## 22. Mai 2018

Bundespräsident Frank-Walter Steinmeier verleiht Felix das Bundesverdienstkreuz. Plant-for-the-Planet fordert: Deutschland soll klimaneutral werden.

#status quo

# Uns bleibt nur noch ein halbes Grad

## Die Erderwärmung beschleunigt sich

Seit 1880, also seit Beginn des Industriezeitalters, ist die globale Durchschnittstemperatur bereits um +1,1 Grad Celsius gestiegen.[57] Wenn wir so weitermachen wie bisher, wird sie bis zum Jahr 2050 um 2 Grad, bis zum Jahr 2100 möglicherweise um 4 Grad oder noch mehr steigen.[58] Die Klimaforscher des Weltklimarats (engl.: »Intergovernmental Panel on Climate Change«, IPCC) plädieren dafür, dass wir alles in unserer Macht Stehende tun, um die globale Erwärmung auf +1,5 Grad Celsius zu begrenzen. Zuvor waren jahrelang +2 Grad die Grenze der internationalen Klimapolitik. Laut IPCC wird die Erwärmung um +1,5 Grad möglicherweise schon im Jahr 2030 erreicht, spätestens aber im Jahr 2052, wenn

Wie sich die weltweite Durchschnittstemperatur für Deutschland zwischen 1881 und 2017 verändert hat, stellt die Grafik des Klimaforschers Ed Hawkings sehr anschaulich dar. Jeder Streifen steht hier für ein Jahr. Basis ist der Datensatz des Deutschen Wetterdienstes (DWD).

wir mit derzeitigem Tempo weiter $CO_2$ emittieren.

Aber machen +1,5 oder +2 Grad wirklich so einen großen Unterschied? Ja, und ob. Da sind zum Beispiel die Korallenriffe: Ein Drittel von ihnen könnte bei +1,5 Grad überleben, bei +2 Grad würden 99 Prozent sterben. Bei +2 Grad wäre der arktische Ozean einmal in zehn Jahren komplett eisfrei, bei +1,5 Grad nur einmal in 100 Jahren.

Der Weltklimarat hält »beispiellose Veränderungen« für nötig; schnell und weitreichend, damit wir die 1,5-Grad-Grenze halten können. Diese Veränderungen betreffen die Art, wie wir Strom produzieren, wie wir uns fortbewegen, wie wir das Land bewirtschaften und Lebensmittel erzeugen und wie wir Industriegüter herstellen. Es erfordert den Fokus auf regenerative Energien, neue Technologien, auch

ein verändertes Verhalten eines jeden Einzelnen von uns. Darüber hinaus erfordert es, dass wir sogenannte Negativ-Emissionen schaffen, also $CO_2$ binden ($\rightarrow$ Seite 157).

Bis 2030 sollten die globalen Treibhausgas-Emissionen um 45 Prozent fallen, unter das Niveau von 2010, so steht es im Bericht des Weltklimarats. Bis 2050 müssten sie unter dem Strich bei null liegen. Derzeit nimmt aber der Ausstoß von Treibhausgasen weltweit nicht ab, sondern im Gegenteil sogar immer weiter zu.

Doch warum hieß es bis vor Kurzem noch, +2 Grad wären auch okay? Dazu muss man sich zurückerinnern, wie es zu der Festlegung der 2-Grad-Grenze kam. Die 2-Grad-Grenze wurde 2010 auf der Klimakonferenz in Cancún definiert. Allerdings als Absichtserklärung, nicht als völkerrechtlich bindender Vertrag.[59] Auf den Klimakonferenzen, die

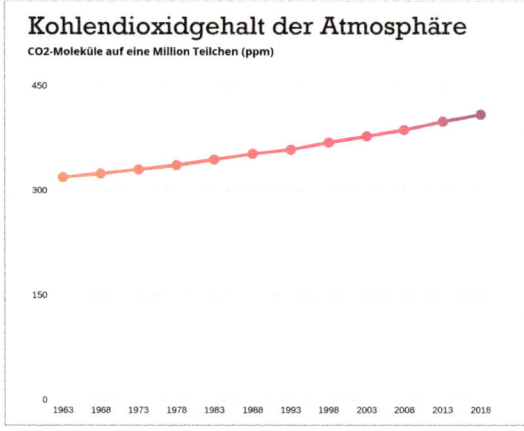

Messungen jeweils vom Ende des Jahres, Quelle: NASA

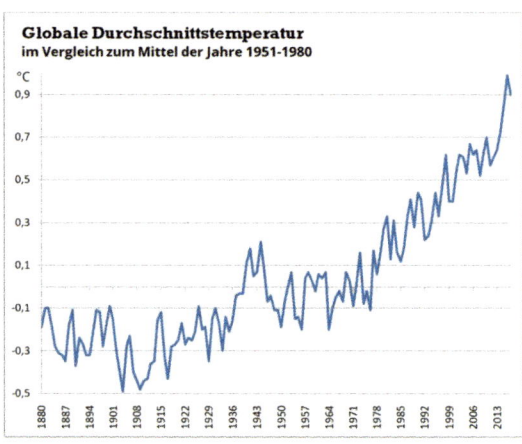

Quelle: NASA, Stand: 2018

gungen seien zu unternehmen, um den Temperaturanstieg auf unter +1,5 Grad zu begrenzen. Verpflichtend war das nicht, mehr eine Art guter Vorsatz. Der Grund ist klar: Bei +2 Grad gehen diese Inselstaaten unter. Wie sollte die Staatengemeinschaft eine Erklärung verabschieden, die das in Kauf nimmt?

Wir liegen jetzt schon bei +1,1 Grad Erderwärmung. Das heißt, bis zur 1,5-Grad-Grenze ist es nicht einmal mehr ein halbes Grad. Ein weiteres halbes Grad, das klingt so vernachlässigbar wenig, wird aber für einige Orte auf der Welt den ganzen Unterschied ausmachen. Denn es wird ja nicht überall auf der Welt gleichmäßig ein halbes Grad wärmer. Es handelt sich vielmehr um die Erhöhung der globalen Durchschnittstemperatur.

Bei +2 Grad Erderwärmung »würden wir unter Wasser stehen«, sagte Anote Tong, damals Präsident des Inselstaates Kiribati, laut einem Bericht in der ZEIT. »Der höchste Punkt unserer Hauptinsel Tarawa erreicht kaum drei Meter. In Kombination mit dem Meeresspiegelanstieg könnte eine einzige

seit 1995 jedes Jahr stattfinden, trifft das Fachwissen der Wissenschaftler auf die politischen und wirtschaftlichen Interessen der teilnehmenden Länder beziehungsweise ihrer Abgeordneten. Dann wird verhandelt. Weil die pazifischen Inselstaaten Druck machten, wurde 2015 in Paris neben der erneuten Betonung der 2-Grad-Grenze ein kleiner Passus aufgenommen: Anstren-

## i Wer steckt hinter dem Weltklimarat?

An den Berichten des Weltklimarats (IPCC) arbeiten die Wissenschaftler ehrenamtlich, um Interessenkonflikte zu vermeiden. Bei jedem Bericht werden die Autoren anders zusammengestellt. Es gibt also keine kleine, eingeschworene Gemeinschaft mit eigenen Interessen, wie Klimaskeptiker manchmal behaupten.

Das Panel wurde 1988 gegründet und präsentiert seit 1990 regelmäßig den Regierenden zur Entscheidungshilfe den wissenschaftlichen Sachstand zur Erderwärmung. Dabei wird die Rolle des Menschen immer präziser herausgearbeitet. Bisher wurde der IPCC von Umweltschützern eher für seine zu konservativen Aussagen kritisiert. Im neuen Sonderbericht greifen nun aber auch die IPCC-Wissenschaftler zu drastischen Warnungen.

Flutwelle den Lebensraum vernichten.« Die Inselstaaten pochten also auf einen Sonderbericht des Weltklimarats, als Bedingung für ihre Zustimmung in Paris. Dieser Bericht sollte zusammenfassen, wie die Welt aussieht, wenn sie sich um + 1,5 Grad erwärmt hat.[60]

»Die kommenden Jahre sind vermutlich die wichtigsten in der Menschheitsgeschichte«, gab die IPCC-Klimaforscherin Dr. Debra Roberts zu Protokoll.[61] Sie und ihre Kollegen gehen davon aus, dass sich die Verwerfungen infolge einer 1,5-Grad-Erwärmung noch beherrschen ließen. Bei der 2-Grad-Marke droht das Klima zu kippen. Kommt es zu einem solchen Szenario, können auch größte Anstrengungen kaum mehr etwas ausrichten.

Das Potsdam-Institut für Klimafolgenforschung schätzt allerdings, dass wir uns momentan eher auf 3 bis 4 Grad Erderwärmung zubewegen.[62] Denn obwohl wir seit 24 Jahren über Klimaschutz verhandeln, pusten wir jedes Jahr mehr $CO_2$ in die Luft. Mehr, nicht weniger! In den 90er-Jahren waren es jährlich 0,8 Prozent mehr, seit 2000 sind es jährlich um die zwei Prozent mehr.[63]

Erd-
erwärmung

# Zwei Grad machen uns verletzlich

Schon jetzt bekommen wir die ersten Auswirkungen der Klimakrise zu spüren. Und sie treten nicht etwa einzeln auf. Stürme, Hitzewellen, Starkregen und Dürren wechseln sich ab oder greifen ineinander. Berechnungen von hawaiianischen Forschern zufolge[64] werden vor allem die Menschen in Küstengebieten im Jahr 2100 mit bis zu sechs Gefahren gleichzeitig zu kämpfen haben, wenn wir die Klimakrise jetzt nicht aufhalten. Dazu werden die Erhöhung des Meeresspiegels, Überflutungen und Stürme ebenso gehören wie chemische Veränderungen des Ozeans, Hitzewellen und die Veränderung beziehungsweise Abnahme der Vegetation an Land. Schon jetzt leiden viele Regionen unter mehreren Klimafolgen auf einmal.

Die Metaanalyse von mehr als 3000 Studien unter der Leitung von Camilo Mora von der Universität Hawaii zeigt: 467 Wechselwirkungen der Klimafolgen betreffen die Menschheit schon heute. Ob gesundheitliche Auswirkungen, wie die vermehrte Ausbreitung von Infektionskrankheiten, über vernichtete Infrastruktur bis hin zu Wasser- und Nahrungsmittelknappheit.

Eine Studie des United Kingdom's National Oceanography Centre[65] sagt Kosten von über 14 Trillionen Dollar im Jahr 2100 voraus, nur um Schäden durch den steigenden Meeresspiegel beizukommen, falls die UN-Ziele verfehlt werden sollten. 14 Trillionen, das sind 14.000.000.000.000.000.000. Eine unvorstellbare Summe. »Wie gut eine Region geschützt wird, kann von ihrer wirtschaftlichen Situation abhängen – New York würde vielleicht gerettet, Bangladesch aber nicht. Es geht also auch um Gerechtigkeitsfragen«, sagt Dr. Katja Frieler vom Potsdam-Institut für Klimafolgenforschung.[66]

Zwar sind die tropischen Küstengebiete von Folgen der Klimakrise am meisten betroffen, doch auch in Deutschland werden Menschen die Folgen teils drastisch spüren, das ergaben Simulationen der Wissenschaftler unter Leitung von Prof. Camilo Mora. Uns betreffen Meeresspiegelanstieg, chemische und biologische Veränderungen der Nord- und Ostsee, Hitze, Dürren und Starkregen. In Süddeutschland würde Wassermangel drohen.

Die Kosten für Anpassungen und das Reparieren von Schäden wären enorm, betonen die Wissenschaftler. In Deutschland werden die direkten Auswirkungen der Klimakrise im internationalen Vergleich allerdings eher

**Durch Kippelemente könnten wir die Kontrolle verlieren**

Leider schaukeln sich die Einflussfaktoren auf das Klima gegenseitig hoch, sodass die Klimakrise noch schlimmer kommen wird, als wenn alle Effekte getrennt voneinander wirken würden. Man könnte von einem unheilvollen Synergieeffekt sprechen. Und der wird an bestimmten Kipppunkten ausgelöst. Kippt das System an diesen Stellen, kann das einen Dominoeffekt globalen Ausmaßes auslösen – unaufhaltbar. Zu den wichtigsten Kippelementen für den sogenannten Point of no Return gehören die tauenden Permafrostböden in Sibirien, Alaska und Kanada und der absterbende Regenwald.[67]

**Permafrostböden**
Ein Viertel der Landfläche auf der Nordhalbkugel ist derzeit noch dauerhaft gefroren. Wie eine riesige Tiefkühltruhe beherbergen die Permafrostböden auf 23 Millionen Quadratkilometern unzählige Pflanzenreste. Wenn sie auftauen, beginnen diese Reste, sich zu zersetzen – und würden dabei über 1500 Milliarden Tonnen gespeicherten Kohlenstoff als $CO_2$ in die Atmosphäre freisetzen. Sollte es so weit kommen, haben wir Menschen keine Kontrolle mehr.

**Der Regenwald**
Weil rund um den Äquator die Sonne besonders intensiv strahlt, verdunstet hier sehr viel Wasser und sammelt sich in Wolken. Diese ziehen beispielsweise zu den Hängen der Anden hinauf, regnen dort ab und versorgen das ganze System erneut mit Wasser. Ein perfekter Kreislauf – bis jetzt. Eine Erderwärmung über +2 Grad würde den Wald aber in Hitzestress versetzen. Sterben die Bäume und Pflanzen dort ab, setzen sie Massen an Kohlendioxid frei.

Begrenzen wir die Erderwärmung auf +1,5 Grad, bleiben die Kippelemente beherrschbar. Davon geht zum Beispiel Mojib Latif aus, Meteorologe und Mitglied des Club of Rome.[68]

gering sein. Es ist aber absurd zu glauben, dass die politische Instabilität in anderen Ländern nicht auch Deutschland betreffen wird.

# Die Ambitionslücke

Beim Pariser Übereinkommen handelt es sich bloß um freiwillige Absichtserklärungen, anders als beim bindenden Vertrag von Kyoto. In Kyoto wurde das verbleibende $CO_2$-Budget unter den Ländern aufgeteilt. Beim Pariser Abkommen durfte hingegen jedes Land erst einmal sagen, was es glaubt, schaffen zu können. Diese Zahlen wurden dann aufaddiert, und irgendwie wurde dann vermittelt, damit ließe sich das 2-Grad-Ziel einhalten. Allerdings: Nachdem schließlich alle fertig addiert hatten, stellte sich 2016 heraus, dass wir wohl eher bei +3,6 Grad Erwärmung gegen Ende des Jahrhunderts liegen werden, wahrscheinlich sogar bei +4 Grad, wenn wir diese Vereinbarung nun als Maßstab nehmen und sonst nichts unternehmen.[69] Diesen Unterschied nennen wir Ambitionslücke.

Diese Ambitionslücke macht uns verletzlich. Ein Repräsentant der jetzt schon stark gefährdeten Marshall Islands fand deutlichere Worte, er sprach von einem »Genozid«. Inselstaaten in der pazifischen Inselregion wie auch die Fidschis haben keinen Gestaltungsspielraum mehr. Sie hängen davon ab, dass wir aktiv werden. Sonst versalzen dort erst die Sturmfluten das Süßwasser – und dann gehen die Inseln unter.

Wenn wir jetzt nicht handeln, drohen politische Unruhen und Krisen, die wir uns als friedensgewöhnte Generation derzeit noch kaum vorstellen können. Schließlich trug sich der Kampf der Ressourcen doch bisher immer hauptsächlich woanders zu, in fernen Ländern, quasi vermeintlich im Fernsehen – für unsere Realität hier in Deutschland schienen Konflikte für die junge und mittlere Generation kaum Bedeutung zu haben.

Die Umsetzung der notwendigen Maßnahmen können wir nicht der Politik überlassen. Die Verhandlungen auf den Klimakonferenzen sind wichtig, keine Frage. Ohne sie hätten wir ein Fass ohne Boden. Aber die Mühlen mahlen zu langsam,

© Plant-for-the-Planet

Februar 2016: nach dem schweren tropischen Wirbelsturm Winston, dem stärksten in Fidschi in der Geschichte

und Entscheidungsträger sind oftmals zu zerrissen zwischen den unterschiedlichen Forderungen, die auf sie einprasseln.

Ob es realistisch ist, dass sich ein derart tiefgreifender gesellschaftlicher Wandel vollzieht, bevor die Not auch in unseren Ländern wirklich spürbar geworden ist? Derzeit fühlt sich nur ein Viertel der Europäer sehr oder extrem beunruhigt durch die Klimakrise, das zeigt eine Umfrage der City University of London.[70] Klar, mit der Zahl der Katastrophen steigt der Handlungsdruck. Aber wir möchten nicht warten, bis es vielleicht schon zu spät ist. Wir alle sind Bürger dieses Planeten, und wir dürfen keine Zeit mehr verlieren.

Wandel der Gesellschaft

# Zehn harte Fakten zur Klimakrise

**Zusammengefasst auf Basis der Erkenntnisse des Potsdam-Instituts für Klimafolgenforschung (PIK), Earth League und Future Earth**

**1.**

Die Erde befindet sich in einem neuen Zeitalter, dem sogenannten Anthropozän. Das bedeutet, dass der Mensch zum wichtigsten Einflussfaktor auf die geologischen und atmosphärischen Prozesse auf der Erde geworden ist.

**2.**

Die Erde nähert sich gerade kritischen Kipppunkten, etwa hinsichtlich der Arktis oder der Regenwälder und ihrer Bedeutung fürs Klima. Werden diese Schwellen überschritten, wird es auf dem Planeten zu abrupten Veränderungen kommen, die möglicherweise nicht mehr rückgängig zu machen sind.

**3.**

Die rekordbrechende Hurrikan-Saison 2017 verleiht uns eine Ahnung davon, was durch vermehrte extreme Wetterlagen und -ereignisse künftig auf uns zukommt. Hierzu gehören schwere Überflutungen, Hitzewellen und Dürren.

**4.**

Auf der Erde finden durch den Treibhausgasausstoß schnelle Veränderungen statt, die im Ozean zu steigendem Meeresspiegel und Übersäuerung des Wassers führen.

**5.**

Die wirtschaftlichen Kosten der Klimakrise werden jetzt schon spürbar, und die Ärmsten dieser Welt tragen die größte Last.

**6.**

Die Klimakrise wird tiefgreifende Folgen für die Gesundheit der Menschen haben, weil die Versorgung mit Wasser und Nahrungsmitteln schwerer wird.

**7.**

Die Klimakrise wird wahrscheinlich die Migration, zivile Unruhen und Konflikte verschärfen. Im Jahr 2015 verloren bereits 19 Millionen Menschen infolge von Naturkatastrophen und Extremwetterlagen ihre Heimat.

**8.**

Die Welt muss schnell handeln: Wenn die Menschen wie bisher $CO_2$-Emissionen verursachen, werden wir das Restbudget an $CO_2$ für das anvisierte 2-Grad-Ziel in 20 Jahren erschöpft haben. Wenn wir es ernst meinen, müssen unsere $CO_2$-Emissionen unterm Strich im Jahr 2050 bei null liegen.

**9.**

Eine Gesellschaft frei von fossilen Energieträgern ist attraktiv: Erneuerbare Energien konkurrieren zunehmend mit Kohle und Co., selbst wenn die Preise letzterer historisch niedrig angesetzt werden. Wenn wir jetzt nicht handeln, werden die Folgekosten für die Wirtschaft bei geschätzten zwei bis zehn Prozent des Bruttoinlandsprodukts im Jahr 2100 liegen. Manche Schätzungen gehen von 23 Prozent aus.

**10.**

Selbst wenn die Ziele von Paris erreicht werden, werden sich Gemeinschaften rund um den Globus für die Veränderungen wappnen müssen, die jetzt schon auf sie zurollen.

# Die Natur leidet mit uns

## Viele Tiere würden es nicht schaffen

Wir Menschen teilen diesen Planeten mit geschätzten 8,7 Millionen anderen Spezies.[71] Und auch diese sind von der Klimakrise massiv bedroht oder leiden sogar schon heute darunter. Genau können wir die tödlichen Effekte der Klimakrise auf die heutige Tier- und Pflanzenarten nicht abschätzen. Denn das Artensterben nimmt bereits seit Jahrzehnten zu, besonders weil wir Menschen auch sonst stark in ihren Lebensraum eingreifen: Lebensräume werden zugunsten der Landwirtschaft und Bebauung zerstückelt und vernichtet. Doch je kleiner die Flächen, auf denen sich die Arten noch tummeln können, desto schwieriger ist es für sie, sich der Klimakrise anzupassen – indem sie etwa woanders hinwandern, wenn das Gras vertrocknet und die Wasserquellen versiegen.[72] In den nächsten Jahren und Jahrzehnten werden wir Naturkorridore brauchen, auf denen die Arten in kühlere Gefilde wandern können, wenn wir sie vor dem Aussterben retten wollen.

Noch können wir das große Artensterben abwenden, aber nicht mehr lange. Eine »Biokalypse«, wie es Prof. Michael Schrödl in seinem Buch »Unsere Natur stirbt« nennt,[73] können wir uns nicht erlauben, das Beziehungsgeflecht der Natur ist zu komplex. Kippen die Ökosysteme, stirbt die Natur – und mit ihr unsere Existenzgrundlage.

Pflanzen und Tiere leben in einem Beziehungsgeflecht mit anderen Arten – so wie wir Menschen, auch wenn wir das oft vergessen. Ist es einer Art zu warm, während die andere die Temperaturen prinzipiell noch tolerieren könnte, kann es sein, dass sie zusammen untergehen – einfach weil sie voneinander abhängig sind.

Bereits jetzt verschieben sich viele Verbreitungsgebiete von Pflanzen- und Tierarten um rund 1,7 Kilometer pro Jahr in Richtung der Pole. Im Klartext: Um gut zu leben, muss eine Art innerhalb von zehn Jahren um 17 Kilometer nach Norden wandern. In den Gebirgen um elf Meter in die Höhe. Das haben Wissenschaftler um Dr. I-Ching Chen von der Cheng-Kung-National-universität in Taiwan herausgefunden.[74] Arten, die sich nicht oder nur über kurze Strecken bewegen können, sind im Nachteil. Ebenso aber auch solche, die im Flachland leben. Denn dort verändern sich die klimatischen Bedingungen über weit größere Distanzen als in den Bergen.[75] Das kennen wir vom Wandern: Im Gebirge muss man ja oft nur wenige Höhenmeter überwinden, und schon ändert sich die Temperatur spürbar. Der World Wide Fund For Nature (WWF) geht davon aus, dass in den flachen Regionen nur wenige Tiergruppen mit einer deutlichen Klimaerwärmung Schritt halten könnten – vermutlich die Paarhufer, Raubtiere und pflanzenfressenden Insekten. Nagetiere und auch Primaten können sich wohl viel schlechter anpassen. Eine Studie der britischen Universitäten Roehampton, Bournemouth und Oxford zeigt: Unsere nächsten Verwandten – Orang-Utans, Schimpansen und Gorillas – könnten 50 bis 70 Prozent ihrer Lebensräume verlieren. Grund sind veränderte Wettermuster und Niederschläge infolge der Klimakrise.[76]

Insgesamt geht ein Forscherteam um Dr. Irina Levinsky davon aus, dass von 120 auf dem Land lebenden Säugetierarten in Europa bis zum Ende des 21. Jahrhunderts fünf bis neun Prozent durch die Klimakrise aussterben und

70 bis 78 Prozent stark gefährdet wären, wenn nicht ausreichende Möglichkeiten für ihre Migration bestehen. Denn ihr Verbreitungsgebiet würde um 30 Prozent schrumpfen.[77]

Bis zum Jahr 2100 werden sich die Brutgebiete europäischer Zugvögel im Durchschnitt um 550 Kilometer nach Nordosten verschieben.[78] Für Langstreckenzugvögel würde die Erderwärmung besonders hart. Aufgrund des früher beginnenden Frühlings kämen einige Arten zu spät in Europa an und würden den Zeitpunkt der höchsten Insektendichte verpassen. So könnten sie unter Umständen ihre Jungen nicht mehr ausreichend versorgen. Das Beispiel des Trauerschnäppers in den Niederlanden macht es deutlich: Dort gingen genau durch diesen Effekt einige Populationen um 90 Prozent zurück.[79] Bereits jetzt beklagen wir ein weitreichendes Insektensterben, wobei der massenhafte Einsatz von Spritzmitteln in der konventionellen Landwirtschaft eine wichtige Rolle zu spielen scheint. Die Klimakrise könnte das Insektensterben verschärfen. Denn die Körpertemperatur von Insekten ist weitgehend von der äußeren Temperatur abhän-

**Arten-sterben**

gig, sie reagieren deshalb besonders stark auf Temperaturveränderungen.

Bereits jetzt scheinen sich die Verbreitungsgebiete und Artenzusammensetzung mitteleuropäischer Insekten mit der globalen Erwärmung verändert zu haben, wie der WWF mitteilt. Seit 1980 wandern verschiedene wärmeliebende Insektenarten nach Deutschland ein. Ursprünglich mediterrane Arten finden sich in den letzten 20 Jahren zunehmend in Großbritannien und Skandinavien.[80] Bei milden Wintern treten bereits jetzt in Mitteleuropa massenhaft Schadinsekten auf, etwa der Eichenprozessionsspinner, eine Raupe, deren feine Härchen menschliche Atemwege reizen und Allergien auslösen können. Oder der Borkenkäfer. Im Jahr 2003 führte dessen massenhaftes Auftreten zu starken Baumschäden in Wäldern und zur Ausbreitung von Zecken – und mit ihnen die von ihnen übertragenen Krankheiten.

Amphibien- und Reptilienarten sind meist nicht so mobil wie andere Tiere. Sie sind den Folgen der Klimakrise deshalb besonders stark ausgesetzt, und ihr Aussterben wird mehr von der Erderwärmung beeinflusst als bei anderen Arten. Dürren und zu wenig Regen lassen die Feuchtlebensräume oder Gewässer austrocknen, sodass ihre Populationen einbrechen. Hat es zuvor zu wenig geregnet, können im Winter in nördlicheren Breitengraden flachere Gewässer bis zum Grund gefrieren. Die dort überwinternden Amphibien sterben.[81] Einige Tierarten könnten sogar schlicht deshalb aussterben, weil sie abhängig von der Außentemperatur nur männlichen oder nur weiblichen Nachwuchs bekommen, zum Beispiel die europäische Sumpfschildkröte.

Der Eisbär ist ganz besonders in Gefahr. In der Arktis steigen die Temperaturen fast doppelt so schnell wie im Rest der Welt. Seit 1950 hat sich die Durchschnittstemperatur dort bereits um 3 bis 4 Grad erhöht.[82] Eisbären sind vom Packeis abhängig, um ihre Beute zu jagen. Nimmt dieses ab, wird die Nahrungssuche für sie energieaufwendiger. Oft dauert es lange, bis sie überhaupt Nahrung erbeuten können.[83] Schon jetzt gehen die Populationen infolge der Klimakrise zurück, in der westlichen Hudson Bay schon um ein Fünftel im Zeitraum 1987 bis 2004. Die verbleibenden Tiere sind geschwächt, sie wachsen weniger, pflanzen sich weniger fort, und weniger ihrer Jungen überleben.

Es gibt noch weitere Tierarten in der Arktis, deren Lebensraum strikt ans Meereseis gekoppelt ist. Etwa der Narwal, Walrosse und Ringelrobben.[84] Letztere nutzen Schneehöhlen auf dem Packeis, um ihre Jungen aufzuziehen. Wenn der Schnee zu anderen Zeiten fällt, wird die Aufzucht der Jungen unmöglich.[85]

Auf der anderen Seite der Erde, in der Antarktis, sind die Wale in Gefahr. Bartenwale ernähren sich hauptsächlich von Krill, kleinen Krebstieren, die wiederum von Algen leben, die am Polareis entstehen. Weniger Eis heißt weniger Algen, heißt weniger Krill, heißt weniger Nahrung für die Wale.[86] Die Kaiserpinguine leiden darunter, dass ihr Brutgebiet schrumpft. Im Westen der Antarktischen Halbinsel, auf Emperor Island, ist in nur wenig mehr als 30 Jahren eine ganze Pinguinkolonie verschwunden.[87]

In den Wäldern Südostasiens wird es für den Tiger eng. Trockenheit, Abholzung, Feuer und Baumsterben machen diese Gebiete noch anfälliger für die Klimakrise und rauben dem Tiger den Lebensraum. Und auch das Meer: Sollte sich die Vorhersage von 26 Zentimetern Meeresspiegelanstieg bewahrheiten, könnten die Fluten etwa 96 Prozent ihres Lebensraums verschlingen.[88]

Der Große Panda, von dessen Art noch etwa 1600 Tiere die Berge Chinas bevölkern, könnte seine Nahrung verlieren. Denn die verschiedenen Bambusarten würden bis zum Jahr 2100 stark zurückgehen.[89]

# Viele Baumarten würden nicht mithalten

Im Frühjahr treiben die Bäume aus, die Pflanzen beginnen zu knospen. Nach milden Wintern treiben die Pflanzen früher aus. Spätfröste im Frühjahr treffen dann die Blüten. Oft werden sie dadurch steril und können keine Früchte hervorbringen. Ist der Sommer heiß und trocken, wird darüber hinaus das Bodenwasser knapp. Die Pflanze kann sich nicht mehr so gut fortpflanzen und ist auch noch in ihrer eigenen Existenz bedroht. Handelt es sich um landwirtschaftlich genutzte Pflanzen, hat das Konsequenzen für die Ernte.

Viele Baumarten, auch holzwirtschaftlich genutzte, reagieren auf weniger Wasser mit Trockenstress. So leidet beispielsweise die Fichte, die häufigste Baumart Deutschlands, besonders unter den steigenden Temperaturen. Sie ist ein sogenannter Flachwurzler, kann also nicht tief in der Erde nach Wasser suchen. Deshalb bevorzugt sie kühle und feuchte Standorte. Bereits jetzt ist sie anfälliger für Schädlingsbefall geworden.[90] Sie stellt mit 25 Prozent immer noch den größten Teil der Bäume in Deutschland. Die Klimakrise birgt also auch hierzulande forstwirtschaftliche Risiken. Etwas weniger stark, aber dennoch betroffen sind außerdem die flächenmäßig wichtigsten Laubbäume, die Buchen.[91]

Hinzu kommt noch der direkte Effekt von vermehrtem $CO_2$ in der Atmosphäre. Zunächst wirkt es wie ein Düngemittel. Prima – dann wachsen die Pflanzen besonders gut und ziehen umso mehr $CO_2$ aus der Atmosphäre, könnte man meinen. Ganz so einfach ist es aber nicht. Denn eine erhöhte $CO_2$-Konzentration kann zur Abnahme des Zellulosegehalts in den Baumstämmen führen.[92] Die Holzstruktur wird anfälliger für Schädlinge oder Belastungen durch Stürme. Und Stürme sind im Zuge der Erderwärmung deutlich mehr und deutlich heftiger zu erwarten.

Höhere Temperaturen machen wärmeliebende Pflanzenarten allgemein konkurrenzfähiger und fördern damit das Einwandern beziehungsweise die Verbreitung von sogenannten Neophyten, also gebietsfremden Pflanzenarten in Mitteleuropa. Unter ihnen ist die von Allergikern gefürchtete Ambrosia,[93] ein ursprünglich aus den USA stammendes Korbblütengewächs, das seit den 1990er-Jahren in Deutschland zunehmend zu Juckreiz, Bläschenbildung auf der Haut, Quaddeln, Heuschnupfen und Asthma führt. Sollte sich diese Pflanze weiter verbreiten, könnte die Zahl der Allergiker auf acht Millionen steigen, das haben Forscher der Ludwig-Maximilians-Universität in München zusammen mit dem Helmholtz Zentrum für Umweltforschung in Leipzig errechnet. Allein das könnte bundesweit zu zusätzlichen Gesundheitskosten von jährlich etwa 200 Millionen bis über eine Milliarde Euro führen.[94]

Diese Veränderungen bedeuten, dass in manchen Teilen der Welt der Baumbestand deutlich zurückgehen könnte. In bewirtschafteten Wäldern müssen wir darauf achten, Arten zu pflanzen, die mit den Veränderungen mithalten können.

# Die Meere ersticken

Auch die Welt unterhalb der Meeresoberfläche ändert sich. Allen voran die Korallenriffe. Zwar bedecken sie weniger als ein Prozent der Weltmeere, beheimaten aber ein Viertel der bekannten Arten im Meer.[95] Wenn mehrere Wochen am Stück ungewöhnlich warmes Wasser die Polypen, also die lebendigen Bausteine der Korallenriffe, tötet, bleichen die Algen aus. Das heißt, sie verlieren die symbiontischen einzelligen Algen (Zooxanthellen), die in ihrem Gewebe leben und die Photosynthese betreiben. Verringert sich ihre Zahl, schwindet auch die Wachstumsfähigkeit der Korallen – oft so stark, dass sie absterben. Im Worst-Case-Szenario, das der WWF zeichnet, könnte durch diese Korallenbleiche zwischen 2050 und 2100 die Hälfte aller Korallenriffarten vom Aussterben bedroht sein.[96]

Vor der Ostküste Australiens zeigte sich Anfang 2016 nach einer sechs Wochen andauernden Hitzewelle, wie furchtbar Zerstörung aussieht: Etwa 30 Prozent der Korallen des berühmten Great Barrier Reef starben, als

Korallenbleiche tritt bei Wassertemperaturen auf, die über einen längeren Zeitraum steigen.

die Wassertemperaturen bei 34 Grad, zwei bis drei Grad über den Normalwerten, gelegen hatten.[97] Im gleichen Jahr brach nach einem anhaltenden Hochdruckgebiet über dem Golf von Alaska die Nahrungskette zusammen, weil Grünalgen und Kleinkrebse starben – und Zehntausende Seevögel, deren Nahrungsgrundlage somit fehlte. Die Wassererwärmung setzt Fische unter Stress, zum Beispiel Lachse. Sie werden anfälliger für Krankheiten. Gleichzeitig entwickeln sich die Jungfische schneller und ziehen früher ins Meer, wenn ihnen zu warm ist, allerdings bereits zu einer Zeit, zu der noch gar nicht genug Plankton als Nahrung vorhanden ist. Dann verhungern viele der Jungtiere gleich wieder.

Es kommt noch ein weiteres Problem dazu: Die Versauerung der Ozeane durch zu viel $CO_2$. Die Weltmeere sind ein riesiger Puffer für die Klimakrise, echte $CO_2$-Senken. Seit Beginn der Industrialisierung haben sie etwa 30 Prozent des freigesetzten $CO_2$ aufgenommen. Ohne diesen Mechanismus hätte sich das Klima schon viel stärker erwärmt. Allerdings entsteht im Wasser durch das $CO_2$ Kohlensäure. Das senkt den pH-Wert, beziehungsweise steigert den Säuregrad – mittlerweile um 26 Prozent gegenüber vorindustriellen Zeiten.[98] Saures Wasser schadet

zuerst einmal kalkhaltigen Lebewesen, dann aber auch vielen anderen, die mehr Energie verbrauchen, je saurer das Wasser ist. Schon jetzt sind die Meere überfischt. Die steigende Nachfrage durch wachsende Bevölkerungszahlen unter gleichzeitigem Einfluss der Klimakrise werden die Menschen kaum sättigen können.

Als wäre das alles nicht genug, gibt es noch ein weiteres massives Problem mit der Klimakrise: Warmes Wasser kann weniger Sauerstoff aufnehmen als kälteres. Zudem durchmischen sich unterschiedlich temperierte Wasserschichten schlechter, der oben gelöste Sauerstoff gelangt also kaum noch in die Tiefe. Gibt es gleichzeitig ein übermäßiges Algenwachstum, ergibt sich eine Spirale nach unten. Mikroorganismen zersetzen die absterbenden Algen, verbrauchen dabei aber mehr Sauerstoff, als nachkommt. Geht dem Meer in diesem Bereich der Sauerstoff irgendwann aus, entstehen sogenannte Todeszonen. Ein Forscherteam um Dr. Denise Breitburg berichtete im Januar 2018 von 500 solcher Todeszonen in den weltweiten Ozeanen.[99] Allerdings lassen sich diese auch rückgängig machen: Durch strengere Auflagen für die Landwirtschaft und für die Abwasserwirtschaft – und durch das Bremsen der Klimakrise.

# Gesundheitsgefahr Klimakrise

## Hitze stresst: Neue Krankheiten und hohe Belastungen

»Der Klimawandel ist eine der größten weltweiten Bedrohungen für die Gesundheit der Menschen im 21. Jahrhundert«, warnte Dr. Giovanni Forzieri vom Forschungszentrum der EU-Kommission 2017. Klar, jeder von uns hat unter dem Hitzesommer 2018 gestöhnt. Er war bundesweit der zweitheißeste seit Beginn der Wetteraufzeichnungen in Deutschland, im Norden und Osten sogar der heißeste. In Sachsen-Anhalt schwitzte die Bevölkerung bei 39,5 Grad Celsius.[100] Das Denken und Arbeiten fiel schwer, der nächtliche tiefe Schlaf blieb aus. Aber die Klimakrise als ernsthafte Bedrohung für das Leben?

Giovanni Forzieris Studie hat ergeben, dass extreme Wetterlagen künftig 152.000 Menschen in Europa pro

Jahr das Leben kosten könnten.[101] Was bisher Ausnahme war, könnte in Zukunft Normalität werden, wenn wir es nicht verhindern. Je wärmer die Region ist, und je ärmer die Menschen dort sind, desto eher und härter wird es sie treffen.

Schon gesunde Menschen im besten Alter spüren die Belastung durch hohe Temperaturen. Babys und Kleinkinder sowie ältere und kranke Menschen leiden jedoch ungleich mehr. Für sie kann übermäßige Hitze sogar lebensgefährlich werden. Hitze führt nicht nur zu Erschöpfung, sie kann zudem Krämpfe, Schwindel oder Ohnmacht auslösen.[102] Weitere Symptome können Übelkeit und Erbrechen sein sowie scheinbar nicht enden wollende Kopfschmerzen. Der sogenannte Hitzschlag kann bis zum Koma führen. Menschen mit Herz-Kreislauf-Erkrankungen haben ein erhöhtes Risiko, durch Hitze zu sterben. Leider ist es so, dass intensive, lange Hitzeperioden das Entstehen von Erkrankungen des Herz-Kreislauf-Systems und der Atemwege begünstigen. Diese Bedrohung ist jetzt schon Realität. Der Hitzewelle von Juni bis August 2003 fielen europaweit 70.000 Menschen zum Opfer, wobei es sich in den meisten Fällen um ältere oder durch Krankheit geschwächte Personen handelte. Das gibt das Robert Koch-Institut (RKI) bekannt. Erhöht sich die durchschnittliche Temperatur weltweit um ein Grad Celsius, rechnet das Bundesinstitut mit 350.000 zusätzlichen Todesfällen weltweit aufgrund von Herz-Kreislauf- und Atemwegs-Erkrankungen.[103] Auch Störungen des Elektrolythaushalts sowie Nierenversagen unter extremer Hitze können zum Tod führen.

Die Zahl der Tage im Sommer, an denen das Thermometer über 30 Grad klettert, wird aller Wahrscheinlichkeit zunehmen – umso mehr, wenn wir die Maßnahmen zur Bewältigung der Klimakrise aufschieben sollten. Körperliche Anstrengung wird dann zum Risikofaktor.[104] Menschen, die in Ballungsräumen wohnen, sind besonders betroffen, weil sich hier die Hitze in sogenannten Wärmeinseln staut. Insbesondere schlecht isolierte Wohnungen, in denen vermehrt Menschen mit geringerem Einkommen wohnen, werden gefährlich. Das RKI schätzt, dass in den Jahren 2071 bis 2100 5000 Todesfälle pro Jahr mehr in Deutschland auftreten werden, die allein auf Hitze zurückzuführen sind.

Bei hohen Temperaturen steigen die Ozon- und Feinstaubwerte in den Städten. Diese können die Atemwege und die Lungenfunktion kurzfristig beeinträchtigen – oder aber bei anhaltender Belastung chronische Leiden begünstigen. Das bodennahe Ozon bildet sich bei intensiver UV-Strahlung in einer Reaktion mit Auto- und Industrieabgasen.[105] Zu hohe Ozonwerte können sogar die Herzfunktion stören. Generell wird bei hohen Ozonwerten im Sommer gewarnt, keinen anstrengenden Sport draußen zu treiben, weil der Körper weniger leistungsstark ist und das Training ihm mehr schaden als nutzen würde.

Weil Hitze die Konzentration lahmlegt, steigt die Gefahr von Unfällen. »Während der Anteil konzentrationsrelevanter Unfälle an kühleren Tagen – bei Temperaturen von unter 15 Grad Celsius – bei 47 Prozent liegt, steigt er an sehr warmen Tagen auf 63 Prozent an«, gibt der ADAC bekannt.[106]

Auch die UV-Strahlung steigt im Zuge der Klimakrise an, berichtet das Robert Koch-Institut. Was das bedeutet? Mehr Hautkrebs. Und auch mehr Grauer Star, die Augenerkrankung, bei der sich die Linse trübt. Besonders gefährdet sind Menschen, die körperlich im Freien arbeiten: Bauarbeiter, Dachdecker, Maurer und Zimmerer.

Eine der größten unmittelbaren Gefahren bei Hitze ist die Dehydrierung. Schon ein Flüssigkeitsverlust von zwei Prozent des Körpergewichts führt schnell zu ernsten Störungen: Das Blut

wird zähflüssiger, es erreicht immer schlechter das Gehirn, das infolgedessen weniger gut versorgt wird. Dasselbe gilt allerdings auch für die anderen Organe: Sie können Giftstoffe und Stoffwechselabfallprodukte weniger gut entsorgen.

In einen lebensbedrohlichen Zustand können sich Menschen bringen, die bei Temperaturen um die 40 Grad noch Leistungssport machen. Sicher, in unseren Breitengraden werden nur wenige betroffen sein. Doch in südlicheren Ländern könnten deutlich mehr von diesem Schicksal ereilt werden.

Das Robert Koch-Institut rechnet im Zuge der Erderwärmung außerdem mit häufigeren Lebensmittelinfektionen durch Salmonellen und Campylobacter, die schlimme Durchfälle verursachen.

»Bei Hitze und hoher Luftfeuchtigkeit vermehren sich diese Mikroorganismen besonders gut«, warnt die Deutsche Gesellschaft für Gastroenterologie, Verdauungs- und Stoffwechselkrankheiten (DGVS).[107]

Besonders bedroht sind wiederum Säuglinge, ältere und geschwächte Menschen.

**Gesundheitsgefahren**

# Weniger Nährstoffe in Lebensmitteln

Ein wärmeres Klima und mehr $CO_2$, das die Pflanzen für die Fotosynthese brauchen, bedeutet doch, dass Pflanzen schneller wachsen – also eigentlich gut für die Ernährung der wachsenden Weltbevölkerung, oder? Dass das ein Trugschluss ist, hat das Team um Prof. Hans-Joachim Weigel vom Institut für Agrarökologie der FAL in Braunschweig herausgefunden. Denn: Die Pflanzen enthalten dann weniger Proteine.[108] Auch der Gehalt anderer Nährstoffe, wie Vitamin C, Mineralstoffe und Spurenelemente, sinkt. Mit einem sogenannten FACE-System (Free Air Carbon Dioxide Enrichment, zu Deutsch: Freiluft-$CO_2$-Anreicherung) wurde zum einen der tatsächliche »Dünge«-Effekt von $CO_2$ untersucht, zum anderen die Qualität der Lebensmittel, die in höherer $CO_2$-Umgebung gewachsen waren. In vielen Pflanzen war der Proteingehalt deutlich reduziert, zum Beispiel in Weizen. Das sogenannte Gluten, ein Klebereiweiß, das Weizen seine hervorragenden Backeigenschaften verleiht, war um 20 Prozent reduziert.

Die Wissenschaftler Matthew Smith und Samuel Myers von der Universität Harvard[109] bestätigen den Rückgang der Proteine um rund sechs Prozent und sagen zudem voraus, dass der Zink- und Eisengehalt um zehn beziehungsweise fünf Prozent sinken wird. Konkret sinkt der Nährstoffgehalt, wenn in der Atmosphäre 550 Teilchen $CO_2$ pro einer Million (ppm) enthalten sind. Dieser Zustand wird für Mitte dieses Jahrhunderts prognostiziert, falls

Ein wärmeres Klima senkt den Proteingehalt der Pflanzen.

uns die Kehrtwende nicht gelingen sollte. Derzeit enthält unsere Atmosphäre gute 400 ppm. Diese Studie ist die derzeit umfassendste zum Thema. Hier wurden Daten aus Freiland-Feldversuchen aus 151 Ländern und von 225 Pflanzenarten erfasst.

Auf größere Ernteerträge braucht sich niemand zu freuen. Denn der Düngeeffekt durch das $CO_2$ ist bescheiden. Schließlich benötigt die Pflanze noch mehr Faktoren, um zu wachsen, zum Beispiel Phosphor. Und dessen Menge im Boden wird nicht parallel ansteigen.[110] Und selbst wenn mehr Pflanzen schneller wachsen – Trockenheit und Extremwetter werden Ernten zerstören und damit den Effekt zunichtemachen, wie unter anderem Simulationen der Universität Stanford zeigen.[111] [112] Die Pflanzen verdorren oder verfaulen sogar aufgrund unregelmäßiger und massiver Niederschläge. Zudem relativieren sich die wachstumsfördernden Effekte des $CO_2$ mit der Zeit wieder[113], wie auch eine 17-jährige Studie im kalifornischen Grasland zeigt.[114] Die meisten Getreideforscher rechnen mit Ernteeinbußen im Zuge der Klimakrise.[115]

Das Absinken der Proteine liegt daran, dass Pflanzen bei hohen $CO_2$-Konzentrationen weniger Stickstoff aufnehmen. Agrarbiologe Prof. Andreas Fangmeier von der Universität Hohenheim bezweifelt, dass unsere Lebensmittel in 50 bis 100 Jahren noch die Qualität haben werden, die wir brauchen.[116] Weizen ist ein Grundnahrungsmittel, und seine Reaktion auf steigende $CO_2$-Werte steht stellvertretend für eine ganze Reihe an weiteren (Grund-)Lebensmitteln. Reis, Soja und Erbsen werden ebenso betroffen sein, wie Untersuchungen der Harvard Universität zeigen. Vor allem die B-Vitamine im Reis, essenziell für das Nervensystem, sinken unter erhöhtem $CO_2$-Einfluss ab – um bis zu 30 Prozent. Eine Studie hierzu hat 18 Reissorten untersucht – alle waren von diesem Problem betroffen.[117] Katastrophal wäre dies für die ärmeren Staaten in Südostasien. In Ländern wie Kambodscha, Myanmar oder Laos stammen etwa 70 Prozent der täglich aufgenommenen Kalorien und ein Großteil der Nährstoffe aus Reis. Ob sich neue Sorten züchten lassen, die tendenziell nährstoffreicher sind und so den Verlust ausgleichen? Das wissen wir noch nicht. Wenn die Menschen nicht mehr genügend Nährstoffe aus Reis und Hülsenfrüchten aufnehmen können, stellt das ein massives Gesundheitsrisiko für einen großen Teil der Weltbevölkerung dar. Wieder trifft es die Ärmsten der Armen besonders hart, denn sie können weniger leicht auf tierische Produkte ausweichen.

# Das Essen wird teurer

Ernteschocks durch Dürren treiben die Preise für Weizen im Welthandel in die Höhe. Besonders schlimm wird es, wenn sich nur noch wenig Weizen in den Lagerbeständen findet. Das zeigt eine Analyse des US-Landwirtschaftsministeriums. Explodieren die Preise für Getreide, können sogar künstliche vorzeitige Hungersnöte geschaffen werden: Es wäre zwar noch Weizen da, aber niemand kann ihn sich mehr leisten. Spekulationen an der Börse können solche Preisspitzen verschärfen.[118]

Im Vergleich zu den Folgen der Klimakrise sind sie jedoch nur ein kleiner Faktor. Den Haupttreiber verorten Forscher um Dr. Jacob Schewe vom Potsdam-Institut für Klimafolgenforschung (PIK) bei schweren Dürren, wie sie etwa 2007/2008 und 2010/2011 auftraten. Eine Stabilisierung des Weltklimas ist der wichtigste Faktor für die Ernährungssicherheit, schlussfolgern die Forscher. Das Gleiche gilt für den Frieden. Als die Weizenpreise in die Höhe schossen, kam es in einigen Ländern zu Aufständen.[119]

Auch hierzulande forderte der Bauernverband nach dem heißen Sommer 2018 eine Milliarde Euro staatliche Hilfen. Letztlich wurden den am schlimmsten betroffenen Landwirten 340 Millionen zugesagt. Rund 10.000 landwirtschaftliche Betriebe in Deutschland waren so stark betroffen, dass ihre Existenz gefährdet war. Das bedeutet, dass mindestens 30 Prozent ihrer Erträge ausfielen. In einigen Regionen lagen die Ausfälle bei 50 bis 70 Prozent oder waren sogar ein Totalschaden. Insgesamt wurden 680 Millionen Euro Schäden angemeldet. Es gebe aber keine »Vollkasko-Versicherung«, sagte Agrarministerin Julia Klöckner.[120]

In den letzten 100 Jahren traten Dürren in Deutschland immer häufiger auf.[121] Die Klimamodellierungen des Umweltbundesamtes zeigen, dass auch hierzulande mit einer steigenden Zahl heißer Tage im Sommer und zunehmend längeren Hitzeperioden zu rechnen ist. Versicherungsexperten gehen zudem von mehr Unwettern in der Zukunft und von mehr Hagel aus.[122] Das könnte uns im wahrsten Sinne des Wortes die Ernte verhageln. Sturzregen führt zu häufigeren Überschwemmungen, die Boden abtragen können. Fließt das Wasser nur schwer ab, kann die Ernte auf den Feldern verfaulen.

**Ernte-einbußen**

# Die Landwirtschaft beeinflusst das Klima massiv

Derzeit verursacht die Nahrungsmittelproduktion 19 bis 29 Prozent der menschenverursachten Treibhausgase. Die Viehwirtschaft ist mit 14,5 Prozent der größte Posten – sie verursacht mehr Treibhausgase als der gesamte Transportsektor, also mehr als alle Autos, Züge, Schiffe und Flugzeuge zusammen, so eine Studie der Universität Kopenhagen.[123] Massentierhaltung und massenhafter Fleischkonsum sind nicht mehr vertretbar, wenn sich das Klima immer weiter erwärmt.

Methan-Emissionen, hauptsächlich aus Milchviehhaltung, Gülle auf den Feldern und die Stickstoffdüngung der Böden verursachen Klimagase. Düngemittel führen zu Lachgas-Emissionen – auch das heizt das Klima an.[124] So kommt es, dass die deutsche Landwirtschaft laut Umweltbundesamt für die Emission von insgesamt 65,2 Millionen Tonnen $CO_2$-Äquivalenten verantwortlich war.

»Interessanterweise kann bereits der bloße Wechsel zu einer stärker pflanzlichen, flexitarischen Ernährung die Treibhausgasemissionen aus der landwirtschaftlichen Produktion ungefähr halbieren«, erklärt Prof. Johan Rockström vom Potsdam-Institut für Klimafolgenforschung (PIK).

Sollten wir weiter so viel Fleisch essen wie bisher und die Tiere in der bisherigen Art und Weise füttern, würde das zum weiteren Abholzen und Niederbrennen von Wäldern zugunsten von Soja-Anbauflächen führen, wie es beispielsweise in Südamerika leider der Fall ist.[125]

Das hat fatale Auswirkungen auf das Klima – und auf unsere Mitbewohner, mit denen wir unsere Heimat hier auf diesem Planeten teilen. Schon heute stellen Wildtiere nur noch vier Prozent der Biomasse der Säugetiere. 36 Prozent der Biomasse macht der Mensch selbst aus, und 60 Prozent kommen auf vom Menschen gehaltene Säugetiere.[126] Von den Vögeln sind 70 Prozent der Biomasse domestiziert.

#future

# Im Jahr 2030 ...

## Klimaflucht und Ressourcenkonflikte

»Der Klimawandel bedroht die nationale Sicherheit«, schreibt das Pentagon.[127] Dabei bezieht sich das US-Verteidigungsministerium auf unmittelbare Risiken. Neben Extremwetterereignissen und Naturkatastrophen meint es die Dürren und den Hunger in den sich entwickelnden Ländern. Wie sollte uns das in den Industriestaaten betreffen? Das Pentagon sieht beispielsweise die Gefahr, das infektiöse Krankheiten und

Terrorismus in benachteiligten Ländern zunehmen und damit auch die politische Stabilität unserer Länder bedrohen.

Gelänge es uns nicht, die Klimakrise in den Griff zu bekommen, dann würde in absehbarer Zeit, möglicherweise schon in wenigen Jahren, die größte Völkerwanderung der Menschheitsgeschichte beginnen. Wenn wir von

 Franz Josef Radermacher[128], Mathematiker, Ökonom, Professor für künstliche Intelligenz und Präsident des Unternehmerverbandes Senat der Wirtschaft, in seinem Buch »Der Milliardenjoker«:

»Der Umgang mit den Klimafragen ist nicht einfach als Umweltproblem zu verstehen, denn das wird den Dimensionen des Themas nicht gerecht. Es geht bei diesem Thema mindestens so sehr um Macht und Geopolitik, um Wirtschaft und Finanzen, um Arbeitsplätze und soziale Fragen, für die Armen auf der Welt um Ernährung und Zugang zu Wasser und potenziell für die Staaten der Welt um Krieg und Frieden.«

einer globalen Durchschnittserwärmung von +2 Grad Celsius sprechen, dann bedeutet das in Wirklichkeit in Bayern möglicherweise +4 Grad und in manchen Gegenden Afrikas +8 Grad und mehr. Diese Erwärmung würde manche afrikanischen Gegenden unbewohnbar und landwirtschaftlich wertlos machen. Wenn ein Bauer miterlebt, wie seine Ernte nicht zum ersten, nicht zum zweiten, sondern vielleicht zum sechsten Mal vertrocknet, wird er sein Land und seine Heimat irgendwann aufgeben müssen. Er hat keine andere Wahl. Kleinbauern wie er und seine Familie können sich nur auf den Weg machen, um zu überleben. Und das werden Hunderte Millionen Menschen sein.

Was bedeutet das für uns? Viele möchten jetzt schon die Grenzen schließen. 2018 dominierte eine Diskussion die Medien, ob flüchtende Menschen, die in Gefahr sind, im Mittelmeer zu ertrinken, gerettet werden sollten oder überhaupt dürfen.[129] Dass es eine solche Diskussion überhaupt gibt, hat uns sehr erschreckt. Die Besatzung des Schiffs Aquarius hatte zwischen 2016 und 2018 30.000 Menschen in Seenot gerettet. Doch der sichere Hafen wurde ihm immer wieder verweigert. Nach einer »Reihe von gezielten politischen Angriffen auf die lebensrettende Arbeit« gaben die Hilfsorganisationen SOS Méditerranée und Ärzte ohne Grenzen (MSF) das gemeinsam betriebene Schiff im Dezember 2018 auf. Italienische Behörden hatten ihnen unter anderem die illegale Entsorgung von Müll vorgeworfen und sämtliche Häfen des Landes für sie dicht gemacht. Allerdings wolle man sobald wie möglich neue Einsätze fahren, um

Menschenleben zu retten, gaben die Hilfsorganisationen bekannt.

»Wir haben den Höhepunkt der Kriminalisierung von humanitärer Hilfe auf See erreicht. Dass wir jetzt dazu gezwungen sind, den Betrieb der Aquarius einzustellen, während europäische Mitgliedstaaten ihrer Verantwortung, Menschen im Mittelmeer zu retten, nicht gerecht werden, ist ein Armutszeugnis für Europa«, sagte Verena Papke, Geschäftsführerin von SOS Méditerranée Deutschland, gegenüber der Deutschen Presse-Agentur (dpa).[130]

Europa schaut dabei zu, wie Menschen im Mittelmeer ertrinken, und handelt dabei gegen die Werte, auf denen unsere Gesellschaft fußt. Das könnte dazu führen, dass Europa selbst zerbricht. Europa, die Europäische Union, war gedacht als großes, friedensstiftendes Modell. Im Jahr 2012 wurde die EU selbst ja sogar mit dem Friedensnobelpreis ausgezeichnet.[131] Für ihren Einsatz für Frieden, Versöhnung, Demokratie und – man beachte – Menschenrechte. Nun wird genau hier, innerhalb des ursprünglich friedensstiftenden Modells, über Abschottung gesprochen.

Die Abwehr von flüchtenden Menschen und Migranten ist brutal. Druck erzeugt Gegendruck, und so könnte sich die Stimmung aufschaukeln. In Europa verzichten wir freilich auf eine Mauer aus Beton. Sechs Meter hohe High-Tech-Zäune mit einem Kostenaufwand von 30 Millionen Euro sollen allerdings schon einmal die spanischen Exklaven Ceuta und Melilla abschotten.[132] Die Angst vor den Hunderttausenden, die jetzt schon auf dem Sprung hierher sein könnten, treibt bereits ihre Blüten. Mehr Menschen als im Mittelmeer sterben in der Sahara, der zweiten großen Route nach Europa. Jeder zweite Mensch in den Ländern südlich der Sahara lebt unter der Armutsgrenze. Laut einer neuen Studie der Gates-Stiftung werden im Jahr 2050 beinahe 90 Prozent der bitterarmen Menschen dort leben.[133] Damit sind die Menschen gemeint, die von weniger als 1,25 Dollar am Tag überleben müssen. Bisher stammen die meisten Flüchtenden aus Ländern mit Kriegen und bewaffneten Konflikten.[134] Künftig könnten fehlende Lebensgrundlagen zum größten Fluchttreiber werden.

Wenn das Thema »Flüchtlinge« die öffentliche und mediale Diskussion bestimmt, beraubt uns das unserer Konzentration auf die große und darunterliegende Gefahr: die Klimakrise. Diese Gefahr ist so groß, dass wir vernünftigerweise kaum noch über etwas anderes sprechen sollten. Doch viele sind abgelenkt von scheinbar greifbareren

Bedrohungen – auch solchen, die keine sind. Natürlich: Wenn wir abwarten, bis Migrationsbewegungen bisher ungekannten Ausmaßes beginnen, bis sich sehr viele Menschen auf geringem Raum über knappe Ressourcen verständigen müssen, vielleicht sogar ihr Überleben davon abhängt, birgt das Konfliktpotenzial. Woher diese Menschen stammen, ist dabei vollkommen irrelevant.

Tageshöchsttemperaturen von über 50 Grad Celsius, verknappte Wasserressourcen und landwirtschaftlich nicht mehr nutzbare Böden – im südlichen Afrika könnte die Situation extrem werden, doch auch große Gebiete in Süd- und Mittelamerika, Südeuropa, China und Australien sind dürreanfällig. Zunächst nimmt die Ausbeute der angebauten Nahrungsmittel ab, dann wird die Ernte immer unsicherer. Schon das ist für die betroffenen Menschen körperlich und mental hochgradig belastend – und zwar so sehr, dass mit einem Absinken ihrer Lebenserwartung zu rechnen ist.

Die ärmeren Teile der Welt werden durch die Klimakrise noch ärmer. Bis zum Jahr 2030 werden Hochrechnungen zufolge 7,5 Milliarden Menschen in armen Ländern leben – etwa so viel, wie es gerade auf der ganzen Welt gibt. Den größten Bevölkerungszuwachs wird es in Indien, Pakistan und Zentralafrika geben. Gegen Ende des Jahrhunderts wird mit zwei Milliarden Menschen allein auf dem indischen Subkontinent gerechnet und mit vier Milliarden in Afrika. Bis 2050 scheint es beinahe unausweichlich, dass sich die afrikanische Bevölkerung von derzeit 1,2 Milliarden auf 2,4 Milliarden verdoppeln wird. Konflikte könnten sich vor allem rund ums Wasser

**Worst case**

entfachen. Beispielsweise dann, wenn die Anrainer flussaufwärts bereits alles Trinkwasser aufbrauchen, sodass flussabwärts kaum noch etwas ankommt. Soziale und ethnische Spannungen haben bereits viele Menschen dazu veranlasst, Asyl in anderen Ländern zu suchen. Humanitäre Katastrophen bereiten Bürgerkriegen den Boden – und diese sind ein noch stärkerer Vertreiber als Hunger.

Hinzu kommt, dass die Menschen dieser Länder wenig bis kaum etwas zur Klimakrise selbst beigetragen haben. Die ärmere Hälfte der Weltbevölkerung ist lediglich für rund zehn Prozent der globalen $CO_2$-Emissionen verantwortlich, historisch betrachtet sogar noch für viel weniger. Sie müssen

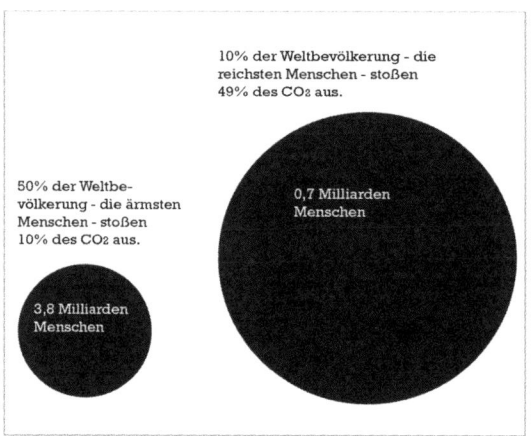

10% der Weltbevölkerung - die reichsten Menschen - stoßen 49% des CO2 aus.

50% der Weltbevölkerung - die ärmsten Menschen - stoßen 10% des CO2 aus.

0,7 Milliarden Menschen

3,8 Milliarden Menschen

Quelle: Oxfam

jedoch die Katastrophe ertragen. Und ihnen ist bewusst, wer der Hauptverursacher ist.

Pro Kopf haben Menschen in reichen Teilen der Welt bei Weitem den höchsten Anteil an $CO_2$-Emissionen. Auf Klimakonferenzen bringen Menschen aus ärmeren Ländern dieser Welt immer wieder zum Ausdruck, wer in ihren Augen schuld an dieser Krise ist.[135]

Eindeutig ist auch, dass die Weltwirtschaft schon sehr bald unmittelbar von der Klimakrise beeinträchtigt sein wird. Zunehmende Fluss-Überschwemmungen etwa in Asien, verursacht durch die globale Erwärmung, könnten zu regionalen Produktionsausfällen füh-

ren, berichtet das Potsdam-Institut für Klimafolgenforschung.[136] Das würde nicht nur die lokale Volkswirtschaft beeinträchtigen, sondern auch weltweite Handels- und Liefernetzwerke. Allein in China könnte die Zahl der Fluss-Überschwemmungen innerhalb der nächsten 20 Jahre um 80 Prozent steigen – mit erheblichen Konsequenzen für die Industrie in der EU und den USA. Die Wissenschaftler rechnen mit Ausfällen von rund 600 Milliarden Dollar. »Wir waren überrascht über den Umfang dieses besorgniserregenden Effekts«, sagt Sven Willner, Erstautor der Studie. Die Schocks in anderen Teilen der Welt bleiben nicht dort vor Ort. Dafür sind wir global alle viel zu sehr voneinander abhängig. Wie es Weltbank-Ökonom Stéphane Hallegatte formuliert: »Naturkatastrophen sind keine lokalen Ereignisse mehr. Jeder kann von einer weit entfernten Katastrophe betroffen sein. Das bedeutet, dass Risikomanagement mehr ist als die Verantwortung jedes einzelnen Landes: Es ist zu einem globalen öffentlichen Gut geworden.«[137]

# Nur Kooperation kann uns jetzt noch helfen

Eine lebenswerte Welt für alle Generationen und überall erfordert Kooperation – zügig und entschlossen. Die Klimakrise ist nicht nur ein umweltpolitisches Problem. Sie hat ebenso sehr weitreichende wirtschaftliche, soziale und finanzielle Konsequenzen. Die Gerechtigkeitsfrage wird sie – wenn auch indirekt über eben diese Themen – zum Tagesordnungspunkt Nummer eins auf den politischen Agenden machen. Momentan gibt es nur eine sehr überschaubare Bereitschaft, die sich entwickelnden Länder bei ihren Herausforderungen finanziell zu unterstützen. Dabei wären rechtzeitige »Investitionen für bessere Lebensperspektiven der in Afrika lebenden Menschen nicht nur massiv kosteneffektiver als der Einsatz sozialstaatlicher Mittel in Deutschland für Flüchtlinge aus Afrika«, erklärt Prof. Radermacher in seinem Buch »Der Milliardenjoker«. »Alles, was den Menschen einen Anreiz bietet, ihre Zukunft im eigenen Land zu gestalten, respektiert auch in viel höherem Maße die Menschenwürde der Betroffenen.«

Stellt sich massiv die Frage, wer die Anpassungskosten einer global klimaverträglicheren Politik schultern soll. Die USA schon einmal nicht, signalisierte Präsident Trump, als er das weiche Pariser Abkommen ohne Verbindlichkeiten oder Zuständigkeiten mit dreijähriger Kündigungsfrist zum Jahr 2020 kündigte. Der Klimafinanzausgleich wird uns vor harte Bewährungsproben stellen – insbesondere wenn möglicherweise erst Hilfen zugesagt werden, die dann aber infolge eigener Engpässe der Geberländer ausbleiben. Wenn wir es schaffen, in allen Teilen der Welt regenerative Energien zu fördern und global für Negativ-Emissionen beispielsweise durch Bäume sorgen, dann könnten wir die regionale Stabilität auch in den derzeit benachteiligten Regionen verbessern und eine Massenmigration möglicherweise verhindern.

Kooperation

# Eine nachhaltige globale Entwicklung

Der ausgefeilteste Plan der Welt für eine friedliche und sichere Zukunft sind die sogenannten SDGs: Sustainable Development Goals, zu Deutsch »Ziele für eine nachhaltige Entwicklung«. Sie wurden im Rahmen der Agenda 2030 auf einem Gipfel der Vereinten Nationen von allen Mitgliedsstaaten verabschiedet und gelten als Meilenstein. Es handelt sich um 17 globale Ziele, die nur alle zusammen den erwünschten Erfolg bringen können. Sie sind also nicht wie eine Art Buffet zu sehen, von dem sich jeder etwas herauspicken und den Rest links liegen lassen kann. Und ihre Umsetzung ist wichtig und dringend. »Die SDGs müssen als das erkannt werden, was sie sind – die Überlebensausrüstung der Menschheit«, so Prof. Johan Rockström, Co-Direktor des Potsdam-Instituts für Klimafolgenforschung.

## Die 17 »Sustainable Development Goals« (SDGs)

> »Wir können die erste Generation sein, der es gelingt, die Armut zu beseitigen, ebenso wie wir die letzte sein könnten, die die Chance hat, unseren Planeten zu retten.«
>
> *Ban Ki-moon,*
> *UN-Generalsekretär von 2007 bis 2016*

Wie lässt sich wirtschaftlicher Fortschritt im Einklang mit sozialer Gerechtigkeit und im Rahmen unserer ökologischen Verantwortung und Herausforderungen gestalten? Die SDGs berücksichtigen diese drei Dimensionen der Nachhaltigkeit. Dabei betonen sie: Wir kommen nur voran, wenn wir die Wechselseitigkeit dieser Bereiche anerkennen.

Vor der Agenda 2030 wurde der Wohlstand eines Landes ganz schlicht und plump über das durchschnittliche Pro-Kopf-Einkommen definiert. Die SDGs erlauben eine neue, ganzheitlichere Definition, und zwar über die Lebensqualität der Menschen in allen elementaren Bereichen.

Insgesamt umfassen die 17 Ziele 169 Zielvorgaben. An diesen möchten die

Mitgliedstaaten der Vereinten Nationen ihre Politik für Entwicklung und Nachhaltigkeit ausrichten. Da eine Gesamtdarstellung den Rahmen sprengen würde, sind sie hier kürzer zusammengefasst. Der nachfolgende Überblick beruht – außer wo zusätzlich gekennzeichnet – auf Angaben der Vereinten Nationen, des Bundesministeriums für wirtschaftliche Zusammenarbeit und Entwicklung sowie der Bundesvereinigung Nachhaltigkeit.

Bei genauer Betrachtung wird klar: Weltweite Aufforstung trägt zum Erreichen von zehn der 17 Ziele bei.

### Ziel Nr. 1: Keine Armut

Obwohl sich die extreme Armut seit 1990 halbiert hat, lebt immer noch ein Fünftel der Weltbevölkerung von weniger als 1,25 US-Dollar am Tag. Bis 2030 soll niemand mehr in extremer Armut leben, und die Zahl der in Armut lebenden Menschen soll sich halbieren.

Kleine Kredite für selbst gegründete Unternehmen lassen die Wirtschaft ärmerer Länder stabil wachsen und verhelfen zu Unabhängigkeit. Arbeitsplätze tragen zur Ernährungssicherheit bei und sichern den lokalen und letztlich auch den globalen Frieden.

### Ziel Nr. 2: Kein Hunger

Alle sollen satt werden – und gleichzeitig auch mit allen lebensnotwendigen Nährstoffen versorgt werden, sodass keine Mangelerkrankungen entstehen. Gibt es beispielsweise nur Reis zu essen, kann das zu Proteinmangel mit einem geschwächten Immunsystem und Wassereinlagerungen führen. Zusammen mit Eisenmangel kann es passieren, dass sich Kinder geistig und körperlich nicht richtig entwickeln können. Vitamin-A-Mangel kann das Augenlicht beschädigen, bis hin zur Erblindung. Ein Mangel an Nährstoffen wird auch als »verborgener Hunger« bezeichnet. Daneben gibt es den akuten Hunger (Hungersnot), der häufig infolge von Naturkatastrophen, Krisen und Konflikten auftritt. Das betrifft derzeit etwa acht Prozent der hungernden Menschen auf der Welt. Häufig trifft es diejenigen, die ohnehin schon an chronischem Hunger leiden, also dauerhaft unterernährt sind.

Insgesamt hungern laut Welthungerhilfe momentan 821 Millionen Menschen auf der Welt, das macht elf Prozent der Weltbevölkerung.[138] Das Bundesministerium für wirtschaftliche Zusammenarbeit und Entwicklung geht sogar von zwei Milliarden aus.[139] Die Brennpunkte liegen vor allen in Subsahara-Afrika und Südasien.

 ## Ziel Nr. 3: Gesundheit und Wohlergehen

Jeden Tag sterben 16.000 Kleinkinder an vermeidbaren Krankheiten. 800 Frauen und Mädchen pro Tag sterben an Komplikationen während der Schwangerschaft, der Geburt und der ersten Zeit danach – 99 Prozent von ihnen in den Entwicklungsländern.[140]

Akute Hilfe leisten Mediziner, die oftmals aus unseren Ländern kommen, um freiwillig zu helfen. Langfristig kann aber nur die Ausbildung von Ärzten im Land und die Ausrüstung von Kliniken dort das Gesundheitssystem angemessen leistungsfähig machen. Damit alle die medizinischen Angebote nutzen können, bedarf es einer umfassenden Krankenversicherung. Diese zu organisieren, erleichtert wiederum die Digitalisierung. Je gesünder die Menschen sind, desto eher sind sie in der Lage, einer geregelten Arbeit nachzugehen und sich so aus der Armut zu befreien.

 ## Ziel Nr. 4: Hochwertige Bildung

Bildung befähigt den Einzelnen dazu, seine Lebenssituation entscheidend zu verbessern – und damit auch das Gemeinwohl. Jedes Kind, Mädchen und Jungen, sollte eine Schulbildung genießen können, statt etwa schwere Steine in Steinbrüchen oder Säcke auf Plantagen hin- und herschleppen zu müssen. Das passiert, wenn die Familien bitterarm sind, sodass sie auf jeden zusätzlichen Cent zum Familieneinkommen angewiesen sind. Deshalb hängt dieses Ziel ganz eng mit Ziel Nummer eins, der Bekämpfung von Armut zusammen.

Zudem lernt man im Rahmen der Bildung, Lösungen für wirtschaftliche und gesundheitliche Probleme zu finden und gleichzeitig Konflikte konstruktiv zu lösen. Das trägt zum besseren Verständnis untereinander bei – und damit zum Frieden.

 ## Ziel Nr. 5: Geschlechtergleichheit

Mädchen und Frauen sollen überall auf der Welt ein selbstbestimmtes Leben führen können. »Gleiche Rechte, gleiche Pflichten, gleiche Chancen und gleiche Macht für Frauen und Männer« ist deshalb auch ein Grundsatz der deutschen Entwicklungspolitik. Damit dies in allen Ländern dieser Erde möglich wird, muss der Zugang zu Bildung für Mädchen vielerorts weiter erleichtert werden.

## Ziel Nr. 6: Sauberes Wasser und Sanitäreinrichtungen

2,1 Milliarden Menschen fehlt immer noch der Zugang zu sicherem Trink-wasser. 4,5 Milliarden müssen ohne angemessene sanitäre Einrichtungen auskommen, so ein Bericht der Weltgesundheitsorganisation (WHO) und des UN-Kinder-hilfswerks UNICEF. Demnach haben 844 Millionen Menschen noch nicht einmal Zugang zu einer elementaren Trinkwasserversorgung, darunter 263 Millionen, die mehr als eine halbe Stunde laufen müssen, um an eine Wasserquelle zu gelangen. 159 Millionen sind gezwungen, unbehandeltes Wasser von Flüssen, Bächen oder Seen zu trinken. »Sicheres Wasser, Sanitärversorgung und Hygiene zu Hause sollten nicht ein Privileg nur für Rei-che und Menschen in den Städten sein«, sagte WHO-Generaldirektor Tedros Adhanom Ghebreyesus. Fehlt etwa Wasser zum Händewaschen, leistet das Durchfallerkrankungen Vorschub. Allein daran sterben jedes Jahr 361.000 Kinder unter fünf Jahren.[141]

## Ziel Nr. 7: Bezahlbare und saubere Energie

Eine bezahlbare, verlässliche und saubere Stromversorgung ermöglicht es den Menschen, ohne Kohle zu kochen. Sie können Haushaltsgerä-te benutzen und die so gewonnene Zeit in produktivere Aktivitäten stecken. Wer ein Smartphone oder einen Computer hat, kann sich mit der Welt verbinden, Bildung erlan-gen und damit arbeiten. Während die Energieversorgung in den Entwicklungsländern aufgebaut wird, spielen erneuerbare Energien eine entscheidende Rolle für eine nach-haltige Entwicklung. Wenn immer mehr Menschen Strom nutzen, dürfen dafür nicht immer mehr fossile Brennstoffe verfeuert werden.

## Ziel Nr. 8: Menschenwürdige Arbeit u. Wirtschaftswachstum

Bis 2030 wird eine produktive Vollbeschäftigung angestrebt, bei der Frau-en, Männer und Menschen mit Behinderungen für gleichwertige Arbeit das gleiche Entgelt bekommen. Derzeit sind Sozialstandards in vielen Industriebereichen noch nicht die Norm, was nun beispielsweise in der Textilindustrie aktiv angegangen wird (→ Seite 169). In oftmals sklavenähnlichen Arbeitsverhältnissen müssen viele arbeiten, ohne jemals Lohn zu sehen – oder so wenig, dass es kaum zum Leben reicht. Das soll be-endet werden und insbesondere auch jegliche Form von Kinderarbeit. Am besten ist es, die lokalen wirtschaftlichen Strukturen zu stärken, sodass insbesondere lokale Produkte untereinander gehandelt werden. Das macht auch aus Klimaperspektive Sinn, weil es unnötige Transportwege spart.

## Ziel Nr. 9: Industrie, Innovation und Infrastruktur

Zur Herstellung von Gütern braucht es in den allermeisten Fällen auch den Transport von Rohstoffen und Einzelteilen. Doch in vielen Entwicklungsländern fehlt es an Transportmöglichkeiten, und das hemmt ihre wirtschaftliche Entwicklung. Ein häufiges Problem in tropischen Regionen sind verschlammte Straßen während der Regenzeit, die unpassierbar werden. Das könnte sich im Zuge der Klimakrise verstärken. Wo immer möglich dürfte der Ausbau des Schienennetzes als derzeit umweltfreundlichste Methode ein guter Weg sein. In den Bergen wird man auf Pkws und Lkws angewiesen sein. Deshalb drängt die Markteinführung von sehr sparsamen oder gänzlich elektrischen Kraftfahrzeugen. Auch die Telekommunikation gehört zur Infrastruktur. Über Möglichkeiten des sogenannten E-Learnings können sich außerdem örtlich marginalisierte Menschen selbst stärken. Derzeit haben 16 Prozent der Weltbevölkerung noch keinen Zugang zu Breitband-Mobilfunk. Das soll geändert werden.

## Ziel Nr. 10: Weniger Ungleichheiten

Ungleichheit kann zwischen den Staaten bestehen und innerhalb von Staaten. Dabei gilt soziale und wirtschaftliche Ungleichheit als eine der wichtigsten Fluchtursachen – nicht nur weil Menschen sich einen Lebensstandard wünschen, den andere bereits haben. Sondern auch, weil Ungleichheit einer der wichtigsten Gründe für bewaffnete Konflikte und Bürgerkriege ist, vor denen Menschen dann fliehen müssen. Durch gleiche Chancen bei Bildung und Arbeit, soziale und kulturelle Teilhabe sowie die Beseitigung von Armut und Hunger wird das Konfliktpotenzial entspannt.

## Ziel Nr. 11: Nachhaltige Städte und Gemeinden

Weltweit schreitet die Urbanisierung voran. Das bedeutet, dass immer mehr Menschen vom Land in die Stadt ziehen. Mitte des 20. Jahrhunderts lebten 30 Prozent der Menschen weltweit in urbanen Zentren. Heute sind es bereits über 50 Prozent – bei steigender Tendenz. Bis 2050 werden voraussichtlich 80 Prozent der Weltbevölkerung in Städten leben. Zunächst einmal könnte ein energieeffizienter Wohnungsbau viel an Ressourcen sparen. Dabei muss allerdings genügend angemessener und bezahlbarer Wohnraum für alle zur Verfügung stehen. Der Ausbau des öffentlichen Nahverkehrs würde viele Autos überflüssig machen. Das ist nicht nur ökologischer, sondern bedeutet auch weniger Gesundheitsbelastung und eine geringere Unfallgefahr. Eine inkludierende und partizipatorische Siedlungsplanung ließe alle am kulturellen Leben teilhaben. Hierzu gehören auch sichere und für alle gut zugängliche Grünanlagen.

## Ziel Nr. 12: Nachhaltigkeit bei Konsum und Produktion

Viele der Waren, die uns in den Industrieländern erreichen, haben lange Lieferketten von einem Land zum anderen hinter sich. Die entwickelten Länder sind dazu aufgerufen, Maßnahmen zu ersinnen, um die soziale, ökologische und wirtschaftliche Nachhaltigkeit in allen Ländern dieser Lieferketten sicherzustellen. Dazu bedarf es einer verbesserten Transparenz, anhand derer zum Beispiel der sachgemäße Gebrauch von Chemikalien sowie existenzsichernde Löhne der Beschäftigten nachvollzogen werden können. Zudem muss die Produktion möglichst ressourcen- und energieeffizient werden. Momentan beuten wir die natürlichen Ressourcen aus, während gleichzeitig Luft, Wasser und Böden verschmutzt werden. Würden wir weitermachen wie bisher, bräuchten wir im Jahr 2050 drei Planeten Erde, um unseren Ressourcenhunger stillen zu können.[142]

Ziel ist es, die Lebensqualität aller zu verbessern und dabei gleichzeitig weniger Ressourcen auszubeuten, die Umwelt zu entlasten und so auch Menschen Zugang zu unbelastetem Wasser zu ermöglichen und zu sichern. Dazu gehört auch, die Endkonsumenten zu bilden und ihnen zu zeigen, wie ein guter, nachhaltiger Lebensstil aussehen kann. Hierzu gehört die Umstellung von persönlichen Gewohnheiten im Haushalt und bei der Ernährung. Die Nahrungsmittelverschwendung soll bis 2030 halbiert werden.

## Ziel Nr. 13: Maßnahmen zum Klimaschutz

Erneuerbare Energien sind nur ein Teil der »Low-Carbon-Economies«, die wir überall entwickeln müssen. Selbst wenn wir jetzt sofort alle fossilen Kraftwerke zugunsten regenerativer Energien abschalten würden, würden immer noch der Verkehrssektor und die Landwirtschaft reichlich Treibhausgase emittieren. Sie müssen ebenfalls umgestellt werden. Damit wir den Zeitpunkt einer angemessenen $CO_2$-Reduktion jedoch nicht verpassen, brauchen wir jetzt eine Art Vollbremse durch Negativ-Emissionen. Die wollen wir durch Bäume erreichen (→ Seite 157). Gleichzeitig bedeutet dieses UN-Entwicklungsziel, dass wir uns jetzt schon um Schutzmaßnahmen gegen die Folgen der Erderwärmung kümmern müssen, etwa durch das Bauen von Deichen, um Überflutungen vorzubeugen.

 ## Ziel Nr. 14: Leben unter Wasser

Mehr als zehn Prozent der Weltbevölkerung sind von gesunden, artenreichen Meeren abhängig, um die eigene Lebensgrundlage durch handwerkliche Kleinfischerei zu sichern. Der überwiegende Teil von ihnen lebt in Entwicklungsländern. Doch mittlerweile sind 90 Prozent der Fischbestände überfischt oder stehen kurz davor. Dennoch sind weltweit nur 3,4 Prozent der Meeresgebiete unter Schutz gestellt. Angestrebt ist ein wirksamer Schutz von mindestens zehn Prozent bis 2020, um die biologische Vielfalt zu retten. Damit die Ozeane erhalten bleiben, muss auch ihre Versauerung bekämpft werden. Meeresmüll und Mikroplastik müssen deutlich reduziert werden. Gleichzeitig soll der Katastrophenschutz in den Küstenregionen gestärkt werden. Schon in wenigen Jahren werden voraussichtlich zwei Drittel der Weltbevölkerung in Küstennähe wohnen, vornehmlich in den dortigen Städten. Der ansteigende Meeresspiegel und extreme Wetterereignisse wie Wirbelstürme bedrohen ihr Leben. Auch die Infrastruktur und die lokale Wirtschaft können sie zerstören. Deshalb muss die Stadtplanung vorausschauend den Katastrophenschutz integrieren und Frühwarnsysteme für die Folgen der Klimakrise entwickeln.[143]

 ## Ziel Nr. 15: Leben an Land

Für etwa 1,6 Milliarden Menschen ist der Wald Lebensgrundlage, dazu gehören rund 70 Millionen indigene Menschen. In den Wäldern dieser Erde leben 80 Prozent der Landtierarten, -pflanzen und Insekten. Sie finden hier Nahrung und Schutz. Bäume sind der Schlüssel im Kampf gegen die Klimakrise. Doch derzeit verlieren wir jedes Jahr 13 Millionen Hektar Wald, was bereits zu einer Desertifikation von 3,6 Milliarden Hektar Boden geführt hat. Der Verlust von fruchtbaren Böden und Ökosystemen wiederum führt zu Armut.

Landökosysteme sollen wiederhergestellt und Wälder nachhaltig bewirtschaftet werden. So lässt sich der Bodendegradation und Wüstenbildung entgegenwirken, und die biologische Artenvielfalt kann erhalten werden. Entwaldung soll beendet und geschädigte Wälder sollen wiederhergestellt werden. Dazu ist es notwendig, bessere Maßnahmen gegen den illegalen Handel mit geschützten Pflanzenarten und Tropenholz zu treffen. Momentan werden in Indonesien oder Südamerika Regenwälder im großen Stil gerodet – oftmals, aber nicht nur illegal. Zuerst wird das Holz verkauft, dann wird der Rest niedergebrannt, und auf den Flächen werden Plantagen errichtet, oder Bergbau wird betrieben. Das kann nur gestoppt werden, indem wir diesen Ländern geeignete Anreize bieten, um den Wald zu erhalten und wieder aufzuforsten. Denn momentan ist es für alle Beteiligten oftmals ein finanziell zu lohnendes Geschäft. Um in Indonesien ein Umdenken einzuleiten, hat das Bundesministerium für wirtschaftliche Zusammenarbeit und Entwicklung gemeinsam mit dem indonesischen Umwelt- und Forstministerium das Programm FORCLIME (Forests and Climate Change) ins Leben gerufen. Die Forstbehörden und -ämter vor Ort werden nach deutschem Vorbild ausgebildet. So sollen sie dann eine nachhaltige Bewirtschaftung fördern. Das Programm zeigt bereits Erfolge: Auf Borneo werden nun schon rund 380.000 Hektar Wald klimafreundlich bewirtschaftet.[144] Erklärtes Ziel der Vereinten Nationen ist es, die Aufforstung weltweit beträchtlich zu erhöhen.

## Ziel Nr. 16:
## Frieden, Gerechtigkeit und starke Institutionen

Eine nachhaltige Entwicklung ist nur im Rahmen von Frieden und Stabilität möglich. Kriege zerstören Menschenleben, und sie zerstören Errungenschaften: die Infrastruktur, Gesundheitszentren, Schulen. Das Vertrauen in die Mitmenschen und in den Staat leidet, wenn man selbst so massives Unrecht erfährt. Wir müssen die Gewalt eliminieren. Misshandlung, Ausbeutung und Missbrauch von Kindern muss sofort beendet werden, weltweit. Dazu gehört auch das Ende von sogenannten Kinderehen. Menschenhandel, sexuelle und körperliche Gewalt müssen beendet werden. Nach Schätzungen der Vereinten Nationen leben 28,5 Millionen Kinder im Grundschulalter in konfliktgeprägten Gegenden. Diese frühen, schrecklichen Erfahrungen können Kinder traumatisieren und bei fehlenden Angeboten zu ihrer Bewältigung, wie etwa solide Psychotherapien, dazu führen, dass sie die Kette der Gewalt später fortsetzen. Furchtbar ist das Schicksal der derzeit 250.000 Kindersoldaten,[145] die von bewaffneten Gruppen zu Gräueltaten gezwungen werden. Sie müssen befreit werden und alle Hilfe bekommen, die sie brauchen.

Rechtsstaatliche Institutionen auf nationaler und internationaler Ebene müssen für alle erreichbar sein – und sie müssen gerecht sein. Leider sind ausgerechnet die Justiz und die Polizei in vielen Ländern am meisten korrumpiert. 31 Prozent der Gefangenen weltweit werden ohne Gerichtsurteil festgehalten. Korruption in all ihren Formen muss weltweit bekämpft werden. Politische und Verwaltungsinstitutionen müssen überall transparent handeln und rechenschaftspflichtig werden. Illegaler Waffenhandel und illegale Finanzströme müssen gestoppt werden. Dazu gehört auch die Steuerflucht, die dazu führt, dass die Gelder dem Gemeinwohl der jeweiligen Volkswirtschaften nicht zur Verfügung stehen.

Grundfreiheiten müssen überall geschützt und Informationen öffentlich zugänglich sein. Damit sich Gerechtigkeit etabliert und als solche wahrgenommen wird, muss die Entscheidungsfindung auf allen Ebenen bedarfsorientiert, inklusiv, partizipatorisch und repräsentativ sein. Das gilt auf regionaler Ebene, im nationalen Rahmen, aber auch im internationalen. Deshalb sollte auch die Teilhabe der Entwicklungsländer an den globalen Lenkungsinstitutionen erweitert und verstärkt werden.

## Ziel Nr. 17: Partnerschaften zur Erreichung der Ziele

Um unser großes Ziel der nachhaltigen Entwicklung zu erreichen, müssen zum einen auf nationaler Ebene mehr Gelder dafür bereitgestellt werden, etwa durch Steuern oder Abgaben in bestimmten Bereichen, zum anderen müssen wir unsere Anstrengungen international möglichst effizient verzahnen. Zugesagte Entwicklungshilfen müssen auch tatsächlich fließen, die Zusammenarbeit Nord-Süd sowie Süd-Süd muss verstärkt werden. Das bedeutet beispielsweise mehr Kooperation bei Fachkenntnissen und Technik. Der Welthandel muss gerecht und nicht diskriminierend stattfinden. Die Politik muss auf allen Ebenen eine Kohärenz entwickeln – sodass Bemühungen um mehr Nachhaltigkeit durchgehend voranschreiten und für alle erkennbar sind.

> »Mit den 17 Zielen hat die Weltgemeinschaft die Chance, innerhalb einer Generation extreme Armut zu beenden, Ungerechtigkeit zu bekämpfen und den Planeten vor einem Kollaps zu bewahren.«[146]
> Bundesentwicklungsminister Dr. Gerd Müller

Die Umsetzung dieser nachhaltigen Entwicklungsziele basiert auf unserer Menschlichkeit und unserer Fähigkeit, zukünftige Konsequenzen unseres heutigen Handelns zu erkennen. Sie fordert auch, uns selbst zu reflektieren.

Heute verbrauchen 20 Prozent aller Menschen 80 Prozent aller Ressourcen – und das bei Weitem nicht nur, weil wir sie unbedingt alle brauchen. Wir profitieren von extrem billigen Preisen für viele Produkte – oft weil andere dafür ausgebeutet werden. Deshalb fordert beispielsweise das Bundesministerium für wirtschaftliche Zusammenarbeit und Entwicklung (BMZ), dass sich die Welthandelsorganisation (WTO) von einer Freihandels- in eine Fairhandels-Organisation wandeln muss.[147] Bundesentwicklungsminister Dr. Gerd Müller sagt dazu: »Wir brauchen einen Paradigmenwechsel und müssen begreifen, dass Afrika nicht der Kontinent billiger Ressourcen ist, sondern die Menschen dort Infrastruktur und Zukunft benötigen.«[148]

Starke und stabile afrikanische Staaten sind starke Partner für uns. Derzeit liegen laut BMZ etwa die Hälfte der 20 am schnellsten wachsenden Volkswirtschaften auf diesem Kontinent. Das wiederum sind globale Märkte, mit denen wir uns auf Augenhöhe austauschen und zusammen Erstaunliches schaffen können.

Das BMZ hat deshalb den sogenannten Marshallplan mit Afrika ins Leben gerufen.[149] Er soll Partnerschaften mit Afrika fördern, die über die bisherigen, meist rein projektbezogenen Zusammenarbeiten hinausgehen. Dazu sind die afrikanischen Regierungen angehalten, Reformen in die Wege zu leiten, sodass sie ihrer Verantwortung ihren Bürgerinnen und Bürgern gegenüber besser nachkommen können. Dazu

gehören eine klare und verlässliche Rechtsstaatlichkeit und die Achtung der Menschenrechte. In einem solchen Rahmen könnten beispielsweise europäische Investitionen auf einen fruchtbareren Boden fallen, als das bisher oft der Fall war. In der sogenannten Agenda 2063 hat sich die Afrikanische Union diese Ziele selbst auf die Fahnen geschrieben. Nun gilt es, sie bei der Umsetzung ihrer Innovationen zu unterstützen. »Die Würde des Menschen ist unantastbar«, steht in unserem Grundgesetz. Das gilt für alle Menschen. Wenn wir anderen helfen, schützen wir uns selbst. Gemeinsam mit unseren Partnerländern können wir beispielsweise dafür sorgen, dass die Menschen dort ihre Abhängigkeit von Holz, Holzkohle oder Pflanzenresten zum Kochen und Heizen überwinden. Derzeit verwenden 90 Prozent der Haushalte in Subsahara-Afrika Biomasse für den täglichen Energiebedarf. Mit seinen Programmen zur »Grünen Bürgerenergie« und einer dezentralen Energieversorgung durch erneuerbare Energien hat das BMZ bereits in 26 afrikanischen, lateinamerikanischen und asiatischen Ländern insgesamt 17,3 Millionen Menschen, 19.400 soziale Einrichtungen und 38.600 kleine Unternehmen an eine grüne Stromversorgung angeschlossen.[150]

> **i** Damit das Erreichen der SDGs möglich wird, setzt sich der Global Marshall Plan[151] unter anderem dafür ein, dass die Industrieländer mindestens 0,7 Prozent ihres Bruttonationaleinkommens für die Entwicklung zur Verfügung stellen – wie die OECD-Länder es bereits 1970 versprachen. So kämen 150 Milliarden US-Dollar pro Jahr zusammen, mit denen wir unsere Partner stärken und die Sicherheit auf dieser Erde stabilisieren könnten. Hinzu kommen weitere Forderungen wie eine Besteuerung globaler Transaktionen und die Entwicklung einer nachhaltigen Weltökonomie, die auf Deutsch »Ökosoziale Marktwirtschaft« und auf Englisch »green and inclusive economy« genannt wird.

Die einzelnen SDGs haben positive Wechselwirkungen mit den anderen. Daraus entstehen Synergieeffekte. So können sie untereinander den Fortschritt fördern. Das bestätigt auch Wolfgang Lucht, Leiter des PIK-Forschungsbereichs Erdsystemanalyse. »Die SDGs stehen für eine ganzheitliche und multidimensionale Entwicklungsperspektive«, sagt er. »Die UN-Ziele zur nachhaltigen Entwicklung sind ein System wechselseitiger Verstärkung. Während kein einzelnes dieser Ziele die Macht hat, die Welt allein zu verändern, können dies die SDGs als Ganzes erreichen.«[152]

Im Sinne der SDGs gibt es bereits jetzt bedeutende Fortschritte: Der Anteil der Weltbevölkerung in absoluter Armut konnte seit 1990 halbiert werden, die Zahl der chronisch Hungernden ist weltweit gesunken. Der Anteil der Kinder, die eine vollständige Grundschulbildung erhalten, hat sich von 83 auf 90 Prozent erhöht. Die Kindersterblichkeit konnte halbiert, die Müttersterblichkeit fast halbiert werden. 2,3 Milliarden Menschen haben seit 1990 verbesserten Zugang zu Wasser erhalten. Deutschland arbeitet aktiv an der Umsetzung der SDGs und hat zudem im Rahmen der deutschen G7-Präsidentschaft 2015 angeregt, die Klimarisikoversicherungsinitiative InsuResilience ins Leben zu rufen.[153] Sie soll die verletzlichsten Menschen gegen Klimaschäden absichern. Das sind vor allem arme Menschen in Entwicklungs- und Schwellenländern. Die Zahl der Versicherten soll weltweit bis 2020 von 100 Millionen auf mindestens 400 Millionen steigen. Unterstützt wird diese Versicherung von der Bundesregierung und dem BMZ.

Was nötig wäre, um den Hochwasserschutz bis 2040 in allen Teilen der Welt adäquat zu erhöhen, haben Dr. Sven Willner und seine Kollegen berechnet.[154] Tatsächlich ist der Anpassungsbedarf neben den USA, Teilen Indiens und Afrikas sowie Indonesiens in Mitteleuropa am größten – Deutschland inklusive. Würden Maßnahmen wie Deichbau, verbessertes Flussmanagement oder auch die Verlagerung von Siedlungen versäumt, wären viele Millionen Menschen von Überschwemmungen bedroht. Dabei ist dieses Szenario bereits unausweichlich. Diese berechneten Hochwasserrisiken werden in den nächsten 20 bis 30 Jahren allein durch das $CO_2$ verursacht, das wir bereits in die Atmosphäre gepumpt haben.

Würden wir die Erderwärmung auf über 2 Grad plus hochtreiben, würde eine Anpassung schwierig werden, erklärt Prof. Anders Levermann vom PIK. »Um die Sicherheit der Menschen zu gewährleisten, müssen klimabedingte Risiken ernst genommen und sehr schnell Geld für Anpassung bereitgestellt werden.«

Wenn wir jetzt handeln, können wir uns gegen die Risiken der nächsten zwei Jahrzehnte absichern. Weiter fortschreitender Klimawandel muss jedoch durch die Abkehr von fossilen Brennstoffen begrenzt werden, um Veränderungen zu vermeiden, die unsere Anpassungsfähigkeiten übersteigen. Solange wir Kohle, Gas und Öl verbrennen, steigt die Temperatur unseres Planeten, und die Gefahr nimmt zu«, so der Professor für die Dynamik des Klimasystems. »Wenn wir das Thema ignorieren, werden die Folgen verheerend. Wir müssen jetzt beides tun: Anpassung an den bereits verursachten Klimawandel und Begrenzung zukünftiger Erwärmung. Nichtstun wäre gefährlich.«

»Die Klimarisiken sind so groß, dass sie die Entwicklung der Welt gefährden«, sagte auch Johan Rockström von der Universität Stockholm im Rahmen der Impacts World Konferenz in Potsdam, wo sich 500 Wissenschaftler aus aller Welt trafen, um die wahren Kosten der Klimakrise zu benennen. »Aber auch das Gegenteil stimmt. Die Ziele nachhaltiger Entwicklung umfassen einen Wandel der Entwicklung hin zur Nachhaltigkeit – diese Ziele zu erreichen ist nötig, um das Abkommen von Paris zum Erfolg zu machen. Das bedeutet: Wir haben keine Wahl. Die globale Nachhaltigkeit ist unser Weg in die Zukunft.«[155]

Abkehr von fossilen Brennstoffen

Leider gibt es auch Rückschläge. Ende 2017 gaben die Vereinten Nationen bekannt, dass die Zahl der chronisch Unterernährten nach einem Jahrzehnt des Rückgangs wieder gewachsen ist – um 38 Millionen, auf eine Gesamtzahl von 815 Millionen. Grund waren vor allem gewaltsame Konflikte und klimakorrelierte Schocks.[156] Gerade in den Ländern, die extremes Klima erlebten, ist die Zahl unterernährter Menschen deutlich höher.

Im Juni 2018 stellte die FAO (Food and Agriculture Organization of the UN) fest, dass Kinderarbeit nach Jahren des Rückgangs ebenfalls wieder angestiegen ist – aus denselben Gründen wie der Hunger.[157]

Wer den Hunger bekämpfen will, muss die Klimakrise bekämpfen. Wer die Kinderarbeit bekämpfen will, muss die Klimakrise bekämpfen. Wer Armut bekämpfen will, muss die Klimakrise bekämpfen.

# Eine sichere und würdevolle Migration

Der Unterschied zwischen flüchtenden Menschen und Migranten ist der, dass Erstere akut zur Flucht gezwungen sind. Menschen, die migrieren, handeln im Wesentlichen aus eigenem Antrieb, um ihre eigenen Lebensbedingungen zu verbessern. Obwohl das Völkerrecht hier klare Unterscheidungen trifft, können die Übergänge in der Praxis fließend sein und werden in der Zukunft weiter verschwimmen. Denn in den Genfer Konventionen[158] ist zu lesen, ein Flüchtling sei derjenige, der aufgrund seiner Nationalität, Ethnie, Religion oder Zugehörigkeit zu einer bestimmten Gruppe in seinem Land bedroht ist. Deshalb hat er oder sie An-

spruch auf Sicherheit in einem anderen Land. Hier stellt sich die Frage: Ist ein Mensch auch aufgrund seiner Nationalität bedroht, wenn er in seinem Land nicht die notwendigen Ressourcen zum Überleben findet?

So oder so ist jedoch damit zu rechnen, dass Migration zunehmen wird, auch durch die Folgen der Klimakrise. Deshalb sollten Herkunfts- wie Zielgebiete bereits jetzt Strategien und Notfallvereinbarungen für eine sichere, würdevolle und ordentliche Migration erarbeiten, empfiehlt das Potsdam-Institut für Klimafolgenforschung (PIK).[159] Auf allen Seiten wird mehr Widerstandsfähigkeit für die Gesellschaften

Im Dezember 2018 trat der UN-Migrationspakt in Kraft.

gebraucht, man spricht von sogenannter Resilienz. Resilient sind Staaten, die sich neuen Gegebenheiten möglichst gut anpassen können.

Die Vereinten Nationen hoffen, die Migration künftig besser steuern zu können. Deshalb wurde im Juli 2018 der UN-Migrationspakt entwickelt und im Dezember 2018 von den Mitgliedsstaaten angenommen (engl.: »Global Compact for Safe, Orderly and Regular Migration«, GCM).[160] Er umschreibt das Phänomen Migration erstmals politisch verbindlich als globale Verantwortung und regelt eine sichere, geordnete und reguläre Migration über Ländergrenzen hinaus. Im Fokus steht die Stärkung der internationalen Zusammenarbeit und gemeinsamen Verantwortung in der Migrationspolitik.

Dabei betrifft er ausschließlich Migranten, nicht flüchtende Menschen nach dem Völkerrecht. Der Migrationspakt zielt auf die Steuerung legaler Migration und möchte illegale Migration reduzieren. Alle Staaten sind dazu aufgerufen, Schlepper und Schleuser zu bekämpfen, die verzweifelte Menschen immer wieder in lebensbedrohliche Situationen bringen. Dabei behält entgegen der Sorgen rechtsorientierter Parteien jeder Staat das Recht, seine Migrationspolitik selbst zu bestimmen. Der rechtlich unverbindliche Vertrag möchte im Prinzip die Weltöffentlichkeit darauf aufmerksam machen, dass wir die Augen vor diesem zunehmenden Phänomen nicht verschließen können und jetzt konstruktive Lösungen finden müssen.

# Klimaverträgliche Wirtschaft in Deutschland und Europa

Im Sommer 2018 erlebten wir vielerorts in Deutschland, wie Bäche zu Rinnsalen vertrockneten und sogar Flüsse zunehmend schwanden. Das bedroht nicht nur die Natur und die Landwirtschaft. Der Anteil der Binnenschifffahrt am Gütertransport liegt in Deutschland bei etwa acht Prozent.[161] Das klingt erst einmal überschaubar, ist aber nur schwer zu ersetzen. Niedrigwasser am Rhein könnte künftig Transportwege abschneiden – ein schwerer Schlag für viele Anrainer. Betriebe, Landwirte und Schiffer sind alle abhängig von diesem Fluss. Das Atomkraftwerk Philippsburg wurde gedrosselt und umgestellt, weil Kühlwasser fehlte.

Der Bundesverband der Deutschen Industrie (BDI) ließ jüngst durchrechnen, wann Unternehmen der Klimaschutz mehr nutzt, als er sie kostet. Zwar wären zunächst eine Menge Investitionen erforderlich, um die Emissionen zu drücken. Würde dabei aber die Welt an einem Strang ziehen, hätte das sogar leicht positive Effekte auf das Bruttoinlandsprodukt. Zum einen würden wir unabhängiger vom Import von Öl und Gas, zum anderen könnte Innovationskraft zu mehr Wachstum und Beschäftigung führen. Deutsche Technologien könnten künftige Exportmärkte erschließen, wenn wir jetzt entschlossen handeln.[162]

# Klimagerechtigkeit

Wie viel Treibhausgas-Äquivalente pro Person und Jahr in einem Land ausgestoßen werden,[163] wird vereinfacht in der internationalen Diskussion auch als Pro-Kopf-Ausstoß an $CO_2$ bezeichnet. Bezogen auf das Bruttosozialprodukt wird hier sofort erkennbar, wie sehr eine Volkswirtschaft noch von fossilen Energieträgern abhängig ist. Pro Kopf lässt sich für das Jahr 2016 festhalten:

Das Erdöl-Land Katar pustete pro Jahr und Mensch 30,77 Tonnen $CO_2$ in die Luft und ist damit Spitzenreiter, gefolgt von den Vereinigten Arabischen Emiraten mit 20,69 Tonnen. Es folgt Saudi-Arabien auf Platz drei dieser unrühmlichen Liste (16,34 Tonnen), dann kommen Australien mit 16 und die USA mit 14,95 Tonnen. Wir in Deutschland lagen im Jahr 2016 mit genau 8,88

Tonnen auf Platz elf hinter Japan, wo jeder Mensch pro Jahr 9,04 Tonnen $CO_2$ verursacht. In Indien werden hingegen deutlich überschaubarere 1,57 Tonnen $CO_2$-Äquivalente pro Jahr und Kopf verursacht, das führt zu Platz 29 auf der Liste.[164] Das Land mit den weltweit niedrigsten Pro-Kopf-Emissionen ist das afrikanische Burundi mit 0,02135 Tonnen $CO_2$ pro Jahr. In seinen Nachbarländern wird nur geringfügig mehr verursacht.[165]

Eine Liste von der Pariser Klimakonferenz bezüglich der Gesamtemissionen der Länder[166] zeigt: Die Volksrepublik China verursacht derzeit rund 20 Prozent der globalen Treibhausgas-Emissionen, die USA 18 Prozent, die Europäische Union zwölf Prozent. Dagegen verursachten die afrikanischen Länder Emissionsanteile zwischen 0,1 und einem Prozent. Indien, flächenmäßig fast so groß wie die EU und mit fast dreimal so vielen (nämlich 1,3 Milliarden gegenüber etwa 513 Millionen) Einwohnern lag bei einem globalen Emissionsanteil von vier Prozent. Offensichtlich ist: Die Erdöl-Förderländer sowie die klassischen und neuen Industrieländer wie China (das allerdings in vielen Teilbereichen noch den Status eines Entwicklungslands hat) verursachen den Löwenanteil der weltweiten $CO_2$-Emissionen.

Gerecht wäre, wenn jeder Mensch dieser Welt gleich viel $CO_2$ im klimaverträglichen Rahmen verursachen könnte. Wenn also jeder für sein ökonomisches Leben gleichermaßen sorgen und dabei in Balance mit den Kapazitäten unseres Planeten bleiben würde. Sogenannte Klimazertifikate sollten den Ausstoß von $CO_2$ begrenzen. Die Unternehmen kaufen sich mit diesen Zertifikaten quasi das Recht, Klimagase in die Luft zu pusten. Das passiert zwangsläufig bei jedem Produktionsprozess. Nutzen beispielsweise die Afrikaner die ihnen »zustehende« $CO_2$-Menge nicht, könnten sie das Nutzungsrecht an Akteure in den Industriestaaten verkaufen – so die Vision.

Das Geld, das sie dafür erhielten, könnten sie in ihre nachhaltige Entwicklung, in Bildung und Infrastruktur stecken. So weit die Theorie. Die funktioniert allerdings nur, wenn die Menge an $CO_2$, die ausgestoßen werden darf, durch die Menge an Zertifikaten begrenzt ist.

Bei einer angemessenen Bepreisung von $CO_2$ würden $CO_2$-intensive Produkte teurer werden und Konsumenten automatisch ihre Gewohnheiten ändern, so die Hoffnung. Dann würde der heimische Apfel durch seinen Preis womöglich mehr locken als sein eingeflogenes Pendant aus Chile. Auch die $CO_2$-sparendsten Verkehrsmittel wie etwa der Schienenverkehr würden mehr genutzt, weil die anderen Fortbewegungsmittel einfach sehr viel teurer sind.

In manchen Regionen gibt es bereits Emissionshandelsmechanismen, wie zum Beispiel in der EU. Hier wurden aber leider bei der Einführung viel zu viele Zertifikate bereitgestellt. Das führte zu ihrem Preisverfall. Bei ihrer Einführung kostete das Recht, eine Tonne $CO_2$ in die Luft zu pusten, 30 Euro. Dann aber sank der Preis, bis am Tiefpunkt die Unternehmen nur etwa drei Euro pro Tonne $CO_2$ zahlen mussten. Wie sich der Emissionshandel der EU entwickelt, kann Deutschland beeinflussen.

Emissions-handel

Schon allein, weil wir den unrühmlichen Spitzenplatz halten und EU-weit mit Abstand die höchsten $CO_2$-Emissionen aus Kohle haben, doppelt so hoch wie das – rund um die Klimakonferenz Kattowitz 2018 – viel kritisierte Polen. Dieses Problem hat PIK-Direktor Prof. Edenhofer der Kohlekommission der Bundesregierung erklärt.[167] Weil wir so einen großen Posten zu verantworten haben, hat unser Wort auch Gewicht. Unsere Regierung

könnte sich für eine weitere, schnellere Verknappung der Zertifikate einsetzen. Oder für einen Mindestpreis dieser Zertifikate. Das wäre nicht nur aus Umweltschutzgründen, sondern, wie zuvor schon erläutert, auch gesundheitlich gesehen im Sinne der Bürger.

»Schon bei einem Preis von 20 US-Dollar pro Tonne $CO_2$ verdoppeln sich die Kosten der Kohlenutzung«, sagt Christophe McGlade vom University College London (UCL) und der Internationalen Energieagentur (IEA). »Investoren in der Energiewirtschaft erkennen, dass Kohlekraftwerke bei einer wirkungsvollen $CO_2$-Bepreisung nicht mehr wettbewerbsfähig sind, und schichten ihre Investitionen um, in Richtung weniger emissionsintensiver Elektrizitätserzeugung.«[168]

Leider sieht es momentan so aus, dass in einigen Schwellenländern neue Kohlekraftwerke gebaut werden sollen, so zum Beispiel in der Türkei, in Indonesien und Vietnam. China und Indien haben 2016 immerhin jeweils über 50 Prozent ihrer Pläne für neue Kraftwerke zurückgenommen, berichtet das PIK. Mit $CO_2$-Preisen lässt sich beeinflussen, wohin die Gelder in der Wirtschaft fließen – ob in schmutzige oder saubere Energien.

»Eine starke zukünftige Klimapolitik kann Emissionen reduzieren, sogar bevor sie in Kraft tritt, wenn sie glaubwürdig angekündigt wird«, sagt Dr. Nico Bauer vom PIK. »Investoren beginnen bereits zehn Jahre vor der Einführung einer vorher beschlossenen $CO_2$-Bepreisung damit, ihr Geld aus der Kohleindustrie abzuziehen. Wenn Investoren bewusst wird, dass der Zeitraum, in dem mit Kohlekraftwerken Geld verdient werden kann, durch zukünftige Klimapolitik verkürzt wird, dann scheuen sie vor Investitionen in diesem Sektor zurück. Sobald die Investoren ihr Geld aus der Kohleindustrie abziehen, können die $CO_2$-Emissionen um fünf bis 20 Prozent sinken und zwar, bevor die $CO_2$-Bepreisung eingeführt wird. Die Stärke des Effekts hängt maßgeblich von der Höhe der zukünftigen $CO_2$-Bepreisung ab.«

> »Die Zeit rennt uns davon, wir können uns nicht noch eine verlorene Dekade erlauben.«
> Ottmar Edenhofer, Potsdam-Institut
> für Klimafolgenforschung

Mit einer wirkungsvollen $CO_2$-Bepreisung, so argumentiert das PIK, könnten gleich drei Fliegen mit einer Klappe geschlagen werden: Die Nutzung fossiler Brennstoffe wird weniger profitabel, die Erzeugung sauberer Energie wird attraktiver, und es entstehen Einnahmen für die Staaten. Dieses Geld könnten sie nutzen, um ihre Infrastruktur zu stärken – und um die Maßnahmen, die bereits jetzt durch die Erderwärmung notwendig werden, zu bezahlen.

Direktor Ottmar Edenhofer hat noch einen weiteren Vorschlag: »Mit den Einnahmen könnten die Verlierer des Kohleausstiegs entschädigt werden. Dies würde die soziale Akzeptanz des Kohleausstiegs erhöhen.«[169]

## Gelbwesten-Proteste in Frankreich: So gehen $CO_2$-Preise nicht

Die Einführung von Maßnahmen zur Umsetzung von SDGs will klug geplant sein, dazu gehören auch die $CO_2$-Preise. Keinesfalls dürfen sie so empfunden werden, als würde »die Elite« die »kleinen Leute« noch mehr belasten. Wenn ökonomischer Druck als zu groß empfunden wird, werden Verantwortliche und Umweltschützer leicht als abgehobene Repressanten wahrgenommen, die sich gegen die vitalen Interessen der Bevölkerung stellen.

15. Dezember 2018, Paris: »Gelbwesten« stürmen die französische Hauptstadt und fordern den Rücktritt des Präsidenten Emmanuel Macron.

Ein besonders eindrückliches Beispiel war Frankreich Ende 2018. Mit ihrem Ausmaß an Gewalt erschütterten die Proteste der sogenannten »Gelbwesten« und Sympathisanten auch die Öffentlichkeit hierzulande. Straßenschlachten mit der Polizei, Autos, die in Flammen aufgingen, Plünderungen von Geschäften und der Beschädigung des symbolträchtigen Triumphbogens folgte ein hartes Durchgreifen der Polizisten. Diese Proteste hatten sich vor allem an den geplanten Steuererhöhungen auf Benzin und Diesel entzündet.

Die Theorie mag zwar für Klimaschützer und Wissenschaftler bestechend einfach klingen: Höhere Preise auf fossile Energien sorgen dafür, dass die Menschen davon weniger verbrauchen, und machen saubere Energien wettbewerbsfähiger. Zudem könnten mit den Zusatzeinnahmen die ersten Schäden kompensiert und Schutzmaßnahmen getroffen werden. Doch diese Vorteile sind im Alltag für viele Menschen nur schwer greifbar. Dass die Klimakrise mittel- und langfristig weit mehr kosten wird als heutige Anhebungen der Steuern – das will erst mal vermittelt werden. Werden Privathaushalte zu sehr belastet, wird sie vor allem eines interessieren: die unmittelbare Last wieder zu senken. Notfalls auch durch Auflehnung. Oder druch das Wählen von Parteien, deren absurde Thesen zwar so gar nichts mit Wissenschaft zu tun haben, aber vermeintlich einfache Lösungen versprechen.

Im ZDF wurden die Gelbwesten so zitiert: »Es fällt schwer, über das Ende der Welt zu reden, wenn man sich Sorgen um das Ende des Monats machen muss.« Präsident Emmanuel Macron galt international bisher als stärkster Verteidiger des Pariser Klimaabkommens und hatte seine Position auch gegenüber Trump klargemacht, als dieser kündigte.

Ähnliche Szenen wie in Frankreich haben sich auch in anderen Teilen der Welt abgespielt. So wurden im September in Indien Schulen und Regierungsbehörden geschlossen, weil draußen Proteste gegen teures Benzin tobten. Auch in Mexiko und Indonesien hatte es bereits ähnliche Szenarien gegeben.[170] Das zeigt: Menschen mit niedrigem Einkommen müssten bei solchen Preiserhöhungen entlastet werden, etwa durch Ermäßigungen in anderen Bereichen. Der Zusammenhang müsste außerdem klar kommuniziert werden, um die Akzeptanz für die Klimamaßnahmen zu stärken. Menschen müssen erkennen und erleben, dass sie Zukunftschancen haben – und dass ihre Zukunftschancen durch diese sinnvollen Maßnahmen verbessert werden. Eine strategische Möglichkeit ist der Abbau von

Subventionen auf fossile Brennstoffe, denn der würde öffentliche Haushalte entlasten, sagt Dr. Max Franks vom PIK auf Basis seiner in Nature Sustainability veröffentlichten Studie. Damit könnten Ziele der nachhaltigen Entwicklung (SDGs) teilweise schon finanziert werden. »Einnahmen einer kombinierten Steuerreform, die fossile Subventionen streicht und durch einen $CO_2$-Preis ersetzt, könnten sogar mehr als zwei Drittel der für die SDG-Agenda erforderlichen öffentlichen Mittel für mehrere Länder in Süd- und Südostasien bereitstellen«, erklärt Franks.[171]

»In Indien könnten so wahrscheinlich mehr als 90 Prozent des öffentlichen Finanzbedarfs für die SDGs gedeckt werden, wie unsere Studie zeigt. Es gibt also tatsächlich ein großes Potenzial für die Nutzung von $CO_2$-Preisen für Gesundheit, Bildung und andere öffentliche Güter.« Prof. Edenhofer ergänzte: »Die öffentliche Unterstützung für $CO_2$-Preise könnte mit dem Wissen zunehmen, dass das Recycling von $CO_2$-Preiseinnahmen zur Finanzierung von SDGs enorme Vorteile für die breite Bevölkerung bringen würde.«

Sub-ventionen

# Manipulations-versuche der Klimaleugner

Aller Wissenschaft und Grundlagen-physik zum Trotz gibt es eine kleine Gruppe von Menschen, die den men-schengemachten Klimawandel infrage stellen. Dabei beziehen sie sich auf vermeintliche Studien und ganz be-stimmte isolierte »Klima-Institute«. Bei der Frage, wer dahintersteckt, ist die Regel »Folge dem Geld« hilfreich. Da-bei mehren sich Hinweise darauf, dass es Versuche gab und gibt, die Öffent-lichkeit seit etwa 50 Jahren bewusst in die Irre zu führen. Ebenso erweckt die Recherche den Eindruck, dass die Strippenzieher ihre Thesen zwar selbst nicht glauben, von einer irregeleiteten öffentlichen Meinung allerdings finan-ziell massiv profitieren könnten.

Dankbarerweise wird es in Zeiten des globalen Internets immer einfacher, ehe-mals verborgene Aktivitäten nachzu-vollziehen. Die folgenden einleitenden

Zeilen zur Situation basieren auf einem Artikel des US-amerikanischen Umweltaktivisten und Autors Bill McKibben in der November-Ausgabe 2018 des Magazins The New Yorker.[172] McKibben hat eine Vielzahl an Büchern zum Thema Klimakrise veröffentlicht, führte 2006 die größte Demonstration gegen die Erderwärmung in den USA an[173] und koordinierte 2009 die Organisation 350.org[174], die mit 5200 parallelen Demonstrationen in 181 Ländern auf das Problem der Klimakrise aufmerksam machte. Das Magazin Foreign Policy[175] bezeichnete ihn als einen der 100 wichtigsten Vordenker. Hier seine Gedanken, auf Deutsch übersetzt und mit den dahinterliegenden Quellen in der dritten Person wiedergegeben:

Vor dreißig Jahren sagte der Klimatologe James Hansen vor dem Kongress über die Gefahren des menschenverursachten Klimawandels aus. Seither sind die $CO_2$-Emissionen mit Ausnahme von 2009 (dem Höhepunkt der Weltwirtschaftskrise) mit jedem Jahr gestiegen.[176] Die Datenwertungen aus 2018 werden voraussichtlich einen weiteren Rekord aufstellen. Was sind die Gründe für ein solch irrationales Verhalten? Einfache Trägheit und die Tendenz des Menschen, kurzfristige Gewinne zu priorisieren, spielen eine Rolle. Den größten und schädlichsten Beitrag dazu hat allerdings die fossile Brennstoffindustrie geliefert.[177]

Umweltautor Alex Steffen hat dazu den Begriff »räuberische Verzögerung« (»predatory delay«) geprägt,[178][179] um die Blockierung oder Verlangsamung der erforderlichen Veränderungen zu beschreiben. Antrieb dieser Akteure scheint zu sein, in der Zwischenzeit Verdienst aus einem unhaltbaren System zu schlagen. Die vielleicht folgenreichste Täuschung in der Geschichte der Menschheit wird anhand des folgenden Paradebeispiels greifbar.

*»Wir schulden der Zukunft etwas. Menschen, die in der Zukunft lebendig sein werden, können uns ethisch zur Verantwortung ziehen. Wir haben Pflichten ihnen gegenüber. Sie haben Rechte.«*

Alex Steffen, amerikanischer Futurist, der über Nachhaltigkeit und die Zukunft des Planeten schreibt

Wie Journalisten der InsideClimate News und der Los Angeles Times zeigten, war Exxon seit 2015 das größte Ölunternehmen der Welt[180], laut Forbes seit 2017 das zweitgrößte nach Royal Dutch Shell.[181] Bereits ein Jahrzehnt, bevor Hansen aussagte, trug dessen Produktion zur Klimakrise bei. Im Juli 1977 sprach James Black, einer der führenden Wissenschaftler von Exxon, mit den Führungskräften des Unternehmens in New York und erläuterte die ersten Untersuchungen zum Treibhauseffekt. »Es besteht allgemeines wissenschaftliches Einvernehmen, dass die wahrscheinlichste Art und Weise, in der die Menschheit das Weltklima beeinflusst, die Kohlendioxidfreisetzung aus der Verbrennung fossiler Brennstoffe ist«, sagte er in einer schriftlichen Version seiner Rede, die später aufgezeichnet wurde und von InsideClimate News erlangt wurde.[182]

1978, in einer Ansprache an die Führungskräfte des Unternehmens, schätzte Black, dass eine Verdoppelung der Kohlenstoffdioxidkonzentration in der Atmosphäre die globale Durchschnittstemperatur um 2 bis 3 Grad Celsius und an den Polen sogar um 10 Grad Celsius erhöhen würde.[183] Exxon gab Millionen von Dollar aus, um das Problem zu untersuchen. Es stattete einen Öltanker, den Esso Atlantic, mit $CO_2$-Detektoren aus, um zu messen, wie schnell die Ozeane überschüssiges $CO_2$ aufnehmen könnten, und beauftragte Mathematiker, ausgefeilte Klimamodelle zu entwickeln.[184]

Bis 1982 war das Unternehmen selbst zu dem Schluss gekommen, dass die früheren Schätzungen wahrscheinlich sogar zu niedrig waren. In einer Sitzung wurde protokolliert, dass die Erderwärmung und »potenziell katastrophale Folgen« eine erhebliche Reduzierung der Verbrennung fossiler Brennstoffe erfordern würden.[185]

Nachforschungen der Los Angeles Times ergaben, dass die Exxon-Führungskräfte diese Warnungen durchaus ernst nahmen. Ken Croasdale, leitender Forscher der kanadischen Tochtergesellschaft des Unternehmens, leitete ein Team, das die positiven und negativen Auswirkungen der Erderwärmung auf die Arktis-Operationen von Exxon untersuchte. 1991 stellte er fest, dass die Treibhausgase aufgrund der Verbrennung fossiler Brennstoffe anstiegen.

»Niemand bestreitet diese Tatsache«, sagte er. Im folgenden Jahr schrieb er allerdings, dass »die globale Erwärmung nur dazu beitragen kann, die Explorations- und Ent-
wicklungskosten (in der Beaufortsee, Anmerkung des Autors)
zu senken«. Er sagte richtig voraus, dass die Bohrsaison
in der Arktis von zwei auf fünf Monate ansteigen würde.
Gleichzeitig könne der Anstieg des Meeresspiegels die Fest-
landinfrastruktur bedrohen und größere Wellen erzeugen,
die Offshore-Bohrstrukturen beschädigen könnten. Durch das
Auftauen von Permafrost könnte die Erde unter den Gebäuden
und Rohrleitungen nachgeben und sich bewegen.

Als Ergebnis dieser Erkenntnisse fingen Exxon und andere
große Ölkonzerne an, Pläne für den Umzug in die Arktis zu
machen, und begannen, ihre neuen Bohrplattformen mit höheren Decks zu bauen, um sich dem erwarteten Anstieg des Meeresspiegels anzupassen.[186] Die Auswirkungen der Exposés waren erstaunlich. Exxon und andere Unternehmen wussten nicht
nur, dass Wissenschaftler wie Hansen recht hatten; sie nutz-
ten seine NASA-Klimamodelle, um herauszufinden, wie niedrig die Bohrkosten in der Arktis letztendlich sein würden.[187]

Ein von der Los Angeles Times aufgedecktes Dokument zeigte,
dass ein ungenannter Exxon-PR-Manager einen Monat nach Han-
sens Aussage im Jahr 1988 ein internes Memo herausgab, in
dem er dem Unternehmen empfohlen hatte, die »Unsicherheit«
der wissenschaftlichen Daten zum Klimawandel zu betonen.[188]

Innerhalb weniger Jahre waren Exxon, Chevron, Shell, Amoco
und andere Mitglieder der Koalition Global Civil Society
(GCC) beigetreten, »um die Beteiligung der Unternehmen an
der internationalen politischen Debatte über die globale
Erwärmung zu koordinieren«.[189] Die GCC koordinierte gemeinsam mit der National Coal Association und dem American Petroleum Institute eine Brief- und Telefonkampagne, um eine
Besteuerung von fossilen Brennstoffen zu verhindern.

Mit solchen Aktionen wurden Gegner des Kyoto-Protokolls,
die erste globale Initiative zur Bekämpfung des Klimawandels, zusammengesucht und mobilisiert. Im Oktober 1997,
zwei Monate vor dem Kyoto-Treffen, hielt Lee Raymond, Präsident

und CEO von Exxon, eine Rede vor dem World Petroleum Congress in Peking. Raymond hatte vormals die Wissenschaftsabteilung beaufsichtigt, die in den Achtzigerjahren die Ergebnisse des Klimawandels hervorgebracht hatte. In seiner Rede behauptete er, dass sich die Erde tatsächlich abkühle.[190] Das Konzept, dass eine verminderte Nutzung fossiler Brennstoffe Auswirkungen auf das Klima haben könnte, widersetze sich dem gesunden Menschenverstand, sagte er. »Es ist höchst unwahrscheinlich, dass die Temperatur Mitte des nächsten Jahrhunderts davon beeinflusst wird, ob jetzt oder in zwanzig Jahren Policy-Änderungen stattfinden«, fuhr er fort. Dabei hatten Exxons eigene Wissenschaftler bereits gezeigt, dass alle dieser Prämissen falsch waren.[191]

An einem Vormittag im Dezember 1997 im Kyoto Convention Center, nach einer langen Verhandlungsnacht, trafen die Industrieländer eine vorläufige Vereinbarung zum Klimawandel. Erschöpfte Delegierte lagen zusammengesackt auf den Sofas im Flur oder in ihren Anzügen auf dem Boden, doch die meisten von ihnen grinsten. Obwohl die Vereinbarung unperfekt und begrenzt war, schien es, als hätte der Kampf gegen die Klimakrise Fahrt aufgenommen.

McKibben war selbst vor Ort und berichtete von seinen Eindrücken: »Als ich die Delegierten jubeln und klatschen sah, wandte sich ein amerikanischer Lobbyist, der einen großen Teil der Opposition gegen das Abkommen koordiniert hatte, an mich und sagte: ›Ich kann es kaum erwarten, nach Washington zurückzukehren, wo wir das unter Kontrolle haben.‹«

Am 29. Januar 2001, neun Tage nach Amtsantritt von George W. Bush, besuchte Lee Raymond seinen alten Bekannten, den Vizepräsidenten Dick Cheney,[192] der gerade als CEO des Ölbohr-Giganten Halliburton abgetreten war. Cheney half, Bush davon zu überzeugen, sein Wahlversprechen aufzugeben, Kohlendioxid als Schadstoff zu behandeln.[193] Im Lauf des Jahres verfasste Frank Luntz, ein republikanischer Berater für Bush, ein internes Memo, mit der Strategie, die ein Jahrzehnt zuvor der GCC genutzt hatte. »Die Wähler glauben, dass es innerhalb der wissenschaftlichen Gemeinschaft keinen

Konsens über die globale Erwärmung gibt«, soll Luntz in dem Memo geschrieben haben, das von der Environmental Working Group, einer in Washington ansässigen Organisation, aufgetan wurde.[194] »Sollte die Öffentlichkeit glauben, dass die wissenschaftlichen Fragen geklärt sind, werden sich ihre Ansichten über die globale Erwärmung entsprechend ändern. Daher muss der Mangel an wissenschaftlicher Sicherheit weiterhin ein vorrangiges Thema in der Debatte sein.«[195]

Die Strategie, den Glauben der Öffentlichkeit über Klimawissenschaft durcheinanderzubringen, erwies sich als sehr effektiv. Laut Umfragen im Jahr 2017 wussten fast neunzig Prozent der Amerikaner nicht, dass es einen wissenschaftlichen Konsens über die globale Erwärmung gibt.[196] Selbst in Deutschland glauben 16 Prozent der Menschen nicht, dass sich das Klima ändert, so das Ergebnis einer Umfrage zur Wahrnehmung der Klimakrise in vier europäischen Ländern, die unter anderem vom Zentrum für interdisziplinäre Risiko- und Innovationsforschung (Zirius) der Universität Stuttgart durchgeführt wurde.[197]

Der Anteil derjenigen, die gar nicht an den Klimawandel glauben, ist mit 16 Prozent in Deutschland am höchsten von allen untersuchten Ländern des Forschungsprojekts European Perceptions of Climate Change (EPCC).[198]
Nur 24 Prozent glauben, dass es dazu einen wissenschaftlichen Konsens gibt.
Das bedeutet, drei Viertel der Deutschen glauben, dass es hierzu noch offene Fragen gibt.
Die Verunsicherungsstrategie der $CO_2$-Profiteure geht auf.

Raymond ging 2006 in den Ruhestand, nachdem das Unternehmen die größten Gewinne in der Geschichte erzielte und sein letztes Jahresgehalt fast vierhundert Millionen Dollar betragen hatte.[199] Sein Nachfolger, Rex Tillerson, unterzeichnete einen Vertrag über fünfhundert Milliarden Dollar, um in der schnell auftauenden russischen Arktis nach Öl zu suchen.

2012 erhielt er den russischen Freundschaftsorden.[200] 2016 sagte Tillerson auf seiner letzten Aktionärsversammlung, bevor er kurzzeitig als Staatssekretär der Trump-Administration beigetreten war: »Die Welt wird weiterhin fossile Brennstoffe verwenden müssen, ob sie es will oder nicht.«[201]

Sicher ist, dass die Kampagne der Branche uns jene Bemühungen der Menschheit gekostet hat, die den entscheidenden Unterschied im Klimaschutz hätten machen können. Exxons Verhalten mag schockierend sein, völlig überraschend ist es jedoch nicht.

# Die Desinformationskampagne zur Klimakrise in den USA

Das Leugnen eines Zusammenhangs von $CO_2$ und Erderwärmung hat eine lange Tradition. Greenpeace USA stellt im Internet extensive Rechercheergebnisse zur Verfügung, die jeder einsehen kann.[202] Demzufolge soll das Information Council for the Environment (ICE) eine Kampagne entwickelt haben, um die Öffentlichkeit davon zu überzeugen, dass es sich bei der menschengemachten Erderwärmung um »eine Theorie, nicht um Fakten« handle. Gründer des ICE sollen nach Angaben von Climatefiles.com[203] und des US-amerikanischen DeSmogBlog Projects[204] Kohle-, Öl- und Stromunternehmen – also eine Koalition aus sogenannten Carbon Majors – sein. Der ICE selbst hält sich zu seinen Mitgliedern bedeckt.

Für die Desinformationskampagne sollen Schlagzeilen vorgeschlagen worden sein wie: »Some say the earth is warming. Some also said the earth was flat«, also »Manche sagen, die Erde erwärmt sich. Andere sagten, sie ist eine Scheibe«. Oder: »The most serious problem with catastrophic global warming is – it may not be true« – also: »Das schlimmste Problem an der katastrophalen globalen Erwärmung ist, dass es möglicherweise gar nicht wahr ist.« Ein weiterer Vorschlag, zu dem Greenpeace auch den zeichnerischen Entwurf zeigt, soll gewesen sein: »Wer hat dir erzählt, dass die Welt wärmer wird ... Chicken Little?« (»Who told you the earth was warming ... Chicken Little?«)

Damit bezog sie sich auf eine Cartoon-Figur von Walt Disney, die in den 40er-Jahren erfunden und 2011 in dem Film »Himmel und Huhn« wiederbelebt wurde.[205] Im Originalfilm, der sich gegen die Massenhysterie, ausgelöst durch die Nazis wendete, sucht sich der böse Fuchs das am wenigsten intelligente Tier auf dem Hof, um den Rest zu manipulieren: Chicken Little. Das kleine Hühnchen reagiert auf seine Einflüsterungen und erzählt dem Rest der Hofbewohner, der Himmel würde ihnen bald auf den Kopf fallen. Nachdem das widerlegt wird, ist Chicken Little bis auf die Knochen blamiert, und niemand glaubt ihm mehr. Mit dieser – von Disney mit einer positiven Intention verfassten – Geschichte sollte also die Klimakrise verglichen werden. Mit der absurden Behauptung, der Himmel würde uns bald auf den Kopf fallen. Die Suggestion der ICE-Kampagne: Wer an die Klimakrise »glaubt«, ist so dumm und naiv wie dieses kleine Hühnchen.

Neben dem Erdölkonzern ExxonMobil soll laut DeSmog auch das größte private US-Kohlebergbauunternehmen Peabody Energy zu den Finanzierern der sogenannten Klimaskeptiker gehören.[206] Der britische Guardian berichtet darüber, dass Peabody Energy Dutzende Gruppen unterstützt haben soll, die die Klimakrise infrage stellen.[207]

ExxonMobil und Peabody Energy sollen laut dem Greenpeace-Projekt PolluterWatch[208] unter anderem Gelder an die Organisation CfaCT (Committee for a Constructive Tomorrow) gezahlt haben, die öffentlich die Klimakrise leugnet. Das Center for Media and Democracy (CMD/PRWatch) stellt online eine Einsicht in Dokumente zur Verfügung, die zeigen sollen, wen Peabody Energy alles unterstützte.[209]

Eng mit CfaCT zusammen arbeitet das EIKE-Institut in Jena (→ Seite 128 ff.), auf das wir später noch zu sprechen kommen.[210]

ExxonMobils Bemühungen, die Debatte über die Klimakrise zu beeinflussen, hat Greenpeace in einer Chronik dokumentiert.[211] ExxonMobil ist eines von Hunderten Mitgliedern des American Petroleum Institute (API), der US-Handelsorganisation für Erdöl, deren Sitz ebenfalls in Washington ist.[212] Im Zuge der Kyoto-Klimakonferenz setzte das API einen Kommunikationsplan auf, wie die Greenpeace-Dokumentation zeigt.[213] Dieser Plan unterstellte dem Kyoto-Protokoll, dass es den Interessen der USA entgegenstehe. Der durchschnittliche Bürger solle die Ungewissheiten der Klimawissenschaften »verstehen«. Dann würden diese

1. Februar 2017 in Brüssel, Belgien: Demonstrierende kritisieren Trumps Klimaberater Myron Ebell, der den Übergang der amerikanischen Umweltschutzbehörde unter Trumps Regierung beaufsichtigte. Er hielt an diesem Tag eine Ansprache beim »Blue-Green«-Gipfel in Brüssel, organisiert von der Allianz der Konservativen und Reformer in Europa (AKRE).

Ungewissheiten Teil der allgemeinen Weisheit werden, so die Erdöl-Handelsorganisation.[214]

Auch die Elektrizitätskonzerne waren aktiv. Das Edison Electric Institute repräsentiert Elektrizitätsfirmen in allen 50 US-amerikanischen Staaten. Es soll seit 1968 über die Hinweise zur Klimakrise, ihre Ursachen und Gefahren Bescheid gewusst haben, berichtet die Nachrichtenagentur Reuters und beruft sich dabei auf Dokumente, die dem kalifornischen Energy and Policy Institute (EPI) vorliegen.[215] Die elektrische Industrie der USA soll demnach gezielt Zweifel gestreut und den Warnungen zum Trotz den Kohleverbrauch sogar aufgestockt haben. Diese Dokumente sollen zeigen, dass das Edison Electric Institute auf einem jährlichen

Treffen 1968 von einem Mitglied der Lyndon Johnson Administration gewarnt wurde, dass Kohlenstoffemissionen aus fossilen Kraftstoffen das Klima verändern und »katastrophale Effekte« auslösen könnten. Die Forschungsorganisation der elektrischen Industrie, das Electric Power Research Institute (EPRI), begann daraufhin, das Thema in den 70er-Jahren zu studieren – und produzierte selbst Warnungen zu steigenden $CO_2$-Werten, Temperaturen und Meeresspiegeln, so berichtet es das EPI. 1988 soll das EPRI einen Bericht fertiggestellt haben, der schlussfolgerte: »Es gibt einen wachsenden Konsens in der Gemeinschaft, dass der Treibhausgaseffekt real ist.« Doch statt die Öffentlichkeit zu warnen, tätigte die elektrische Industrie laut Reuters Langzeitinvestitionen in die Kohle und betrieb Lobby- und Öffentlichkeitsarbeit und finanzierte nach Angaben des EPI Wissenschaftler, die diesen Treibhauseffekt anzweifelten. Eine Anfrage der Nachrichtenagentur Reuters zu diesem Thema blieb vom Edison Electric Institute unkommentiert, allerdings wies man darauf hin, dass die Emissionen ja nun bereits gesenkt worden wären.[216]

> »Wir wissen, dass die Entscheidungen, die wir heute treffen, Implikationen für die ferne Zukunft haben werden. Die Erinnerung an die Ära der fossilen Kraftstoffe wird Zehntausende Jahre auf der Erde anhalten.«
> So wird Dr. Charles Keeling[217] unter dem Titel »Earth's Climate in Transition« (Weltklima im Wandel) in der EPRI-Zeitschrift vom Juni 1986 zitiert.[218]

Laut einem Bericht der E&E News[219] mit Auflistung der Empfänger des Energy and Policy Instituts (EPI) sollen im Zeitraum 1968 bis 2017 gezielte Anstrengungen unternommen worden sein, um Zweifel an der menschengemachten Klimakrise zu säen und/oder Begrenzungen von $CO_2$-Emissionen zu bekämpfen.[220]

Ein weiterer Akteur ist die National Association of Manufacturers (NAM)[221]. Sie beschreibt sich selbst als größte Vereinigung von Produzenten in den USA und meint, kleine und große Hersteller jedes industriellen Sektors in allen 50 Staaten zu vertreten. Dabei arbeitet sie laut Eigenaussage in einer im Webarchiv gespeicherten Seite »an vorderster Front«, um die Gesetzgebung zu beeinflussen.[222] Laut DeSmog war NAM über zehn Jahre lang Mitglied und maßgeblicher Beeinflusser der Global Climate Coalition (GCC), die sich gegen Regulationen der Luftqualität wendete.[223] Das NAM soll sich gegen Umweltschutzgesetze wie den Clean Air Act (CAA), gegen die Regulation von Treibhausgasemissionen unter dem Clean Power Plan (CPP) und gegen strengere Ozonstandards gestellt haben.[224] Zur GCC gehörte übrigens auch das American Petroleum Institute (API). Das NAM soll zwischen 1999 und 2003 die Air Quality Standards Coalition (AQSC)[225] mit mehr als 500 Mitgliedern geleitet haben, darunter Chevron, Texaco (ein Mineralölunternehmen, das mittlerweile mit Chevron fusioniert ist), Philip Morris (der weltgrößte Tabakhersteller) und

Monsanto (Biotechnologie- und Chemiekonzern, mittlerweile von Bayer übernommen). Darauf weisen Recherchen des Center for Media and Democracy[226] sowie des Greenpeace-Projekts PolluterWatch hin.[227]

Bis hierher zeigt sich: Die Kommunikation dieser Konzerne konzentriert sich vor allem darauf, immer wieder aufs Neue zu suggerieren, dass noch nichts bewiesen wurde. Dazu bedienen sie sich verschiedener Publikationen, bestimmter Medien oder greifen bestimmte Gruppen, natürliche und juristische Personen, an.

Allerdings scheint auf den ersten Blick bei einigen Carbon Majors mittlerweile das Gewissen zu drücken – oder ist es der Selbsterhaltungstrieb, der zu einem anderen Verhalten drängt?

Exxon kündigte nach Jahrzehnten der Risikcountertreibung kürzlich an, eine Million Dollar auszugeben, um die Besteuerung von $CO_2$ voranzutreiben. Sie scheint ihnen wohl unausweichlich, denn sie setzen sich in diesem Rahmen für Planungssicherheit ein. Möglicherweise hat es auch etwas damit zu tun, dass der Rockefeller Family Fund 2016 angekündigt hat zu divestieren, wie unter anderem Reuters, The Guardian und Forbes berichten. In einer Pressemitteilung bezeichnete der Rockefeller Family Fund das zuvorige Verhalten des Ölkonzerns als »moralisch verwerflich«.[228]

Ein großes und äußerst wichtiges Signal an die anderen Zugehörigen des reichsten einen Prozents der Weltbevölkerung.[229]

# In Deutschland streut das EIKE Zweifel

Eine von Menschen gemachte Klimakrise gäbe es gar nicht, behaupten auch einige deutschsprachige Webseiten im Internet und führen zum Beleg ihrer These teils hochwissenschaftlich klingende Argumente an. Weil die etablierte Klimaforschung diese jedoch als unwissenschaftlich zurückweist, wird gern von Klimaskeptikern

das Selbstbild einer ausgegrenzten Gruppe gepflegt. Damit treffen sie auf Sympathien von anderen Menschen, die sich marginalisiert fühlen – und denen möglicherweise das Basiswissen fehlt, um die Argumente einschätzen zu können.

Federführend für die Argumente der Klimaskeptiker ist hierzulande das

Europäische Institut für Klima und Energie (EIKE). Es provoziert mit dem Slogan »Nicht das Klima ist bedroht, sondern unsere Freiheit«.[230]

Was viele etablierte Klimaforscher vielleicht gern schlicht belächeln würden, hat Einfluss auf die Meinung in Deutschland. Es ist also notwendig, sich ernsthaft damit auseinanderzusetzen.

Das hat auch das Potsdam-Institut für Klimafolgenforschung getan.[231] Der damalige PIK-Direktor Prof. Hans Joachim Schellnhuber wiederholte 2010 eine Einladung zum Gespräch. Im April 2011 trugen mehrere Vertreter des EIKE ihre Argumente bei einem Besuch in Potsdam vor. Aus Sicht der Forscher des PIK ergaben sich daraus

allerdings keine wesentlichen neuen Erkenntnisse.

Hier ein exemplarischer Einblick in eines der vorgebrachten Argumente der EIKE-Vertreter und eine Gegenüberstellung des aktuellen wissenschaftlichen Sachstands, übernommen vom PIK-Dokument »EIKE-Besuch am PIK – Sammlung von Sachargumenten«.

Das Thema, nämlich der Einfluss der Sonne auf das Klima, wird gelegentlich angeführt, um die Verantwortung der Menschen bei der Klimakrise infrage zu stellen. Die AfD-Politikerin Beatrix von Storch sagte in einem Interview mit dem Journalisten Tilo Jung: »Wir sollten die Sonne verklagen.«[232] Damit könnte sie sich auf die nachfolgende These des EIKE beziehen.

---

**i  EIKE VS. PIK – Eine exemplarische Argumentation**

zitiert nach Angaben des Potsdam-Instituts für Klimafolgenforschung

EIKE: Der solare Einfluss auf das Erdklima sei stärker als gemeinhin angenommen. Eine neue Studie von Shapiro et al.[233] zeige, dass die Zunahme der direkten solaren Einstrahlung seit der Kleinen Eiszeit möglicherweise sechsmal größer war, als im letzten Sachstandsbericht des Weltklimarats angenommen.

Eine aktuelle Studie von Werner Weber[234] liefere zudem Hinweise auf eine stärkere indirekte solare Beeinflussung des Klimas. Eine aktivere Sonne könne über das solare Magnetfeld die kosmische Strahlung signifikant reduzieren. Als

---

Folge würden weniger troposphärische Aerosole erzeugt und damit die solare Einstrahlung auf die Erde wesentlich erhöht.

**Antwort des PIK:** Die Studie von Shapiro et al. ist ein starker Außenseiter im Vergleich zu allen anderen Rekonstruktionen der Sonnenaktivität in der Fachliteratur. Zur Sonneneinstrahlung im 17. Jahrhundert gibt es eine weitere aktuelle Studie,[235] die keinen signifikanten Unterschied zwischen der solaren Einstrahlung während des Sonnenminimums in der Kleinen Eiszeit (Maunder-Minimum) und dem zuletzt beobachteten außergewöhnlichen Minimum (von 2008/2009) findet. Überdies stehen die starken Schwankungen der Sonneneinstrahlung aus der von EIKE zitierten Shapiro et al.-Studie im Widerspruch zu Rekonstruktionen der Temperatur der Nordhalbkugel,[236] während andere Rekonstruktionen der vergangenen Sonnenvariabilität konsistent mit dem Temperaturverlauf sind.

Während Schwankungen in der Sonnenaktivität das Klima der weiter zurückliegenden Vergangenheit durchaus stark beeinflusst haben, können Veränderungen der direkten solaren Einstrahlung nur einen sehr geringen Teil (nach statistischer Korrelation mit den gemessenen Temperaturen etwa zehn Prozent)[237] der beobachteten Erwärmung des letzten Jahrhunderts erklären. **Dass die Sonnenaktivität seit den 1980ern abgenommen hat, während die globalen Mitteltemperaturen seither besonders steil gestiegen sind,[238] ist ein weiterer wichtiger Hinweis auf die untergeordnete Rolle der Sonne im aktuellen Klimageschehen. Das Jahr 2010 war – je nach Datensatz – das wärmste oder zweitwärmste Jahr seit Beginn der Temperaturaufzeichnungen, obwohl es im tiefsten Sonnenminimum seit Beginn der Satellitenmessungen in den 1970ern lag.** Dies sowie die Temperaturrekonstruktionen des vergangenen Millenniums stehen im Widerspruch zu der von EIKE zitierten These einer starken Amplitude der solaren Schwankungen.

Bisher konnten auch starke indirekte Effekte der Sonne auf das Erdklima nicht überzeugend nachgewiesen werden.[239] Im

Speziellen lässt sich zeigen, dass die Ergebnisse von Weber einen zu starken Einfluss der Sonne auf die Temperatur vortäuschen, weil bei der Datenanalyse insbesondere saisonale und vulkanische Effekte vernachlässigt wurden.[240]

Das EIKE fordert zum Beispiel »mehr Wissenschaft, weniger Politik in der Klimaforschung«, weniger »Angstmache« und angebliche Propaganda. Daraus könnte der Eindruck entstehen, es würde nicht genügend geforscht, was unter anderem durch den Sonderbericht des Weltklimarats klar widerlegt wird.[241] Das EIKE möchte zudem Maßnahmen zum Klimaschutz als »Herrschaftsinstrument« begreifen, so die Wortwahl auf einer ihrer Internetseiten.[242] [243] Wir begreifen diese Maßnahmen als Rettung von Menschenleben.

# Zweifel gegen Fakten

Greenpeace veröffentlichte 2010 einen Bericht mit dem Titel »Dealing in Doubt: The Climate Denial Industry and Climate Science. A Brief History of Attacks on Climate Science, Climate Scientists and the IPCC«.[244]

Hier werden verschiedene Aussagen und Kontroversenstifter dokumentiert, deren Ziel es ist, den wissenschaftlichen Konsens des menschengemachten Klimawandels zu hinterfragen und zu analysieren.

»Der Zweifel ist unser Produkt, zumal er das beste Mittel ist, um mit dem ›Faktenkörper‹ in Konkurrenz zu treten, der im Geist der Öffentlichkeit existiert.«[245]
Aus einem Papier der ehemaligen Tabakfirma
Brown & Williamson

In diesem Greenpeace-Report wird von dem Versuch des American Enterprise Institute berichtet, einen Wissenschaftler zu finden, der zum Bericht des Weltklimarats für ein Honorar von 10.000 Dollar für 10.000 Wörter eine Kritik verfassen würde. Allerdings habe der Fall mediale Aufmerksamkeit erlangt, als Prof. Steve Schroeder von der Texas A&M Universität das Angebot ablehnte und der Washington Post gegenüber begründete, er hätte Sorge gehabt, dass sein Beitrag neben absurden Ideen publiziert würde, die die globale Erwärmung infrage stellen. [246] Ebenfalls in diesem Bericht finden sich Schilderungen über das Bezahlen von Professoren dafür, dass sie mit »Fakten« den menschengemachten Klimawandel anzweifeln und dies dann in wissenschaftlichen Zeitschriften veröffentlichen. Meist gehen die Veröffentlichungen allerdings aufgrund der sogenannten Peer-Reviews[247] gar nicht erst durch, werden anderweitig oder selbst publiziert. Die involvierten Forscher haben sich oft bis dahin noch keinen Namen in der wissenschaftlichen Gemeinschaft gemacht. In einer geleakten Mail, die Greenpeace und darauf beruhend The Guardian zitieren, schlug der Betreffende statt einer Peer-Review – da seine Thesen nicht durchgehen würden – eine alternative Vorgehensweise vor. Sein Artikel könnte einigen handverlesenen Rezensenten zum Lesen gegeben werden. »Puristen würden diesen Prozess vielleicht ablehnen, weil er als Peer-Review keine Gültigkeit hat«, soll er gesagt haben. »Ich denke, es wäre in Ordnung, es eine Peer-Review zu nennen.«[248]

Wie Greenpeace in seinem Bericht betont, führt das Verschleiern solcher Praktiken dazu, dass Teile der Öffentlichkeit die so entstandenen »Studien« für unabhängige wissenschaftliche Forschung halten.

Recherchen des NDR, WDR und des Magazins der Süddeutschen Zeitung zeigen, dass es hier nicht um Einzelfälle geht. Mehr als 5000 Wissenschaftler deutscher Hochschulen sollen Forschungsarbeiten bei scheinwissenschaftlichen Verlagen veröffentlicht haben. In ihren Online-Fachzeitschriften werden laut Tagesschau die grundlegenden Regeln der wissenschaftlichen Qualitätssicherung nicht beachtet. Die sorgfältige Prüfung durch andere erfahrene Wissenschaftler fehlt, was schon allein dadurch offensichtlich wird, dass eingereichte Studien oft binnen Tagen öffentlich gemacht werden. So kann praktisch jeder publizieren, was er will – ob seine Studienergebnisse und Schlussfolgerungen nachvollziehbar sind oder nicht. Die Zahl solcher Publikationen soll sich allein in Deutschland seit 2013 verfünffacht haben. Neben klimaskeptischen Thesen drehen sich die Themen oftmals auch um schwere, angstbesetzte Krankheiten und Störungen wie Krebs, Parkinson und Autismus.[249]

Häufig bediente Argumentationsstrategien der sogenannten Klimaskeptiker sind die Leugnung von Trends, Ursachen und Folgen, zusätzlich zur Leugnung des wissenschaftlichen Konsenses. Dazu werden unter anderem Verschwörungstheorien angeführt: Ist die überwältigende Mehrheit von Wissenschaftlern von einer Sache überzeugt, wird ihnen unterstellt, nicht unabhängig geforscht zu haben, sondern Teil einer gigantischen geheimen Verschwörung zu sein. Diese steuere auch den klassisch-wissenschaftlichen Peer-Review-Prozess, der von einigen Klimaskeptikern als Mittel beschrieben wird, unliebsame Erkenntnisse zu unterdrücken.

Dabei ist der Peer-Review nichts anderes als eine Qualitätskontrolle, die die Evidenz der jeweiligen Schlussfolgerungen und ihre Logik überprüft. Dagegen selektieren Klimaskeptiker oftmals isolierte Abhandlungen, die den dominierenden Konsens angreifen, und kommunizieren diese anschließend der Öffentlichkeit.[250]

*Qualitäts- kontrolle*

#betterworld

# Das Klima wird nicht auf einer Konferenz gerettet, sondern im Wald

## Wir rufen auf zur größten Aufforstung der Menschheitsgeschichte

Bäume sind genial: Sie sind die einzigen »Maschinen«, die $CO_2$ spalten, das »C« binden und das »$O_2$« – also den Sauerstoff – wieder freisetzen. Der Kohlenstoff bleibt gebunden, auch wenn ihr Holz später für Möbel oder Häuser verwendet wird. Bäume sind das über Jahrmillionen entwickelte und absolut saubere Carbon-Capture-and-Storage-System (CCS) der Natur.

>»Die gute Nachricht ist: Wir haben Platz auf diesem Planeten für 1000 Milliarden neue Bäume. Die zusätzlichen Bäume können ein Viertel des menschenverursachten $CO_2$ aus der Atmosphäre aufnehmen. Das verschafft uns einen Zeitjoker, währenddessen wir unsere Treibhausgas-Emissionen reduzieren und die Klimakrise stoppen können.«
>
> Paulina Sanchez, Botschafterin aus Mexiko und Mitglied im Weltvorstand von Plant-for-the-Planet

Weltweit könnten wir 1,5 Milliarden Hektar an Flächen neu bewalden, ohne in Konflikt mit der Landwirtschaft oder mit Siedlungen zu kommen. Diese zur Bewaldung zur Verfügung stehende Fläche reicht aus, um 1000 Milliarden neue Bäume zu pflanzen – eine Billion Bäume, auf Englisch »one trillion trees«, daher der Name unserer Kampagne Trillion Tree Campaign.

1000 Milliarden Bäume speichern jedes Jahr zusätzlich zehn Milliarden Tonnen $CO_2$. Das verschafft uns einen kleinen zeitlichen Puffer, bis die Energiewirtschaft völlig auf saubere Energien umgestellt ist. 1000 Milliarden – das ist eine Zahl mit zwölf Nullen und mag zunächst sehr groß erscheinen. Doch der Eindruck wird relativiert, wenn man sieht, wie viele Bäume es bereits auf der Welt gibt: In Russland stehen derzeit 640 Milliarden (641.607.335.936) Bäume,

in Kanada knapp 320 Milliarden (318.180.524.032), in China knapp 140 Milliarden (139.666.513.358) und in Deutschland über acht Milliarden (8.627.454.976). Insgesamt gibt es auf der Welt aktuell über 3000 Milliarden (3.040.288.194.283) Bäume! Um das herauszufinden, hat Plant-for-the-Planet eine Studie in Auftrag gegeben, an der viele Wissenschaftler beteiligt waren, unter anderem von der Universität Yale. Diese Studie war die erste, die wissenschaftlich belegte Zahlen zur weltweiten Anzahl der Bäume lieferte. Hauptautor Thomas Crowther kommentierte es so: »Bäume gehören zu den bedeutendsten und wichtigsten Lebensformen auf der Erde, aber wir haben gerade erst angefangen, ihre weltweite Ausdehnung und Verteilung zu verstehen.«[251]

3,04 Billionen Bäume – das sind jedoch noch lange nicht genug. Bevor die menschliche Zivilisation vor 11.000 Jahren begann, sich auszubreiten, gab es fast doppelt so viele Bäume auf der Welt. Anders gesagt: Der Mensch hat den globalen Baumbestand in den letzten 11.000 Jahren halbiert. Diesen Trend kehren wir nun wieder um!

Jeden Tag werden neue Bäume gepflanzt, die unser Tree Tracker auf unserer Website www.plant-for-the-planet.org mitzählt. Am 1. Januar 2019 waren es bereits rund 14 Milliarden (13.894.921.478) Bäume, die in 193 Ländern neu gepflanzt worden waren. Diese Zahlen werden uns von den Menschen, die sie pflanzen, selbst mitgeteilt. Da nicht jeder seinen selbst gepflanzten Baum bei uns meldet, gehen wir davon aus, dass die tatsächliche Zahl neuer Bäume sogar noch höher liegt! Diese gewaltige Menge ist die Summe der Aktionen einzelner Bürger, Unternehmen und Regierungen auf der ganzen Welt.

»Wenn jeder Mensch in den nächsten zehn Jahren 150 Bäume pflanzen würde, dann würden wir die 1000 Milliarden bereits erreichen.«

Louis Mootal, Botschafter für Klimagerechtigkeit

Wir von Plant-for-the-Planet rufen nicht nur andere zum Handeln auf, wir pflanzen selbst – in meiner Heimat auf der mexikanischen Halbinsel Yucatán. Hier haben wir uns das Ziel gesetzt, 100 Millionen Bäume zu pflanzen. Es braucht also nur 10.000 Projekte wie unseres, um die benötigten 1000 Milliarden Bäume zu pflanzen.

Das Projekt begann vor ein paar Jahren, als die Plant-for-the-Planet-Stiftung die Verantwortung für 22.500 Hektar völlig abgeholzten Wald übernahm. Das ist so viel wie 50.000 Fußballfelder oder 100-mal das Fürstentum Monaco.

Unseren ersten Baum haben wir dort am 8. März 2015 gepflanzt. Kurz darauf, im Jahr 2016, waren es schon eine Million Bäume, 2018 waren es drei Millionen.

2015/2018: Besuch des mexikanischen Forstministers auf der Pflanzfläche

Wir haben uns selbst das Ziel gesetzt, jedes Jahr eine Million Bäume mehr zu pflanzen als im Jahr zuvor. Einen Baum zu pflanzen kostet uns nur einen Euro, und wir pflanzen mit einer Überlebensrate von 94 Prozent.

Unsere Hoffnung und unser Wunsch ist es, dass es uns so viele wie möglich nachmachen. Deshalb möchten wir unser Wissen, unsere Erfahrungen und auch unsere Fehler mit allen Menschen auf diesem Planeten teilen, damit wir alle daraus lernen und weiterkommen können. So möchten wir so viele andere Gruppen wie möglich davon überzeugen, ebenfalls Aufforstungsprojekte zu starten.

Mithilfe wissenschaftlicher Experten vor Ort haben wir komplexe, aber effektive Prozesse eingeführt, um die beste Qualität und eine hohe Überlebensrate sicherzustellen. Wir pflanzen unsere Setzlinge zum einen auf derzeitige Grasflächen, wo vormals Bäume gerodet wurden, zum anderen in degradierten Wäldern, die ihrer großen und wertvollen Bäume beraubt wurden.

Jeden Tag pflanzen wir etwa 5000 Bäume, und mit jedem Jahr erhöhen wir diese Rate. Im Brachland befreien wir erst per Hand das Dickicht, und dann pflanzen wir alle vier Meter einen Baum. Wenn wir innerhalb der degradierten Wälder pflanzen, bleiben die noch vorhandenen Bäume natürlich stehen. Unsere Setzlinge finden in den Lücken ihren Platz. Jeder einzelne wird erfasst, um sein Wachstum und seine Gesundheit zu überwachen, bis er schließlich allein zurechtkommt.

Derzeit arbeiten über 100 Menschen in unserem Wald. Dieses Team möchten wir gern noch erweitern, um unser Ziel zu erreichen.

Auf der Yucatán-Halbinsel sorgt ein Team
für den Wald.

Nicht jeder hat die Möglichkeit, selbst aktiv zu pflanzen. Deshalb bieten wir anderen Menschen die Option, ihre
$CO_2$-Emissionen durch eine Spende für unser Aufforstungsprojekt zu kompensieren. Wir pflanzen für Einzelpersonen,
Vereine, aber auch für Unternehmen, die sich klimaneutral
stellen wollen.

Einen kleinen Wald mit 150 Bäumen können wir
für 150 Euro pflanzen, ein Euro pro Baum.

Auf einem Hektar Wald können wir 1100 Bäumen pflanzen.

Auf zehn Hektar können wir 11.000 Bäume pflanzen.

Wer sich einen großen Wald wünscht,
für den können wir auf 100 Hektar 110.000 Bäume pflanzen.

Auf 1000 Hektar mit 1.100.000 Bäumen

entsteht ein grünes Monument.

Paulina Sanchez Espinoza

Ing. R. N. Cetina, Präsident von
Plant-for-the-Planet A.C. Mexiko,
neben einem 18 Monate alten Baum

»Wir produzieren 20 Prozent mehr Setzlinge in der Baumschule, als wir tatsächlich pflanzen. So können wir die stärksten auswählen und die Überlebensrate auf unserer Pflanzfläche hoch halten. Wir ziehen hier acht Baumarten heran. Jede Art keimt zu einem anderen Zeitpunkt, sodass wir die Aussaat genau planen.«

Carlos Luna, Forstingenieur bei Plant-for-the-Planet

»Wichtig ist, die jungen Bäume regelmäßig von Unkraut zu befreien, damit sie frei wachsen können. Das machen wir alle drei Monate, damit sie genügend Licht bekommen. Das tun wir mit Liebe und Sorgfalt, insgesamt bis zu 20-mal. So können wir eine Überlebensrate von 94 Prozent halten. Damit sind wir Spitzenreiter der Aufforstung in Mexiko.«

Elder de la Cruz, Chef der Aufforstung bei Plant-for-the-Planet

Lokale Imker nutzen unseren Wald auf der Yucatán Halbinsel. Bei einem Bienenvolk pro Hektar Wald werden bald eine Milliarde Bienen jedes Jahr 1000 Tonnen Waldhonig produzieren und unsere Bäume bestäuben. Das ist gut für unsere Bäume und gut für die Bauern, denn es sichert ihnen ein zusätzliches Einkommen. Langfristig könnte der Aufbau einer Holzindustrie im Rahmen einer nachhaltigen Forstwirtschaft die Wertschöpfung der regionalen Holzbauern noch weiter steigern. In langlebigen Holzprodukten bleibt das $CO_2$ auf Jahrzehnte gespeichert! Wissenschaftlich überwacht wird das stiftungseigene Pflanzgebiet auf 22.500 Hektar von The Crowther Lab an der ETH Zürich.

**i** Wir finanzieren unser Pflanzprojekt also zum einen durch direkte Spenden, zum anderen aber auch durch den Verkauf von »Die Gute Schokolade«. Händler und Hersteller verzichten hier auf ihren Gewinn, sodass wir bereits für je fünf verkaufte Tafeln einen neuen Baum pflanzen können. Allein dank dem Verkauf der »Guten Schokolade«, erhältlich in vielen Supermärkten oder Drogerien, konnte Plant-for-the-Planet bereits drei Millionen Bäume pflanzen. Zudem fließen zehn Cent je verkaufter Tafel in die Ausbildung und Betreuung von Kindern, die als Botschafter für Klimagerechtigkeit Reden vor Erwachsenen halten, um sie über die Klimakrise aufzuklären und zum Handeln aufzufordern. Unsere »Gute Schokolade« wurde von Stiftung Warentest im November 2018 zur besten im Test von 25 Vollmilchschokoladen gekürt. Sie erfüllt also nicht nur einen guten Zweck und wird fair und klimaneutral produziert, laut den Testern schmeckt sie auch von allen Sorten am besten.[252]

Wir Kinder und Jugendlichen von Plant-for-the-Planet können die notwendigen 1000 Milliarden zusätzlichen Bäume natürlich nicht allein schaffen, besonders nicht in der notwendigen Geschwindigkeit. Wir bitten Unternehmen, Regierungen und Organisationen um Hilfe.

Dazu liefern wir eine Vielzahl an Argumenten:

Bäume sind unschlagbar günstig und supereffizient,
noch dazu sind sie kinderleicht vermehrbare $CO_2$-Speicher.
Wissenschaftler der Universität Oxford haben das Baumpflanzen
zur besten Methode ernannt, um Kohlenstoffdioxid aus der Atmosphäre
zu binden und der globalen Erwärmung entgegenzuwirken.[253]

Aufforstung ist mit Abstand die günstigste, am einfachsten umzusetzende
und einzige weltweit skalierbare Methode zu diesem Zweck.
Eine weitere Billion, also Tausend Milliarden weitere Bäume, würden
ein Viertel der menschenverursachten $CO_2$-Emissionen,
derzeit 36 Milliarden Tonnen, aufnehmen.[254]

Bäume reinigen außerdem die Luft.
Sie nehmen auch Gase wie Kohlenmonoxid oder Schwefeldioxid auf.
Ein einzelner Baum kann bis zu fünf Kilogramm Luftschadstoffe
im Jahr aufnehmen und im gleichen Zeitraum bis zu
130 Kilogramm Sauerstoff produzieren.

Das wichtigste Argument hier aber noch einmal:
Mit 1000 Milliarden neuen Bäumen speichern wir über ein Viertel
unseres aktuellen weltweiten $CO_2$-Ausstoßes und gewinnen
wertvolle Zeit, um die Klimakrise zu überwinden.

Wir rufen alle Bürger, aber explizit auch Unternehmen und vermögende Menschen dazu auf, sich an unserer Aufforstungskampagne zu beteiligen. Eintausend multinationale Unternehmen und Milliardäre, die jeweils eine Milliarde Bäume pflanzen, wären schon genug, um unser Ziel von 1000 Milliarden Bäumen bis 2020 zu erreichen.

## Jeder einzelne Baum zählt

Wie viel Kohlenstoff ein aufgeforsteter Wald binden kann, hat eine Studie in der Fachzeitschrift Nature untersucht.[255] Ein Hektar in Lateinamerika sammelt demnach in seinen ersten 20 Jahren 122 Tonnen Biomasse an. Da diese zu 45 Prozent aus Kohlenstoff besteht, macht das 44 Tonnen Kohlenstoff. Umgerechnet in $CO_2$ sind das 202 Tonnen. Gehen wir von einer Dichte von 1000 Bäumen pro Hektar aus, sind das 202 Kilogramm $CO_2$ pro Baum.

Das führt zu dieser einfachen Formel:

**1 Tonne absorbiertes $CO_2$ = 10 Bäume im weltweiten Durchschnitt
(bei 10 Kilogramm $CO_2$/Jahr und 10 Jahren Standzeit) [256]
oder 5 Bäume in Lateinamerika.**

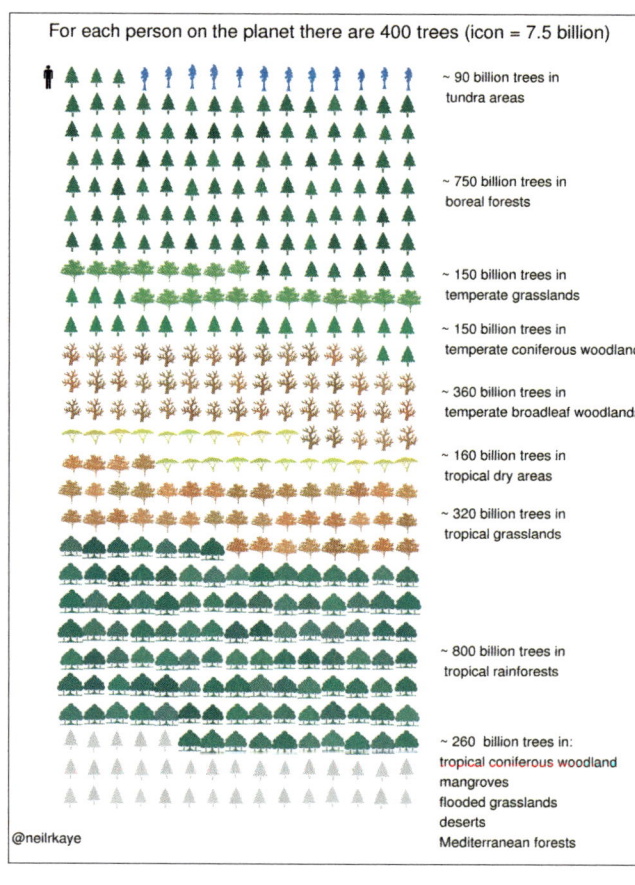

For each person on the planet there are 400 trees (icon = 7.5 billion)

~ 90 billion trees in tundra areas

~ 750 billion trees in boreal forests

~ 150 billion trees in temperate grasslands

~ 150 billion trees in temperate coniferous woodlands

~ 360 billion trees in temperate broadleaf woodlands

~ 160 billion trees in tropical dry areas

~ 320 billion trees in tropical grasslands

~ 800 billion trees in tropical rainforests

~ 260 billion trees in:
tropical coniferous woodland
mangroves
flooded grasslands
deserts
Mediterranean forests

@neilrkaye

Derzeit verlieren wir leider zehn Milliarden Bäume pro Jahr. Momentan gibt es für jeden Menschen auf der Welt etwa 400 Bäume. Doch jedes Jahr schwinden 1,4 Bäume pro Person.

# Wälder effektiver schützen

Wenn wir an Abholzung denken, erscheinen meist Bilder vom Amazonas-Regenwald vor unserem inneren Auge. Tatsächlich wurden dort in den letzten 40 Jahren mehr als 20 Prozent der Bäume zerstört. Zwischen den Jahren 2000 bis 2010 gingen im Amazonasbecken pro Jahr 36.000 Quadratkilometer Wald verloren. Satellitendaten des brasilianischen Nationalinstituts für Weltraumforschung (INPE) zeigen, dass der Höhepunkt der Zerstörung in Brasilien im Jahr 2004 erreicht wurde.[257] In den folgenden zehn Jahren ging sie deutlich zurück, nahm dann allerdings wieder zu, auf knapp 7900 Quadratkilometer zwischen August 2017 und Juli 2018. Das entspricht der Fläche von einer Million Fußballfeldern und ist der höchste Stand seit 2008. Hauptgrund ist die Ausdehnung der Landwirtschaft für Sojaschrot, das als Kraftfutter für die Massentierhaltung nach Europa oder in die USA exportiert wird.

Weltweit wurden zwischen 1990 bis 2000 jährlich 160.000 Quadratkilometer Wald vernichtet, schätzt die Ernährungs- und Landwirtschaftsorganisation der Vereinten Nationen (FAO).[258] Dieser Wert fiel in den darauffolgenden Jahren auf 130.000 Quadratkilometer. Heißt das, wir können aufatmen? Noch nicht.

**Schützt den Wald**

Diese Satellitenaufnahmen zeigen die Abholzung im Bundesland Rondônia im Westen Brasiliens. Links das Gebiet im Jahr 1975, rechts im Jahr 2012.

Sorgen macht Wissenschaftlern der Universität von Maryland unter anderem der beispiellose und bis jetzt weitgehend unbeachtete Verlust an Waldflächen in Südostasien und Westafrika:

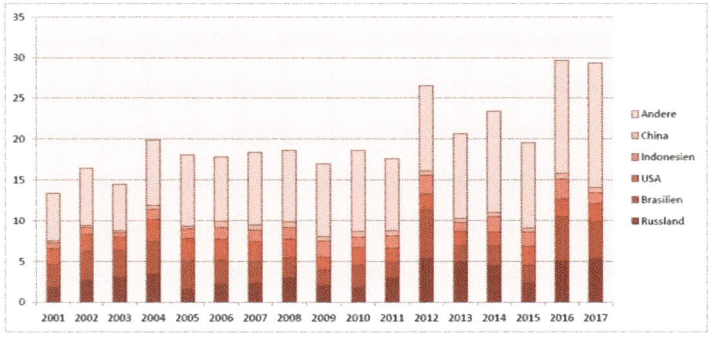

Quelle: https://www.globalforestwatch.org/dashboards/global?widget=treeLossGlobal

»Ein Großteil dieser Rodungen wird illegal durchgeführt«, kommentiert Nigel Sizer vom Weltressourceninstitut (WRI).[259] Beispielsweise würde die boomende Gummiindustrie in Kambodscha Platz für Plantagen benötigen. Allerdings seien diese oftmals auch nur der Deckmantel für illegale Holzgeschäfte. Das Holz der gerodeten Wälder würde verkauft, die Plantagen jedoch niemals wirklich angelegt.[260] In keinem anderen Land der Welt schreitet der Waldverlust seit der Jahrtausendwende so schnell voran wie in Kambodscha. Danach folgen Länder wie Sierra Leone oder Madagaskar, Länder, die man bisher im Zusammenhang mit Waldverlust kaum im Blick hatte. In Südamerika, außerhalb des Amazonasgebiets, ist es vor allem der sogenannte Gran Chaco, der schnell schwindet: eine Region, die sich über Paraguay, Argentinien und Bolivien erstreckt. Hier wiederholt sich im Wesentlichen, was in den brasilianischen Soja-Bundesstaaten Mato Grosso, Para und Rondônia bereits zwischen 2002 und 2016 stattfand: Wälder werden vor allem zugunsten von Tierfutter gefällt oder gebrandrodet. In Afrika weichen die Wälder immer größeren Palmölplantagen. Um künftig rechtzeitig eingreifen zu können, haben die Maryland-Forscher zusammen mit dem World Resources Institute und mit Google ein auf Satellitendaten basierendes System entwickelt: Global Forest Watch, mit dem der weltweite Waldverlust besser überwacht werden kann.

## Bilder und Warnungen in Echtzeit

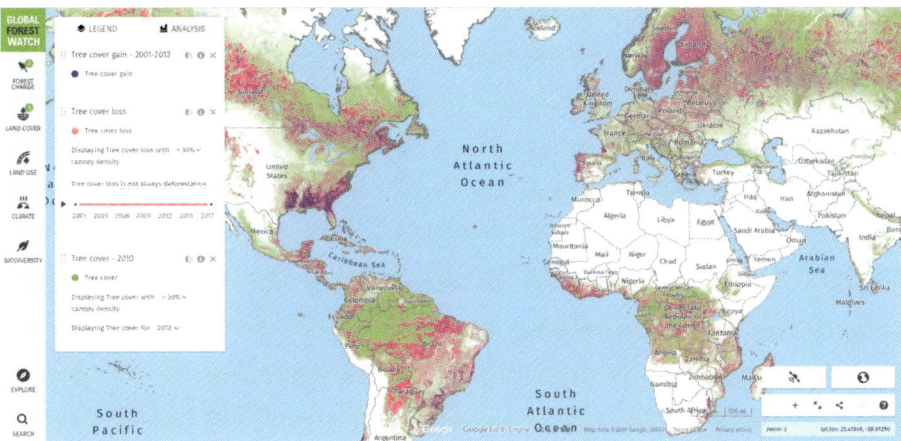

Quelle: https://www.globalforestwatch.org

Bisher war es meist schon zu spät, wenn Deforestation als solche erkannt wird. Mit der Global Forest Watch-App[261] können Wälder seit Anfang 2014 in Echtzeit überwacht und geschützt werden. In diesem Jahr verlor die Welt 18 Millionen Hektar Wald – nicht nur durch Abholzung, auch durch Waldbrände und Baumkrankheiten. Das Monitoring-System zeichnet Veränderungen der Baumbestände, Waldflächen und Landnutzung auf und macht sie der Öffentlichkeit zugänglich. Künftig soll es verstärkt dazu genutzt werden, illegale Rodungen zu verhindern oder schnellstmöglich zu beenden. Durch Satellitentechnologie und sogenanntes Cloud-Computing mit Google-Technologie wird gerade der Schutz der Wälder revolutioniert.

Daten, deren Verarbeitung vormals Jahre gedauert hätte, werden nun binnen Sekunden analysiert. So können beispielsweise Mitglieder von Regierungen sehen, was gerade in ihrem Land passiert. Sie können sich auch für automatische Benachrichtigungen eintragen, sodass sie immer gleich gewarnt werden, wenn Bäume verschwinden. Sind die Abholzungen illegal, können sie ihnen schnell Einhalt gebieten und so den Schaden begrenzen. Manager von Unternehmen, die Rohstoffe einkaufen, können nun erkennen, ob im Rahmen ihrer Lieferketten Waldschutz respektiert wird, und darauf Einfluss nehmen. Lokale Bauern können ihre Umgebung schützen, indem sie einen »Call to Action« mit ihrem Handy hochladen.

Insgesamt kann jeder Nutzer von Global Forest Watch die Satellitendaten oder die Geschichten vom Boden mit anderen Nutzern teilen und somit die Öffentlichkeit mit einem Füllhorn an verlässlichen und aktuellen Informationen versorgen. Das bedeutet: Wenn jetzt ein Baum im Wald fällt, dann hört jeder davon.

Den konkreten Nutzen dieser App beschreibt beispielsweise die Amazon Conservation Association (ACA): »Dank der Warnmeldungen von Global Forest Watch können wir illegale Goldminen und Holzfällen in geschützten Gebieten binnen weniger Tage erkennen. Dadurch, dass wir dem Gesetzgeber schnelle und präzise Informationen zuspielen können, haben wir gesehen, wie die Regierung innerhalb von 24 bis 48 Stunden reagiert hat.«[262]

> ℹ **Das EU-Programm gegen illegalen Holzeinschlag und Handel heißt FLEGT (»Forest Law Enforcement, Governance and Trade«, zu Deutsch: »Rechtsdurchsetzung, Politikgestaltung und Handel im Forstsektor«). Der Anteil illegaler Quellen von Holz- und Papierimporten in die EU wird auf 16 und 19 Prozent geschätzt. Damit nur noch legal eingeschlagenes Holz in die EU exportiert wird, richten die Partnerländer auf Basis freiwilliger, aber verbindlicher Partnerschaften ein Genehmigungs- und Lizenzsystem ein. Dafür bekommen sie Unterstützung bei der Waldbewirtschaftung und Rechtsdurchsetzung.**

Belastbare Daten bieten auch eine ganz andere Gesprächsgrundlage bei Verhandlungen als noch vor einigen Jahren und dienen als solide Basis für politische Entscheidungen. Dank der hochauflösenden globalen Karten können wir nun genau erkennen, wie sich unsere Wälder verändern. Am meisten Fluktuation lässt sich derzeit in den Tropen beobachten, wobei die Verluste derzeit größer sind als der Zuwachs an neuen Bäumen.[263] Um eine Balance zu erreichen, muss in den Tropen also mehr aufgeforstet und weniger abgeholzt werden.

Aufforstung

# Unsere Zukunft beginnt jetzt

## Wir sind viele

Sind wir noch zu retten? Ja, das sind wir. Und die Zukunft wird schöner und sauberer, als wir es jetzt gerade noch kennen. Wir werden die extreme Armut überall auf der Welt überwinden. Wir werden gesündere Luft atmen. Wir werden unser Klima stabilisieren. Und wir werden wissen, dass wir das alles gemeinsam geschafft haben – als eine Menschheit, die zusammengehalten und an einem Strang gezogen hat.

Wie der neue Energiemix in Deutschland im Jahr 2050 aussehen könnte, hat ein finnisches Forscherteam ausgerechnet. Das Ergebnis: In ganz Europa würde die Energie fast nur von der Sonne (62 Prozent) und vom Wind (32 Prozent) kommen. Der Rest würde durch Wasserkraft (vier Prozent), Bioenergie (zwei Prozent) und Geothermie (unter einem Prozent) gedeckt. Das neue System wäre sogar kostengünstiger als das heutige, würde aber gleichzeitig die $CO_2$-Emissionen des Energiesektors auf null senken. Zudem sieht die Studie einen Zuwachs von rund einer Million Jobs durch neue Technologien.[264]

Die Welt ist groß, und unser einzelner Beitrag – im Guten wie im Schlechten – wirkt im Vergleich auf den ersten Blick vernachlässigbar klein. Doch das Gegenteil ist der Fall. Der Schlüssel ist, dass wir uns alle gemeinsam nach vorn bewegen, uns gegenseitig begeistern und mitreißen, in Richtung Fortschritt, in Richtung lebenswerte Zukunft. Wie inspirierend die Aktionen einzelner Menschen sein können, beweist Greta Thunberg, die als Schulstreikerin fürs Klima bekannt wurde. Sie legt immer wieder mit bemerkenswerter Konsequenz den Finger in die Wunde, so auch auf der Klimakonferenz in Kattowitz. Selbst im Konferenzgebäude setzte sie sich einfach hin, tat nichts und streikte – eine sehr eindringliche Form des Protests. Schließlich hielt sie eine Rede vor dem UN-Generalsekretär.

Gleich zu Beginn stellte sie klar: »Seit 25 Jahren haben unzählige Menschen in den Weltklimagipfeln die Führer unserer Staaten gebeten, die Emissionen zu stoppen. Das hat offensichtlich nichts gebracht. (...) Ich werde Sie also um nichts bitten. Ich bitte stattdessen die Menschen auf der ganzen Welt zu verstehen, dass unsere politischen Führungen versagt haben.«[265]

Leben wir wirklich in einer Welt mit vertauschten Rollen? In der Kinder die Verantwortung übernehmen müssen, die Erwachsene vor sich herschieben? Ganz so fatalistisch sehen wir es nicht, denn wir haben mit Plant-for-the-Planet die Hilfe Tausender engagierter Erwachsener erlebt, denen unsere Zukunft ebenfalls am Herzen liegt. Mittlerweile sind die Gründungskinder von Plant-for-the-Planet auch schon junge Erwachsene geworden – und jetzt hören wir nicht auf mit unserem Engagement, jetzt machen wir noch mehr Druck!

3.-15. Dezember 2018 Kattowitz, Polen:
24. UN-Klimakonferenz

Wir Vertreter von Plant-for-the-Planet haben uns auch bei der 24. UN-Klimakonferenz in Kattowitz wieder für unser aller Zukunft eingesetzt. Was uns frustriert, ist die Lähmung, das Schneckentempo, in dem die Verhandlungen vonstattengingen. Was uns noch mehr besorgt, sind rechtslastige Regierungen, die auf Fakten basierendes Grundlagenwissen teilweise nicht mehr ernst nehmen.

Louis Mootal, Botschafter für Klimagerechtigkeit, auf der UN-Klimakonferenz

Immerhin: Deutschland hat zugesagt, unseren Beitrag für den internationalen Klimafonds (Green Climate Fund) zu verdoppeln, von 1,5 auf drei Milliarden Euro.[266] Das verkündeten Entwicklungsminister Dr. Gerd Müller und Umweltministerin Svenja Schulze gemeinsam zur Eröffnung, um so auch ein ambitioniertes Vorgehen der anderen Länder zu fordern. Was allerdings dann gleich thematisiert wurde, war die Situation in unserem eigenen Land. Dass wir also den Ausstieg aus der Kohle zügig gestalten und die Dekarbonisierung der gesamten Wirtschaft ebenso zügig vollziehen müssen. Momentan scheitert Deutschland in diesem Bereich dramatisch. Das ist besonders für uns junge Leute schlimm. Gerade Kinder und Jugendliche müssen ausbaden, was heute verbockt wird, haben aber nur wenige Möglichkeiten, daran jetzt etwas zu ändern. Auch deshalb sind das Bäumepflanzen und die Aufklärungsarbeit von Plant-for-the-Planet für sie so wichtig.

Auf den Klimakonferenzen können wir uns zwar auch als Minderjährige akkreditieren, müssen jedoch dabei zuschauen, wie die Vorschläge der Umweltministerien von den Wirtschaftsministerien oftmals gleich wieder einkassiert werden.

Dennoch ist es sehr wichtig, dass wir hier sind. Ich bin stolz auf unser internationales, gut aufgestelltes Team. Wir haben verlässliche Leute aus allen Teilen der Erde hier, Menschen aus Afrika, Asien, aus Europa und Nord- und Südamerika. Wir arbeiten super zusammen und bringen uns sehr aktiv bei den Aktivitäten des YOUNGO ein.[267] YOUNGO ist sozusagen die Schaltzentrale der Jugendorganisationen, organisiert von den Vereinten Nationen, genauer gesagt von der UN-Klimarahmenkonvention (engl.: »United Nations Framework Convention on Climate Change«, UNFCCC). Das Sekretariat, das die Umsetzung dieser Konvention begleitet, hat übrigens seinen Sitz in Bonn.

Auf der Klimakonferenz gibt es viele lustige Namen. Die Wirtschaftsleute heißen BINGOs (Business and industry non-governmental organizations), die Wissenschaftler werden RINGOs (Research and independent organizations) genannt. Und dann gibt es noch die ENGOs (Environmental non-governmental organizations), also die Umweltschutzorganisationen. Den wesentlichen Kontakt zu allen bedeutenden Entscheidungsträgern der Vereinten Nationen hat bei uns vor allem Yugratna Srivastava, die seit 2008 bei Plant-for-the-Planet dabei ist. Das ist uns auch wichtig: Bei Plant-for-the-Planet engagieren sich junge Menschen über viele Jahre hinweg, und sie begleiten nicht nur die Haupt-, sondern auch die Zwischenverhandlungen rund ums Klima lückenlos.

Yugratna Srivastava, Botschafterin für Klimagerechtigkeit

Außerdem haben wir bei der Klimakonferenz in Kattowitz unsere »Gute Schokolade« verteilt, mit der wir unser Aufforstungsprojekt finanzieren. Damit möchten wir den Delegierten Mut machen und ihnen zeigen, dass wir

Li.n.re.: Mette Wilkie, Vorsitzende für Forstpolitik, Ernährungs- und Landwirtschaftsorganisation; Sagar Aryal, Vorsitzender der Plant-for-the-Planet-Initiative; Rita Schwarzelühr-Sutter, Staatssekretärin im Umweltministerium Deutschland; Chiagozie Udeh, Plant-for-the-Planet Global Board; Nassirou Ba, UN-Kommission für Afrika UNECA; Louis Mootal und Yugratna Srivastava, Plant-for-the-Planet Global Board

Jugendlichen uns sehr aktiv darum bemühen, das momentan noch über uns schwebende Damoklesschwert der Ambitionslücke zu schließen. Dadurch, dass wir immer wieder deutlich machen, wie wichtig uns konkrete Vereinbarungen sind, die uns voranbringen, und selbst etwas tun, hoffen wir, die Motivation aller Beteiligten zu stärken. In unseren jeweiligen Heimatländern geht es dann darum, die Umsetzung der Maßnahmen voranzutreiben.

# Change is coming

Das $CO_2$-Budget, das uns noch für die Umstellungsphase der Wirtschaft zur Verfügung steht, ist knapp. 2018 hatte Deutschland seines, 217 Millionen Tonnen, bereits am 28. März aufgebraucht, neun Monate zu früh. Wir produzieren noch immer rund viermal so viel $CO_2$ wie vorgesehen und notwendig – und das ist kalkuliert am 2-Grad-Ziel, also an der absoluten roten Linie.[268]

Dieses knappe Budget, das den Menschen dieser Welt nur noch zur Verfügung steht, müssen wir fair aufteilen. Eine Verteilung wie in der Vergangenheit, als Europa und die USA 60 Pro-

**Der Drei-Punkte-Plan von Plant-for-the-Planet zur Rettung unserer Zukunft**

1. Lasst uns 1000 Milliarden Bäume pflanzen, das sind nur 150 Bäume pro Person!

2. Lasst die fossile Energie im Boden! Null Emissionen ab 2050!

3. Bekämpft Armut durch Klimagerechtigkeit!

zent davon verschluckten, ist nicht mehr vertretbar und würde politische Destabilisierungen begünstigen.

Im Juni 2015 versprachen die G7 in Elmau, die Energiewirtschaft bis zum Jahr 2100 komplett zu dekarbonisieren. Das bedeutet, noch in diesem Jahrhundert, noch in unserer Lebenszeit, wird die Menschheit ihre Gesellschaft und Wirtschaft so weiterentwickeln, dass sie Kohle, Gas und Öl komplett in der Erde lässt, statt sie auszubeuten und unsere Atmosphäre mit dem Resultat zu belasten.

Dieses Versprechen darf kein Lippenbekenntnis bleiben. Bis zum Jahr 2050 muss der Zwischenschritt von 40 bis 70 Prozent Reduktion geschafft sein. Die Klimakonferenz in Paris griff das Elmauer Versprechen auf, blieb aber bezüglich der konkreten Umsetzung vage. Jetzt brauchen wir einen klaren Fahrplan mit ambitionierten zeitlichen Zielen.

# Wir brauchen jetzt Helden, die sich klimaneutral stellen

Zusätzlich zum Übereinkommen von Paris, zusätzlich zu allen Anstrengungen des Vermeidens und Verminderns müssen wir freiwillig den Baumjoker ausspielen.

Das heißt, jedes Unternehmen soll die Menge, die es an $CO_2$ heute ausstößt, durch Aufforstung in Nicht-Industrienationen kompensieren. Das Einzige, was wir diesen Unternehmen als Gegenleistung geben können, ist, dass wir sie zu unseren Helden machen. Und Helden sind sie auch, denn sie läuten einen Paradigmenwechsel ein, indem sie freiwillig Klima- und Entwicklungspolitik finanzieren. Jedes Unternehmen in dem Umfang, wie es die Umwelt mit $CO_2$ belastet.

Sie tun das, weil jemand es tun muss. Sie haben verstanden, dass die Politik die Klimakrise in der verbleibenden Zeit weder allein lösen noch allein finanzieren kann. Diese Unternehmer übernehmen Verantwortung.

In diesem Zusammenhang begrüße ich sehr die »Allianz für Entwicklung und Klima«, ein neues Bündnis, um Klimaschutz und nachhaltige Entwicklung zu verbinden. Ihre Mitglieder streben an, klimaneutral zu werden, indem sie

**Emissionen, wo es geht, vermeiden,**

**Emissionen weiter reduzieren,**

**verbleibende Emissionen kompensieren.**

Sie kompensieren ihren $CO_2$-Ausstoß, indem sie in Projekte investieren, die Treibhausgase vermeiden, reduzieren oder binden, den wirtschaftlichen und technologischen Fortschritt in Entwicklungs- und Schwellenländern fördern, und die Wirkungen dieser Maßnahmen mit hohen und unabhängig geprüften Standards nachweisen. So beschreibt es das Bundesministerium für wirtschaftliche Zusammenarbeit und Entwicklung (BMZ). Zu diesen Projekten gehören zum einen der Technologietransfer für erneuerbare Energien, aber auch der Schutz und die Aufforstung von Wäldern sowie die Rehabilitierung von Böden und eine klimafreundliche Landwirtschaft.

76 Partner[269] [270] haben sich der Allianz bereits angeschlossen: Unternehmen, Behörden, Kompensationsanbieter und die Zivilgesellschaft. Sie alle wollen Emissionen vermeiden, reduzieren und kompensieren. Der private Sektor wird eine herausragende Rolle bei der Überwindung der Klimakrise einnehmen,[271] analysiert auch Prof. Radermacher.[272] Einzelpersonen können ebenfalls mitmachen und sich klimaneutral stellen. Das BMZ selbst will bis 2020 klimaneutral sein. Die gesamte Bundesregierung strebt dies bis 2030 an.[273]

UNEP-Chef Achim Steiner (Amtszeit 2006 bis 2016) rief gemeinsam mit Wangari Maathai und Fürst Albert II. von Monaco die Billion Tree Campaign ins Leben, auf der unsere Trillion Tree Campaign heute fußt.

Wangari Maathai inspirierte uns. Bis heute haben wir 70.000 junge Botschafter für Klimagerechtigkeit begeistert, und rund 14 Milliarden Bäumen sind gepflanzt.

>>Jede Generation braucht eine neue Revolution.<<
Thomas Jefferson,
US-amerikanischer Präsident von 1743 bis 1826

>>Wir haben keinen Plan B, weil es keinen Planeten B gibt.<<
Ban Ki-moon, UN-Generalsekretär 2007 bis 2016,
auf der UN-Klimakonferenz 2016 in Marrakesch

Deutschland erhielt in Kattowitz einen Anti-Preis, das »Fossil des Tages«, verliehen vom Climate Action Network (CAN). Grund: Unsere Regierung hat ihr Klimaziel für 2020 offiziell aufgegeben. Statt der anvisierten 40-Prozent-Reduktion gegenüber 1990 hat sie 32 Prozent ins Auge gefasst. Sie blieb der Staatengemeinschaft außerdem das angekündigte Konzept für den Kohleausstieg schuldig. Im Januar 2019 hat die Kohlekommission nun einen Fahrplan vorgelegt, der den kompletten Kohleausstieg bis 2038 fordert. Im jährlichen Klimaschutz-Index von Germanwatch, CAN International und dem New Climate Institute ist unser Land von einem bereits peinlichen 22. auf den 27. Platz von 60 abgerutscht. Hauptgrund: Wir ge-

**Klima-ziele**

hören derzeit immer noch zu den größten Verbrennern der besonders klimaschädlichen Braunkohle.[274]

Nun geht es darum, wieder auf Kurs zu kommen. Politische Vorreiter hat die Klimakonferenz in Kattowitz nicht hervorgebracht. Es sind jetzt andere Akteure, die den Ton angeben werden. Etwa das Potsdam-Institut für Klimafolgenforschung (PIK), das kürzlich die »Eckpunkte einer $CO_2$-Preisreform« vorgeschlagen hat, kosteneffizient und marktbasiert. Der Mindestpreis für das Ausstoßen einer Tonne $CO_2$ soll schrittweise steigen, von 20 Euro im Jahr 2020 auf 35 Euro im Jahr 2035 – leicht zu merken. Dafür könnte die Stromsteuer sinken.

Tatsächlich waren zum Zeitpunkt der Konferenz in Kattowitz nur 17 von 184 Ländern dabei, ihre nationalen Zusagen von Paris zu erfüllen. Wir sind in der Verantwortung zu handeln. Pro Kopf emittiert Deutschland zehnmal so viel wie Bangladesch und hundertmal so viel wie Somalia. Auch wenn die Menschen in den Entwicklungsländern die ersten Leidtragenden sind und sein werden, wird diese Politik mit voller Wucht auf uns zurückfallen, wenn wir sie nicht ändern. Ansonsten riskieren wir, dass bis zu 140 Millionen Menschen wegen des Klimawandels aus ihrer Heimat vertrieben werden, so die Schätzung der Weltbank. Klimapolitik ist immer auch Entwicklungspolitik.

Die Forscher des Weltklimarats halten negative Emissionen durch sogenannte CDR-Verfahren (carbon dioxide removal) für unabdingbar. Aufforstung ist die wichtigste Maßnahme in diesem Zusammenhang.

»Die Wissenschaft zeigt, dass die aktive Begrenzung der globalen Erwärmung viel billiger ist, als einfach nichts zu tun – Nichtstun würde uns am Ende ein Vielfaches der rund zwei Prozent der globalen Wirtschaftsleistung kosten, die wir für die Klimastabilisierung aufbringen müssten«, sagt Prof. Hermann Lotze-Campen, Leiter des Forschungsbereichs Klimawirkung und Vulnerabilität am PIK. »In diesen Abschätzungen werden jedoch Kosten für Gesundheitsschäden und zusätzliche Todesfälle von Menschen, die ihre Heimat verlassen müssen, und potenzieller Massenmigration, und nicht zuletzt die Kosten von anhaltender Armut noch gar nicht berücksichtigt.«

»Die Klimakrise betrifft die Menschheit als Ganzes und jedes lebendige Wesen auf dieser Erde. Dieser wunderschöne Planet ist unser einziges Zuhause. Wir müssen jetzt ernsthafte Maßnahmen ergreifen, um unsere Umwelt zu schützen, und konstruktive Lösungen gegen die Erderwärmung finden. Wenn wir Bilder aus dem Weltall sehen, dann sehen wir keine Grenzen, nur einen blauen Planeten. Dies ist nicht die Zeit, um nur an ›meine Nation‹ oder ›unseren Kontinent‹ zu denken. Wir brauchen einen stärkeren Sinn für globale Verantwortung, basierend auf dem Verständnis, dass die Menschheit eins ist.

Dalai Lama, 6. Dezember 2018

# Der Weg aus der Klimakrise führt in den Wald

## Unsere Generation muss sich der größten Herausforderung stellen

Hatte nicht jede Generation schon immer große Herausforderungen zu meistern? Sind die Herausforderungen, die vor unserer Generation liegen, objektiv wirklich größer als die Aufgaben, die unsere Vormütter und Vorväter zu meistern hatten? Denkt nicht jede Generation, ihre Prüfungen wären die größten?

Ich glaube, wir stehen vor der größten Herausforderung, vor der die Menschheit jemals gestanden hat und wohl jemals wieder stehen wird. Warum? Wenn wir alle Menschen, die jemals auf der Erde lebten, addieren, dann leben gut sechs Prozent aller Menschen zur selben Zeit, nämlich heute. Deswegen ist es rein mathematisch nichts Besonderes, dass es uns nun trifft. Gleichzeitig beschreibt dieser Umstand auch die erste Herausforderung, vor der wir Menschen stehen: das Bevölkerungswachstum. Zu Jesu Geburt lebten 300 Millionen Menschen gleichzeitig auf dem Planeten, 1800 Jahre später waren es eine Milliarde Menschen. Als meine Großeltern geboren wurden, waren es zwei Milliarden, zur Geburt meiner Eltern drei Milliarden, zu meiner Geburt sechs Milliarden, und wenn ich 50 Jahre alt sein werde, erwarten wir zehn Milliarden Menschen auf der Welt! Sie alle streben ein Leben in Wohlstand an, wobei wir 7,8 Milliarden Menschen heute schon weit mehr Ressourcen beanspruchen, als unsere Erde, die Natur, regenerieren kann.

Die zweite große Herausforderung besteht darin, dass die Ressourcen extrem ungerecht verteilt sind. Das reichste eine Prozent der Weltbevölkerung hat mehr Vermögen als die anderen 99 Prozent zusammen. Noch 2002 habe, so eine Oxfam-Studie, der Anteil bei 43 Prozent gelegen. Mehr als 2000 Milliardäre leben heute unter uns und zwar beileibe nicht nur in den USA, in Europa oder Japan, sondern in allen Ländern der Welt, auch in den ärmsten. Die Zahl der Milliardäre steigt ständig, während gleichzeitig zehn Prozent der Menschen mit weniger als zwei US-Dollar am Tag und die Hälfte der Weltbevölkerung mit zwei bis zehn US-Dollar am Tag auskommen müssen.

Die knappste Ressource auf unserer Erde ist aber, und damit sind wir bei der dritten und größten Herausforderung, die Aufnahmekapazität der Atmosphäre für $CO_2$ und andere Treibhausgase. Die Klimafrage ist zur wichtigsten und gleichzeitig zur dringendsten Herausforderung unserer Generation geworden. Wir sind die erste Generation, die diese Herausforderung in ihrer Tragweite erkannt hat und gleichzeitig die letzte, die sie noch lösen kann. Seit mehr als 25 Jahren, länger, als ich alt bin, verhandeln wir deshalb über die Reduzierung des gefährlichen Treibhausgases $CO_2$. Dabei haben wir aber den Ausstoß in diesem Zeitraum nicht gesenkt, sondern um 60 Prozent erhöht. Wenn wir die kommenden zehn Jahre weitermachen wie bisher, dann legen wir bereits 2030 die Grundlage für einen globalen Temperaturanstieg von +2 Grad Celsius. Das wäre eine Katastrophe. So, wie sich die Weltbevölkerung exponentiell entwickelt, so verändern sich auch die meisten anderen Einflussfaktoren leider nicht linear, sondern exponentiell. Bildlich gesprochen schießen sie in einer immer steiler werdenden Kurve nach oben. Leider fällt es uns Menschen schwer, uns exponentielles Wachstum vorzustellen. Wir sind überrascht, wenn es 200 Jahre gebraucht hat, um die weltweite Durchschnittstemperatur um +1 Grad zu erhöhen, und dass sich die Erde gegenwärtig bereits um etwa +0,1 Grad pro Jahrzehnt erwärmt.

Wir Menschen haben noch eine Chance, diese Katastrophe zu verhindern. Es gibt eine Möglichkeit, die 2-Grad-Grenze und sogar die noch bessere 1,5-Grad-Grenze zu halten. Es darf nur kein »Weiter so!« mehr geben, sondern wir müssen sofort, heute und jetzt handeln! Die digitale Vernetzung untereinander kann uns dabei helfen, Lösungen in einer positiven Kettenreaktion weltweit innerhalb von kürzester Zeit zu verbreiten. Wir müssen aber ALLE daran arbeiten, und KEINER darf für sich in Anspruch nehmen, nichts beitragen zu müssen oder zu können.

# Das Übereinkommen von Paris ist ein Anfang

Das Übereinkommen von Paris vom 12. Dezember 2015 ist ein wichtiger Schritt, denn die 196 Mitgliedsstaaten der Klimarahmenkonvention der Vereinten Nationen (UNFCCC) haben in Nachfolge des Kyoto-Protokolls ein gemeinsames Ziel formuliert: Sie wollen den Anstieg der weltweiten mittleren Temperatur auf unter +2 Grad begrenzen. Das versteht sich im Verhältnis zur vorindustriellen Zeit. Besser wäre eine Begrenzung auf +1,5 Grad. Uns muss klar sein, dass bereits die 2-Grad-Grenze möglicherweise nicht ausreicht, um irreversible Rückkopplungen durch Kippelemente im Erdsystem sicher zu verhindern. Diese Kippelemente könnten das Erdklima in eine Heißzeit überführen, deren Temperatur mehrere Grad über der heutigen Temperatur liegen würde.

Gut fünfzehn Kippelemente, die im übertragenen Sinne einen unkontrollierbaren Lawineneffekt auslösen könnten, sind bis heute identifiziert worden. Davon stellen das Abschmelzen des sommerlichen arktischen Meereises und das Abschmelzen des grönländischen Eisschildes die größte Bedrohung dar. Mit dem Vermindern der arktischen Eisfläche reduziert sich auch die sogenannte Eis-Albedo-Rückkopplung. »Albedo« steht für das Rückstrahlvermögen einer Fläche, die selbst nicht leuchtet. Schneebedecktes Eis hat das höchste Rückstrahlvermögen und reflektiert 90 Prozent der Sonnenenergie. Im Gegensatz dazu absorbiert Wasser 94 Prozent der einfallenden Sonnenenergie und reflektiert nur sechs Prozent. Dieses hohe Maß an nicht reflektierter Sonnenenergie erwärmt das Wasser, was das Schmelzen der arktischen Eisfläche beschleunigt.[275]

Bereits ab einer globalen Erwärmung von +1,5 bis +2 Grad könnte der Kipppunkt des vollständigen Abschmelzens des grönländischen Eisschilds erreicht werden. Die 3000 Meter hohe Oberfläche des grönländischen Eispanzers liegt im Permafrost. Verringert sich die Eisdicke und sinkt die Oberfläche in eine etwas tiefere Lage, in der es kein »ewiges Eis« mehr gibt, so ist der Schmelzprozess nicht mehr umkehrbar, und der grönländische Eisschild schmilzt, langsam, aber unaufhaltbar, bis ganz unten. Dies würde voraussichtlich über Jahrhunderte einen Meeresspiegelanstieg von etwa sieben Metern verursachen.

Weitere Kippelemente[276] sind das Abschmelzen des westantarktischen Eisschildes, das Erlahmen der atlantischen thermohalinen Zirkulation (Wärme- und Salzströmungen im Ozean), die Veränderung der El Niño-Southern Oscillation (Zirkulationssystem von Erd-atmosphäre und Meeresströmung im äquatorialen Pazifik), der Zusammenbruch des indischen Sommermonsuns, Veränderungen im westafrikanischen Monsunsystem mit Auswirkungen auf Sahara und Sahelzone, die Entwaldung des tropischen Regenwaldes, der Rückgang borealer Wälder (Gebiete mit Nadelhölzern), das Schwinden der tibetischen Gletscher, die Ausgasung von Methan aus den Ozeanen sowie Methan- und Kohlendioxidemissionen aus tauenden Dauerfrostböden, das Austrocknen des nordamerikanischen Südwestens, die Abschwächung der marinen Kohlenstoffpumpe und die Zerstörung von Korallenriffen.

Zwischen den einzelnen Kippelementen kann es Wechselwirkungen geben. Das Auslösen eines Kippelementes kann also die Wahrscheinlichkeit erhöhen, dass noch weitere kippen. Außerdem besteht die Möglichkeit, dass kleinräumige Kippelemente das Kippen großskaliger Elemente auslösen könnten, ähnlich wie bei Dominosteinen. Deshalb sollten wir alles tun, um das Klima unter +1,5 Grad zu stabilisieren. Denn bereits ab +1,5 Grad können die ersten Kippelemente aus-

Kipp-elemente

gelöst werden, die selbstverstärkend wahrscheinlich weitere Kippelemente auslösen würden – eine Kaskade, die das Klima unkontrollierbar und irreversibel in eine Heißzeit führen würde.

Um es klar zu formulieren: Selbst wenn wir – wie im Übereinkommen von Paris vereinbart – die 2-Grad-Grenze halten würden, besteht dieses Risiko. Und bei einer weiteren Erwärmung über die 2-Grad-Grenze hinaus steigt das Risiko wegen der Kipppunkte und der Kaskadeneffekte steil an.

Paris, das anfänglich für viele wie ein Durchbruch klang, ist aus mehreren Gründen bestenfalls ein Startpunkt. Paris ist das Beste, was wir haben. Paris ist kein Vertrag, den die Nationen einhalten müssten, sondern jede Nation meldete die $CO_2$-Emissionen, die jedes Land in Zukunft bei größter Anstrengung maximal emittieren würde. Aufaddiert ergaben die gemeldeten Ziele im Jahr 2016 jedoch +3,2 Grad oder +3,6 Grad. Was die Sache noch gefährlicher macht: Derzeit halten nur zehn Prozent der Nationen ihre selbst gesteckten und gemeldeten Ziele tatsächlich auch ein. Wir müssen deswegen realistisch davon aus-

Der Weg aus der Klimakrise führt in den Wald.

#Beleafit

plant-for-the-planet.org

gehen, dass das Übereinkommen von Paris, umgesetzt von den Regierungen dieser Welt, die Klimaerwärmung nur auf +4 Grad begrenzen wird.

Die Industrieländer haben zudem als Teil des Pariser Klimaübereinkommens versprochen, ab dem Jahr 2020 einen Klimafinanzausgleich in Höhe von jährlich 100 Milliarden US-Dollar an die sich entwickelnden Länder zu zahlen. Die Begrenzung auf diese realistischen +4 Grad ist an diese Zahlung gekoppelt, denn sie ermöglicht saubere, erneuerbare Energien, dort, wo die Nachfrage danach steigt. Bundesentwicklungsminister Dr. Gerd Müller kündigte Ende 2018 an, dass Deutschland seinen Beitrag zum Weltklimafonds auf 1,5 Milliarden Euro verdoppeln würde. Damit liegt Deutschland an der Spitze. Indem die USA aus dem Übereinkommen von Paris aussteigen wollen, wollen sie sich erklärtermaßen auch von diesen Zahlungsverpflichtungen befreien.[277] Sollten mehr Nationen egoistisch »We First« denken und – wie angekündigt – auch Brasilien aussteigen, müssten sich die verbleibenden Staaten entsprechend mehr anstrengen und Gegenkräfte entwickeln.

# Die Ambitionslücke beträgt 500 Milliarden Tonnen $CO_2$

Zusätzlich zum Übereinkommen von Paris, dem Ergebnis von 25 Jahren intensiver Verhandlungen, müssen wir – wie vorn im Buch ausführlich erklärt – innerhalb der kommenden 30 Jahre weitere 500 Milliarden Tonnen $CO_2$ einsparen oder aus der Atmosphäre holen und wegspeichern. Die 500 Milliarden Tonnen bezeichnen viele als Ambitionslücke – die Lücke zwischen dem, was die Staatengemeinschaft erreichen möchte (maximal +2 Grad), und dem, was sie bereit ist zu leisten. Diese Ambitionslücke rührt daher, dass wir den Verhandlungsansatz geändert haben. Bei der großen Klimakonferenz in Kopenhagen aus dem Jahr 2009 hatten wir uns darauf geeinigt, dass nur noch eine begrenzte Menge an Treibhausgasen emittiert werden darf, um unter der 2-Grad-Grenze zu bleiben. Wir scheiterten allerdings daran, den Kuchen gerecht aufzuteilen. Die sogenannten entwickelten Länder wollten ihren Lebensstandard nicht so weit aufgeben, wie es die ärmeren Länder erwartet hätten, und die sogenannten sich entwickelnden Länder wollten hinsichtlich Lebensstandard und $CO_2$-Ausstoß mehr aufholen, als die reicheren es ihnen zubilligen wollten. Der

Kuchen erschien in Kopenhagen zu klein. Deshalb kam man sechs Jahre später in Paris überein, dass man zwar wieder die 2-Grad-Grenze als Ziel formuliert, aber statt das Budget auf die Länder zu verteilen, sollte sich jede Nation anstrengen und freiwillig verkünden, wie viel sie beitragen kann. Alle freiwilligen Ziele zusammengenommen reichen allerdings, wie oben beschrieben, nicht aus, um die 2-Grad-Grenze zu halten.

Zusätzlich würden die reichen Länder die armen finanziell dabei unterstützen, damit sie nicht dieselben $CO_2$-intensiven Entwicklungen machen wie wir. Sie sollen direkt von Behausungen ohne Elektrizität auf Behausungen mit Solarenergie umsteigen können und dabei den Umweg über die klimaschädliche Kohleverstromung auslassen. Im Wirtschafts-Fachjargon bezeichnet man das als »Leap-Frogging«: mit einem großen Sprung eine Entwicklungsstufe auslassen. Darüber hinaus sollen aber mit den 100 Milliarden auch Maßnahmen zur Anpassung an die Klimaerwärmung in den ärmeren Ländern finanziert werden.

Seit 2010 war klar, dass es die Ambitionslücke geben würde, seit 2016 kann ihre Größe mit 500 Milliarden Tonnen $CO_2$ beziffert werden. Paris wurde dennoch zu Recht als Erfolg gefeiert, weil das bodenlose Fass damit schon einmal einen Boden eingezogen bekommen hat. Das Fass ist freilich zu groß, aber Paris schaffte einen Boden. In der Bevölkerung entstand allerdings der falsche Eindruck, dass Paris die 2-Grad-Grenze einhalten würde, weil das ja als Zielgröße genannt wurde. Man ging in Paris sogar noch einen Schritt weiter und nannte +1,5 Grad als zweite Zielgröße. Das erweckte bei vielen Menschen die Hoffnung, dass sogar noch +1,5 Grad möglich wären. Tatsächlich sind die +1,5 Grad den Inselstaaten geschuldet. Seit der Klimakonferenz im mexikanischen Cancún im Jahr 2010 erklären die Vertreter der Inselstaaten, dass sie die 2-Grad-Grenze nicht mittragen können, weil ihre Inseln als Folge des

Anstiegs des Meeresspiegels dann verschwunden sein werden. Wenn wir das zu Ende denken und wissen, dass wir in 30 Jahren niemanden der heute verantwortlichen Politiker zur Rechenschaft ziehen können, weil sie alle im Rentenalter oder verstorben sein werden, dann wissen wir, dass wir heute dringend handeln müssen, wenn wir nicht zu den Verlierern zählen wollen. Ich rate jedem, sich mit dem verbleibenden $CO_2$-Budget zu beschäftigen und zu begreifen, dass die Natur unbestechlich ist und wir mit der Physik keine politischen Konsensgespräche und Verhandlungen führen können. Einen guten Einstieg dafür bietet das Mercator Research Institute on Global Commons and Climate Change. Unter der Internetseite »So schnell tickt die $CO_2$-Uhr« gibt es den globalen $CO_2$-Countdown in beeindruckender Geschwindigkeit zu beobachten.[278]

9. März 2018: Fürst Albert II. von Monaco und Felix Finkbeiner unterschreiben die Billion-Baumerklärung (Trillion Tree Declaration).

# Die Klimafrage entscheidet sich in Afrika und Indien

Heute emittiert China mehr als die USA, Europa und Russland zusammen. Auch pro Kopf gerechnet liegt China bei 7,8 Tonnen $CO_2$, während Europa bei 6,8 Tonnen $CO_2$ pro Kopf liegt. Es leben zehnmal mehr Chinesen als Deutsche und Franzosen zusammen auf der Erde. Im letzten Jahrzehnt hat China erfolgreich die Armut im Land reduziert und auch sonst sehr viele der sogenannten Sustainable Development Goals (SDGs, nachhaltige Entwicklungsziele der Vereinten Nationen) erreicht. Aber das 13. SDG der Vereinten Nationen, das Klimaziel, hat China dabei vollkommen gerissen. In den letzten fünf Jahren hat China mehr Beton und Stahl verarbeitet als die USA in ihrer gesamten Geschichte. Beton und Stahl sind zusammen für zehn Prozent der weltweiten $CO_2$-Emissionen verantwortlich. Indien und Afrika planen bei SDG 8 (Arbeit und Wirtschaft) ein Wirtschaftswachstum von jährlich sieben Prozent.

Wir wollen, dass Indien und Afrika Wohlstand erreichen. Deswegen müssen wir einen Weg finden, wie sie das schaffen, ohne dass ihre $CO_2$-Emissionen zunehmen. Allein die Bevölkerung in den 54 Ländern Afrikas wird sich bis 2050 auf 2,4 Milliarden Menschen verdoppeln. In Indien werden in gut 30 Jahren um ein Drittel mehr Menschen leben, nämlich 1,65 Milliarden. Natürlich müssen wir dazu noch die Entwicklung in Ländern und Regionen wie Bangladesch, Pakistan, Indonesien, Lateinamerika usw. im Kopf haben. Die Zuspitzung auf Afrika und Indien soll hier lediglich helfen, die Dimension der Veränderung zu verdeutlichen.

Viele Menschen fragen sich in Anbetracht der schier endlosen Sommer und schmelzenden Eisfelder, was sie persönlich gegen die Klimakrise tun können. Die wirkungsvollste Maßnahme ist, ganz auf das Fliegen zu verzichten. Denn bereits ein Hin-und Rückflug von Deutschland nach New York verursacht rund vier Tonnen $CO_2$ und damit fast 40 Prozent des durchschnittlichen Jahresausstoßes eines Deutschen. Ferienziele, die Sie mit der Bahn erreichen können, sind der wirksamste Hebel.

Oder werden Sie, wie viele der Kinder und Jugendlichen von Plant-for-the-Planet, Vegetarier. Nur einen Tag in der Woche kein Fleisch zu essen, wie es die Grünen zögerlich als »Veggie-Day« vorgeschlagen hatten, ist ungefähr so wertvoll, wie einen Tag in der Woche nicht Auto zu fahren – nicht genug. Aber noch viel wichtiger: Werden Sie politisch! Gehen Sie auf Demos, und gehen Sie in die Politik. Die Politik braucht Menschen, die steuern und Spielregeln festlegen, damit sich auch andere richtig verhalten. Treten Sie einer Organisation bei, die sich für Klimaschutz einsetzt. Beteiligen Sie sich an Petitionen! Motivieren Sie andere dazu, sich klimabewusst zu verhalten, teilen Sie mit anderen auf der Zugfahrt ihre Ansichten. Wenn zwei Menschen jeden Monat zwei weitere Menschen überzeugen und diese die Idee auch weitergeben, dann teilt in 33 Monaten die gesamte Menschheit dasselbe Ideal, denn 2 hoch 33 ist acht Milliarden. Kompensieren Sie Ihren $CO_2$-Ausstoß durch Aufforstung in den Ländern des Südens, und motivieren Sie andere dazu, dasselbe zu tun. Damit verschaffen wir der Menschheit, also uns, das Wichtigste, was wir derzeit brauchen: Zeit, um die notwendigen Veränderungen auf der Welt in Richtung Nachhaltigkeit umzusetzen.

# Holz lebt. Holz ist Leben. Holz aus 1000 Milliarden neuen Bäumen speichert 250 Milliarden Tonnen $CO_2$.

Uns stehen weltweit 1,5 Milliarden Hektar Flächen zur Verfügung – das sind zehn Prozent der Landfläche der Welt – die wir mit 1000 Milliarden neuen Bäumen wieder aufforsten können. Derzeit wachsen 3000 Milliarden Bäume auf der Welt.[279] Die weiteren 1000 Milliarden können wir zum Bestand dazupflanzen, ohne in Konkurrenz zu Siedlungen oder zur Landwirtschaft zu kommen und ohne in Wüsten pflanzen zu müssen. Diese 1000 Milliarden Bäume können wir dort pflanzen, wo vor Jahren und Jahrzehnten schon Bäume wuchsen, die aber gefällt und nicht ersetzt wurden. Diese 1000 Milliarden neuen Bäume schaffen Wohlstand in den armen Ländern. Hundert Millionen neue Arbeitsplätze entstehen, Bäume bringen Nahrung und Artenvielfalt. Bäume sind eine wertvolle nachwachsende Ressource. Ge-

Holz

erntet macht das Holz Platz für neue wertvolle $CO_2$-Speicher – und auch für neue Arbeit in Baumschulen, beim Pflanzen und Pflegen. Holz kann Stahl und Beton als Baumaterial ersetzen. Im Wiener Stadtteil »Seestadt Aspern« entsteht derzeit das 84 Meter hohe Holzhochhaus HoHo. Dort werden 3600 Kubikmeter Holz verbaut. Das weltweit höchste Gebäude aus Holz wird derzeit in London geplant. Es soll 1000 Wohneinheiten umfassen und nach Fertigstellung mit 300 Metern die Höhe des Eiffelturms erreichen.

Es gibt heute bereits hervorragende Textilien, die zu 100 Prozent aus Holzfasern bestehen. Während jedes T-Shirt aus Baumwolle einen 2000-Liter-Wasserrucksack mit sich herumträgt, ist jedes »Tree-Shirt« ein Kohlenstoff-, also ein »C«-Speicher (übrig bleibt das »$O_2$« für die Atmosphäre: Sauerstoff). Heute gibt es bereits »Plastik-Spielzeug« aus Holz, also Spielzeug, das zwar anmutet wie Plastik, tatsächlich aber aus Holz ist. Schon bald soll es auch die ersten »Plastik«-Flaschen aus Holzfasern geben.[280]

1000 Milliarden neue Bäume – gepflanzt und gepflegt – binden Jahr für Jahr mindestens zehn Milliarden Tonnen $CO_2$ und damit gut ein Viertel des menschengemachten $CO_2$-Ausstoßes. Bis zum Jahr 2050 werden diese zusätzlich gepflanzten Bäume gut 250 Milliarden Tonnen $CO_2$ aus der Atmosphäre gezogen haben. Wir müssen sie nur pflanzen. Jetzt!

Wenn wir das Holz auf dem Wachstumshöhepunkt des Baumes ernten,

Genossenschaftsüberbauung Grünmatt der FGZ in Zürich. Vierzehn mehrgeschossige Holzgebäude mit 176 Familienwohnungen.

das Holz in langlebigen Holzproduk-ten verarbeiten und neue Bäume pflan-zen, können wir sogar noch mehr $CO_2$ aus der Atmosphäre holen oder, wie man sagt, negativ sequestrieren. Fast noch einmal dieselbe Menge, die wir in Holzprodukten speichern können, lässt sich in der Landwirtschaft binden, etwa durch Humusbildung und An-reicherung durch Bio-Holzkohle, also das Verkohlen von Holzresten, die als schwarze Erde (Terra preta) in den Bo-den gegraben werden. Eines müssen wir lernen: Holz ist für unser Überleben als »C«-Speicher so wichtig, dass wir es auch nicht mehr nur energetisch um-wandeln sollten. Holz ist der ideale Rohstoff für eine Kaskaden-, also eine Mehrfachnutzung. Während ein Beton-träger beim Abriss eines Hauses nur

zermahlen werden kann, kann ein Holz-element mehrfach wiederverwendet werden. Und am Ende seiner Lebens-zeit fördert Holzkohle, im Boden ein-gebracht, das Wachstum neuer Bäu-me – und damit die $CO_2$-Aufnahme. In unseren Schulbüchern lehren wir heu-te noch, dass der Baum Sauerstoff pro-duziert und vor allem deswegen unser lebenswichtiger Freund ist. Das müssen wir ändern. Der Baum ist unser überle-benswichtiger Freund, weil er das »C« speichert, das wir derzeit im Übermaß in die Luft freisetzen. Der Baum ist das einzige unschlagbar günstige, einfach zu vermehrende, in allen Kulturen vor-handene System, um $CO_2$ zu spalten und das »C« dabei sofort in eine wert-volle Ressource umzuwandeln – von ganz allein! Holz lebt! Holz ist genial!

# Beleaf-it – Holz hilft, die Kluft zwischen Arm und Reich zu schließen

Norbert Röttgen, damaliger Bundes-umweltminister, verdanken wir es, dass die deutsche Bundesregierung Wangari Maathais Aufruf zur Billion Tree Campaign aufgegriffen hat und dass Deutschland seit dem Jahr 2011 die weltweite Aufforstungsbewegung anführt: mit der Bonn Challenge. Wir

haben damals gemeinsam zum Start der Bonn Challenge in Bonn einen symbolischen Baum gepflanzt. Im Jahr 2015 bekam die Bonn Challenge Unterstützung von Entwicklungsminis-ter Dr. Gerd Müller mit der AFR100 (African Forest Landscape Restoration Initiative). Gemeinsam wollen beide

4. Mai 2010, Bonn, Deutschland: Der millionste Baum wird gepflanzt.
Rechts neben dem Baum: Bundesumweltminister Norbert Röttgen, der
15 Monate später zusammen mit IUCN die Bonn Challenge ins Leben rief.

Initiativen bis 2030 insgesamt 350 Millionen Hektar mit Bäumen restaurieren. Bis zur Drucklegung des Buches versprachen bereits 57 Länder, insgesamt 170 Millionen Hektar zur Renaturierung zur Verfügung zu stellen.[281] Freilich ist eine Renaturierung mehr als ein Wald, und ein Wald bedeutet mehr als Bäume. Dennoch vereinfachen wir von Plant-for-the-Planet bewusst und zählen Bäume. Jeder Fachmann rümpft da die Nase und spricht von Hektar. Aber wer hat schon im Gedächtnis, dass ein Hektar 100 mal 100 Meter umfasst? Damit eine Vision unterstützt wird, muss sie verstanden werden, von so vielen Menschen wie möglich. Setzen wir 500 Bäume pro Hektar an,

werden auf den 350 Millionen Hektar 175 Milliarden Bäumen wachsen und damit bereits 17,5 Prozent unseres Ziels. Zusammen mit den in den letzten zwölf Jahren gepflanzten 14 Milliarden Bäumen, hätten wir dann bereits 19 Prozent der Strecke geschafft, die wir gehen, besser rennen müssen. Eine gute Basis, auf der wir aufbauen können. Wir müssen aber ambitionierter und vor allem viel schneller werden!

Vision

# Wir müssen den geopolitischen Joker spielen

Im reichen Teil der Erde haben wir Geld, aber wenig Flächen, die wir wiederaufforsten könnten. Außerdem wachsen die Bäume in den klimatischen Bedingungen Mitteleuropas oder Nordamerikas vergleichsweise langsam und stellen daher weniger $CO_2$ sicher, als Bäume, die in (sub-) tropischen Regionen wachsen. Während der Waldanteil in Deutschland und der Schweiz bei 32 Prozent und in Österreich bei 47 Prozent der Gesamtfläche des jeweiligen Landes liegt, beträgt der Anteil in Kenia nur knapp acht Prozent und in Äthiopien knapp 13 Prozent. Außerdem liegen die Arbeitskosten in diesen Ländern wesentlich niedriger. Also geben die Reichen das, was sie haben, nämlich Geld an die Armen. Damit können sie für uns alle $CO_2$-Speicher und für sich selbst Einkommensquellen pflanzen: Bäume für die Entwicklung und das Klima.

Bevor ich nun auf die Aufforstung eingehe, will ich außerdem aufzeigen, dass wir einen zweiten ungenutzten geopolitischen Joker in unseren Händen halten, der genauso intelligent Entwicklung und Klima miteinander verbindet und uns hilft, den Rest der Ambitionslücke zu schließen: DESERTEC, die Nutzung von Wüsten für saubere Energie.

# DESERTEC macht die Armen sauber reich und die Reichen sauber

Einen ähnlich großen Joker, wie ihn uns die Aufforstung schenkt, schenken uns die Wüsten der Welt, weil wir daraus ganz einfach die Energie für eine überall reiche Welt gewinnen können.

Tatsächlich haben wir auf der Erde keinerlei Energieprobleme, denn die Sonne sendet binnen weniger Stunden die gesamte Energiemenge in die Wüsten der Erde, die alle Menschen in einem ganzen Jahr brauchen. Zusätzlich zur dezentralen Versorgung mit erneuerbaren Energien sollten wir uns bewusst sein, dass 90 Prozent der Menschheit mit sauberer Energie aus der Wüste versorgt werden könnte, da sie im Umfeld von 3000 Kilometern einer Wüste leben und der Transportverlust mittels

Hochspannungs-Gleichstrom-Übertragung (HGÜ) über diese weite Distanz nur zehn Prozent beträgt.

Sonnenwärmekraftwerke, auch Concentrated Solar Power (CSP)-Plants genannt, eignen sich im Gegensatz zu Photovoltaik gut, um mit Sonnenenergie große Mengen an regelbarem Strom zu erzeugen. Diese Kraftwerke nutzen Spiegel, um Sonnenlicht zu bündeln und in Wärmeenergie zu verwandeln. Die am Tag gewonnene Wärme wird in Wärmespeichern, zum Beispiel Flüssigsalztanks, gespeichert und treibt damit auch nachts Dampfturbinen an. Bei länger anhaltendem schlechtem Wetter kann in Hybridkraftwerken eine Zusatzfeuerung durch Öl, Erdgas oder Biomasse die Versorgungssicherheit gewährleisten, ohne dass teure Ersatzkraftwerke hochgefahren werden müssen. Auch Photovoltaik (PV) und Windkraft ist bei DESERTEC[282] integriert. Strom aus PV und Wind kann heute bereits wesentlich billiger erzeugt werden als solarthermisch, braucht aber zusätzlich Speicherung, damit auch nachts Elektrizität aus Solarenergie in das Netz eingespeist werden kann. DESERTEC, die große Jahrhundert-Vision, ist ein wichtiger Schlüssel für unsere Zukunft! Anlässlich unseres Youth Summits im Jahr 2015 schlossen wir Jugendlichen von Plant-for-the-Planet mit Roland Berger, dem Kuratoriumsvorsitzenden der DESERTEC-Foundation, einen Generationenvertrag.

Die DESERTEC-Vision setzte sich beim ersten Start vor zehn Jahren nicht sofort durch, weil die deutschen Energieversorger noch dachten, dass Atom- oder Kohlestrom die gewinnbringenderen Alternativen für sie wären und eine Konkurrenz aus Afrika verhindert werden müsse. Es wurde erfolgreich das Framing (Deutungsraster) in die Welt gesetzt, dass wir Europäer ja nun 500 Jahre Afrika geplündert hätten und jetzt doch bitte den Afrikanern die Sonne für ihre eigene Entwicklung lassen sollten. Das klang für viele nachvollziehbar. Leider tappten auch viele in diese Framing-Falle, die vehement erneuerbare Energien fordern, aber als einzig gangbaren Weg an eine dezentrale Energieversorgung glauben. Bis zu einem gewissen Grad mag das in einem reichen Land wie Deutschland funktionieren.

Wir sind EINE Welt und müssen lernen, gemeinsam unsere geopolitischen Vorteile zu nutzen. Wenn wir der Logik folgen, dass Afrika die Sonne nur für die eigene Entwicklung nutzen soll, dann sollten wir die Afrikaner konsequenterweise auch auffordern, alle Kakaobohnen selbst zu essen, und hierzulande auf Schokolade verzichten.

Wir übersehen dabei nämlich, dass zu Beginn einer Technologie viele Milliarden US-Dollar an Investitionen in Solarparks notwendig sein werden und der Investor schneller bereit ist zu investieren, wenn zumindest ein Teil der Stromabnehmer aus dem reichen Teil der Welt kommt. So birgt der Businessplan geringere Risiken. Wir können ja vereinbaren, dass bei jedem Projekt in Afrika 50 Prozent des Stroms für den Export vorgesehen werden soll und 50 Prozent für den Verbrauch und damit die Entwicklung im eigenen Land.

Ende 2018 unterzeichneten Frankreich, Deutschland, Marokko, Portugal und Spanien eine gemeinsame Erklärung, um ihre Märkte für erneuerbaren Strom zu öffnen, indem gewerbliche Verbraucher über sogenannte Stromabnahmevereinbarungen (Power Purchase Agreements, PPA) Strom aus erneuerbaren Quellen beziehen können. Damit könnten Länder wie Algerien, Tunesien und Marokko sauberen Strom beispielsweise an die Deutsche Bahn liefern oder an IT-Unternehmen, die große Datenmengen verarbeiten. Ein großartiger Durchbruch!

In Ouarzazate, Marokko, entsteht seit 2013 der mit zwei GW weltgrößte Solarpark. Er heißt Noor, dieses Wort steht in der arabischen und persischen Sprache sowie in Urdu für »Licht«.

Noor produziert ausschließlich für die marokkanische Bevölkerung. Mit diesem Solarpark wird Marokko, ein Land, das vorher 97 Prozent seiner Energie importieren musste, sich innerhalb von weniger als zehn Jahren zu 42 Prozent sauber machen! Noor kostet 2,7 Milliarden US-Dollar, wovon Deutschland – via dem Bundesministerium für wirtschaftliche Zusammenarbeit und Entwicklung (BMZ) und dem Bundesministerium für Umwelt, Naturschutz und nukleare Sicherheit (BMUB) – gut ein Drittel trägt. Noor ist gleichzeitig auch die größte solarthermische CSP-Anlage der Welt. Die Sonnenenergie wird nicht in Strom umgewandelt, der für die Nachtnutzung in Batterien gespeichert werden müsste, sondern wird als Hitze in Öl oder Salz gespeichert, bringt Wasser zum Kochen und betreibt eine Dampfturbine, die 365 Tage 24 Stunden lang saubere Energie liefert.

Es ist ein Leichtes, in Marokko wie in fast jedem anderen nordafrikanischem Land einen zweiten Solarpark für den Export zu installieren, wenn der Strom in Deutschland abgenommen wird. Für Produzenten erneuerbarer Energien eröffnen sich mit dieser Vereinbarung enorme Investitionsmöglichkeiten an den sonnigsten und windigsten Orten der Welt.

Auf einer Fläche von 300 mal 300 Kilometer in den Wüsten der Erde könnte die Energie für die gesamte Menschheit produziert werden. Welch ein gigantisches Entwicklungsprojekt. Wobei natürlich nicht eine große Anlage, sondern viele kleine dezentrale, auf die Wüsten der Welt verteilte Anlagen diese Energie liefern.

Ich bin in Uffing am Staffelsee, nicht weit vom Walchenseekraftwerk aufgewachsen, und mich hat die visionäre Kraft von Oscar von Miller immer begeistert, die man heute auch bei Tesla- und SpaceX-Chef Elon Musk wiederfindet. Von Miller war Bauingenieur, Elektrotechniker und Wasserkraftpionier. Er hat 1897 damit begonnen, den Bau dieses Hochdruck-Speicherkraftwerks zu planen, das bis heute eines der größten seiner Art in Deutschland ist. Während des Ersten Weltkriegs baute von Miller das Walchenseekraftwerk und elektrifizierte mit »weißer« Kohle – Strom aus Wasserkraft – die bayerische Bahn.

Unser Stiftungssitz ist das Bahnhofsgebäude von Uffing am Staffelsee, und mein Traum ist seit Jahren: Die Deutsche Bahn könnte wieder ein Vorreiter werden und sauberen Strom dort kaufen, wo er am saubersten und am günstigsten produziert werden kann und wo er gleichzeitig eine nachhaltige Entwicklung finanziert. Sauberer Strom während der Nachtstunden in Europa kann am billigsten in den Wüsten Nordafrikas produziert werden, egal ob durch Photovoltaik und Windräder plus Speicher oder durch

Solarthermie-Kraftwerk Noor Ouarzazate III in Dubai

Solarthermie mit bereits integriertem Speicher.

Mit DESERTEC erschließt sich den Menschen in Afrika eine neue, unbegrenzt zur Verfügung stehende Export-Ressource, völlig ohne negative Nebenwirkungen. Im Gegenteil: Im Schatten der Solaranlagen kann sogar in der Wüste Biomasse wachsen. Mit Energie lässt sich zudem Meerwasser in Süßwasser umwandeln.

Alternativ zur Stromproduktion, die Leitungen benötigt, kann mit viel Energie aus den Wüsten Afrikas aus $CO_2$ und Wasser synthetischer Kraftstoff hergestellt werden, auch Kerosin. Dazu dient das bereits 1925 entwickelte Fischer-Tropsch-Verfahren. In Hafennähe können so zahlreiche Sonnen- und Windparks in Nordafrika entstehen, die Kerosin für den Flugverkehr herstellen. Das Verfahren wird Power to Liquid (PtL) genannt.

Ich persönlich glaube nicht, dass wir Menschen in absehbarer Zeit völlig aufhören werden zu fliegen. Ich unterstütze jede Initiative, die das Fliegen reduziert. So finde ich »Flygskam«, das schwedische Wort für Flugscham, eine in jeder Hinsicht wertvolle Entwicklung des gesellschaftlichen Bewusstseins. Nur glaube ich, dass wir parallel dazu auch mit Nachdruck daran arbeiten sollten, sauberes Kerosin herzustellen – und dazu gibt es die Wüsten. Nach der Einführung einer $CO_2$-Steuer wäre es für eine Fluggesellschaft ökonomisch egal, ob es Kerosin aus einer fossilen Quelle oder synthetisch hergestelltes Kerosin verwendet. In jedem Fall wird so Fliegen teurer, und katastrophale Trends, wie Wochenendflüge quer über den Atlantik zum Shoppen, werden durch die höheren Preise weitgehend der Vergangenheit angehören. Wüsten werden so für Afrika zum geopolitischen Vorteil. Von dort aus können unsere Nachbarn in Afrika uns Europäer mit sauberer Energie versorgen und sich selbst sofort mit sauberer Energie entwickeln. Europa könnte im Gegenzug mit dem Geld für die Energie die Entwicklung in Afrika fördern, ein fairer Handel und ein Gewinn für beide Seiten.

DESERTEC und die weltweite Aufforstung folgen derselben geopolitischen Logik: Wir reichen Menschen finanzieren die Entwicklung zweier heute ökonomisch wenig wertvoller Flächen, nämlich degradierte Waldflächen und Wüsten, indem wir dort Hunderte Millionen Arbeitsplätze schaffen. Dadurch erreichen wir Entwicklung in derzeit noch armen Regionen und kompensieren gleichzeitig unseren hohen $CO_2$-Ausstoß. Als $CO_2$-Speicher bietet ein Baum das beste Preis-Leistungsverhältnis, funktioniert dezentral und sofort und liefert uns einen Zeitjoker für globale und geopolitisch intelligente Lösungen wie DESERTEC.

Das ist eine Partnerschaft auf Augenhöhe, im Rahmen des Marshall Plans, mit Afrika und dem Bundesministerium für Entwicklung und wirtschaftliche Zusammenarbeit. Selbstredend bieten sich auch Wüstengegenden Lateinamerikas, Wüsten in Indien und in anderen Teilen der Welt für die Gewinnung von Sonnenenergie an. Genauso muss auch die Aufforstung in vielen Teilen der Welt stattfinden, wenn wir die 1000 Milliarden neuen Bäume pflanzen wollen. Wenn ich im Folgenden von »Bäume pflanzen« spreche, dann meine ich damit immer auch die Baumpflege und den Waldschutz. Es macht in manchen Regionen natürlich viel mehr Sinn, bestehende Wälder zu schützen, bevor wir neue Bäume pflanzen. Zudem sollte der gepflanzte Baum gepflegt werden, weil sich so die Überlebensrate auf einfache Weise vervielfachen lässt.

# Beleaf-it – Die Reichen finanzieren die weltweite Aufforstung

Die Regierungen haben in Paris geliefert, was sie konnten. Wenn wir die letzten 25 Jahre realistisch betrachten, werden sie sich anstrengen müssen, die versprochenen 100 Milliarden US-Dollar auch bereitzustellen und damit die viel zu hohen Grenzen +3,2, +3,6 oder +4 Grad zu liefern.

Allein auf die Regierungen der Welt zu setzen wäre damit mindestens grob fahrlässig! Die weltweite Entwicklungshilfe betrug im Jahr 2017 gerade mal 146 Milliarden US-Dollar oder 0,31 Prozent des Bruttoinlandsproduktes der Geberländer, während wir reichen Länder seit dem Jahr 1970 versprechen, 0,7 Prozent unseres BIPs zu geben.

Zusätzlich zur realistischen 4-Grad-Paris-Grenze müssen wir bis 2050 weitere 500 Milliarden Tonnen $CO_2$ eliminieren, um die überlebenswichtige 2-Grad-Grenze zu halten. Der größte Teil wird über Aufforstung und Humusbildung möglich sein, der Rest über saubere Energie aus den Wüsten dieser Welt. Für Aufforstung und die Solarparks in den Wüsten brauchen wir vermutlich jedes Jahr bis zu 500 Milliarden US-Dollar. Um diese Summen aufzubringen, brauchen wir einen neuen Akteur in der Klima- und Entwicklungspolitik: den wohlhabenden Teil der Weltbevölkerung, vermögende Familien und Unternehmen. Das ist das eine Prozent der vermögenden Menschen auf der Erde. Sie leben nicht nur in Europa, Japan und den USA, sondern auch in Indien, Mexiko und Nigeria, also überall auf der Welt verstreut. Wenn jeder von ihnen jährlich nur 6000 US-Dollar in Aufforstung investierte, würden wir gleichzeitig auf diese Weise die Armuts- und die Klimakrise in den Griff bekommen.

Diese 75 Millionen Menschen, also das reichste eine Prozent der Welt, hätten drei Gründe, das zu tun.

Sie haben finanziell am meisten zu verlieren, sollten wir die Klimakrise nicht in den Griff bekommen. Ihnen gehören zwischen einem Drittel und der Hälfte aller Vermögenstitel auf dieser Erde, also 200.000 Milliarden US-Dollar. Ihre jährlichen Renditen liegen bei vielen Tausend Milliarden US-Dollar.

Sie emittieren durch ihren Lebensstil etwa 14 Prozent der weltweiten $CO_2$-Emissionen. Das heißt, ohne diese Top-Emitter, wie sie der Ökonom Prof. Franz Josef Radermacher in seinem kürzlich erschienenen Buch »Der Milliardenjoker«[283] nennt, wäre die Klimakrise nicht so ausgeprägt. Als Top-Emitter zählt auch jemand, der beispielsweise 200-mal im Jahr fliegt.

Das Vermögen dieses einen Prozents der Vermögenden ist in der Regel mit einem großen $CO_2$-Rucksack belastet, teilweise mehrere Generationen zurückreichend. Dafür können diese Menschen persönlich nichts, aber sie haben jetzt die Möglichkeit, etwas zurückzugeben.

Mit der »Beleaf-it«-Kampagne wollen wir eine weltweite Bewegung starten, bei der wir reiche Menschen und Unternehmen dazu motivieren, freiwillig einen Teil ihres Vermögens in die Klima- und Entwicklungspolitik zu investieren. Nur gemeinsam und mit allen zur Verfügung stehenden Ressourcen können wir das Überleben der Menschheit sichern, in einer Zivilisation, wie wir sie kennen. Den Privatsektor für die freiwillige Klimaneutralität zu gewinnen wird damit zur Schicksalsfrage der Menschheit.

# Unternehmen, die sich über Aufforstung klimaneutral stellen, haben Vorbildfunktion

Es gibt unzählige Beratungsunternehmen und Plattformen im Internet, über die jeder Mensch und jedes Unternehmen den jährlichen $CO_2$-Ausstoß ermitteln kann. Je mehr Aufwand man betreibt, desto genauer stimmt der $CO_2$-Ausstoß mit der Wirklichkeit überein. Sehr grob kann man in einem ersten Schritt über Branchenkennzahlen den Ausstoß hochrechnen. So liegt der $CO_2$-Ausstoß beispielsweise bei großen Versicherungen und Banken bei drei Tonnen pro Mitarbeiter und Jahr. Eine Bank mit 10.000 Mitarbeitern müsste somit rund 30.000 Tonnen $CO_2$ kompensieren und dazu jährlich 300.000 neue Bäume pflanzen und über die Jahre auch pflegen lassen. Ein Baum bindet weltweit im Durchschnitt zehn Kilogramm $CO_2$ pro Jahr und bei einer angenommenen Standzeit von zehn Jahren 100 Kilogramm $CO_2$ während seiner Lebenszeit. Der hier sehr konservativ gewählte Zeitraum über zehn Jahre berücksichtigt sämtliche denkbaren Naturkatastrophen.[284] Weltweit gibt es zahllose Projektentwickler und unabhängige Zertifizierer, die Unternehmen und Menschen diese $CO_2$-Bindung und damit ihre Klimaneutralität bestätigen. Natürlich ist es zusätzlich notwendig, dass diese Menschen und Unternehmen weniger $CO_2$ ausstoßen und ihren $CO_2$-Ausstoß ständig Richtung null reduzieren. Der Dreiklang heißt »Vermeiden, Vermindern, Kompensieren«. Die große Herausforderung unserer Generation liegt darin, diese Transformation zu einer nachhaltigen und $CO_2$-freien Wirtschaft zu bewältigen.

Die gute Nachricht lautet: Es gibt die dazu notwendige Technik, es gibt alles nötige Wissen, und es gibt das nötige Geld. Die schlechte Nachricht: Technik, Wissen und Geld gab es auch schon vor 25 Jahren, und wir haben in dieser Zeit den $CO_2$-Ausstoß dennoch nicht reduziert, sondern im Gegenteil deutlich erhöht. Warum sollten wir also jetzt plötzlich darauf vertrauen, dass dieser in Zukunft vermindert und vermieden wird?

Damit ich nicht missverstanden werde: Wir müssen die Unternehmen dazu drängen zu vermeiden und zu vermindern, und wir müssen die Regierungen

Vorbilder

dabei unterstützen, damit das Übereinkommen von Paris die 2-Grad-, besser die 1,5-Grad-Grenze einhalten wird. Aber wir dürfen uns nicht darauf verlassen, dass das allein ausreichen wird. Wir müssen parallel, zusätzlich und freiwillig Bäume pflanzen, so viele wir können – und das sind diese 1000 Milliarden zusätzlichen Bäume.

Eine aus Uganda stammende Weisheit bringt es auf den Punkt: »Die beste Zeit, einen Baum zu pflanzen, war vor 20 Jahren, die zweitbeste Zeit ist jetzt.«

Prof. Ottmar Edenhofer, Chef des Potsdam-Instituts für Klimafolgenforschung (PIK), verwendet ein eindrückliches Bild für die internationale Klimapolitik und vergleicht sie mit einem durch Lebensstil übergewichtigen Menschen, der sich vorgenommen hat, einen Marathon zu laufen. Eigentlich müsste er trainieren, stattdessen setzt er sich aber auf die Couch, öffnet eine Tüte Chips und sieht sich eine Sportsendung im Fernsehen an. Diese »Aufschieberitis« ist gefährlich, denn der Planet überhitzt, Lebensräume gehen verloren, verheerende Naturkatastrophen drohen mit Überschwemmungen, Hitzewellen und billionenschweren Schäden. Deshalb fordert Edenhofer auch seit Jahren eine $CO_2$-Steuer von etwa 35 Euro pro Tonne. Diese $CO_2$-Steuer würde die Kohle weltweit verteuern und gleich-

zeitig erneuerbare Energien günstiger machen. Parallel dazu würde die Steuer auf Strom reduziert werden, damit der Bürger nicht stärker belastet wird und Proteste, wie Ende 2018 durch die »Gelbwesten« in Frankreich, ausbleiben. Verbraucher von Ökostrom hätten gewonnen, und wer fossilen Strom verbraucht, würde mehr zahlen als bisher. Ein solcher $CO_2$-Preis wäre auch eine Lösung für die deutsche Kohlekommission. Edenhofer vermutet aber, dass man stattdessen entscheiden wird, bis zu einem bestimmten Termin eine gewisse Gigawattzahl an Kohlestrom vom Netz zu nehmen. Das Problem dabei ist: Wenn man Kohlekraftwerke stilllegt, steigt damit der Strompreis, und es würde sich lohnen, die Produktion von nicht vollständig ausgelasteten Steinkohlekraftwerken wieder zu erhöhen.

Wir brauchen die $CO_2$-Steuer, aber bis wir diese erreicht haben, müssen wir sofort so viele Bäume pflanzen wie möglich. Bäume verschaffen uns Zeit, die wir in den letzten Jahren und Jahrzehnten verloren haben und die wir brauchen, um so intelligente Maßnahmen wie eine $CO_2$-Steuer einzuführen. Wir Kinder, Jugendlichen und jungen Erwachsenen wollen eine Zukunft haben, und wir verlangen nur, dass gerade einmal ein Prozent des weltweiten Bruttoinlandsproduktes in die

Rettung unserer Zukunft investiert wird. Dafür, dass es keinen Planeten B und damit keinen Plan B gibt, ist die Versicherung von einem Prozent geradezu geschenkt.

Seit den letzten zwölf Jahren, das ist mehr als die Hälfte meines Lebens, setzen sich meine Freunde und ich auf sehr vielen Ebenen für mehr Klimagerechtigkeit ein. Wir dürfen uns nicht mehr zufriedengeben mit weiteren Lippenbekenntnissen, wie: Wenn wir die 2020-Ziele nicht schaffen, dann schaffen wir bestimmt die 2030-Ziele! Deswegen bitten wir alle Menschen und Unternehmen, zusätzlich zu all ihren Anstrengungen, die sich aus den internationalen Klimaverhandlungen ergeben, sich freiwillig klimaneutral zu stellen – durch Aufforstung.

Dazu haben meine Freunde und ich die Billion Tree Campaign, das Erbe unseres großen Vorbilds, Wangari Maathai, weiterentwickelt in eine Plattform (unter www.plant-for-the-planet. org). Dort findet jeder Besucher zahlreiche Aufforstungsprojekte auf der ganzen Welt, die er direkt und völlig kommissions- und gebührenfrei für beide Seiten unterstützen kann. Satellitenbilder werden den Fortschritt eines jeden Projektes transparent machen, Beratungsunternehmen werden helfen, diese Projekte zu zertifizieren, eine Mobilisierungskampagne wird die Menschen darüber aufklären, wie genial Bäume sind, und dazu anspornen, mehr Bäume zu pflanzen.

Natürlich ist uns allen bewusst, dass es viel unethisch erlangtes Vermögen gibt. Trotzdem glauben wir: Es gibt kein schlechtes Geld für dieses Anliegen, nur gute Bäume. Ich bin der Überzeugung, dass wir das nächste Jahrzehnt

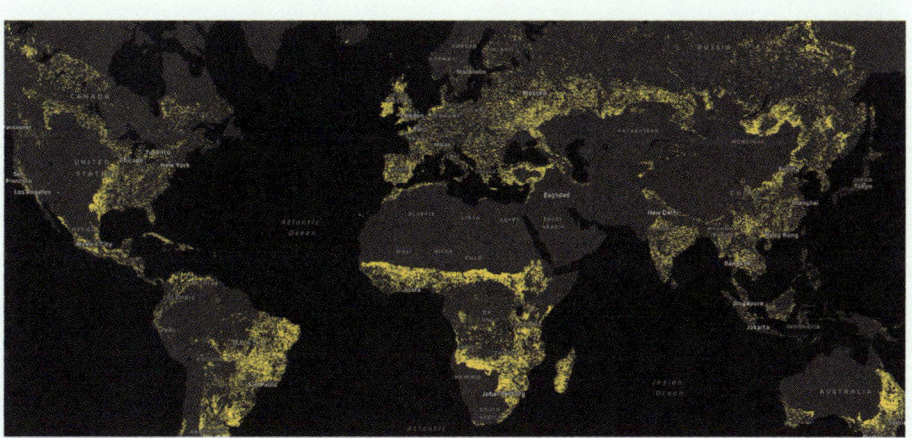

Globales Wiederaufforstungspotenzial

nutzen müssen, um diesen Zeitjoker von 1000 Milliarden Bäumen zu pflanzen. Denn nur der Baum, der gepflanzt und gepflegt wurde und damit wächst, holt auch $CO_2$ aus der Atmosphäre und bindet das »C« in Holz und Humus. Jeder Euro und jeder US-Dollar, der zur Aufforstung in den Ländern des globalen Südens verwendet und aus dem ein Baum wird, bindet wie bereits angesprochen pro Jahr im Durchschnitt zehn Kilogramm $CO_2$ und schafft darüber hinaus für etwa den Faktor zehn einen positiven Zusatznutzen an Entwicklung. Jeder Mensch und jedes Unternehmen, das so viele neue Bäume pflanzt, wie es $CO_2$ emittiert, wird in diesem Zusammenhang ein klimaneutral kompensiertes, das heißt: ein besseres Unternehmen. Begriffe wie »Greenwashing«, »Ablasshandel« und »Freikauf« müssen aus unseren Köpfen verschwinden.

Geben wir selbst unethisch erlangtem Geld die Chance, ein guter Nutzwald zu werden, der vielen Menschen in den sich entwickelnden Ländern Einkommen und Perspektive gibt, Fluchtursachen bekämpft und gleichzeitig $CO_2$ spaltet und den Kohlenstoff bindet. Geben wir den Menschen und Unternehmen, die besonders massiv zum Klimaproblem beitragen, die Möglichkeit, uns zu helfen. Wer sonst soll dieses größte weltweite Aufforstungsprogramm innerhalb weniger Jahre und Jahrzehnte finanzieren, wenn nicht vermögende Unternehmen?

Wir sitzen alle in einem Boot. Wenn wir untergehen, dann alle gemeinsam. Zu verlieren haben wir alle unser Leben, die Reichsten von uns noch dazu die größten materiellen Ressourcen. Manchmal wird die Sorge geäußert, dass Kompensation den Druck von Innovation nehmen würde. Diese teile ich in diesem Zusammenhang nicht. Denn natürlich wird immer das Unternehmen, das seinen $CO_2$-Ausstoß innerhalb seiner Branche am stärksten reduziert hat, den größten Wettbewerbsvorteil genießen und die Nase vorn haben. Jede vermiedene Tonne $CO_2$ bleibt immer die beste Tonne, und die Unternehmen, die keine klimaschädlichen Emissionen ausstoßen, werden zu den großen Vorbildern, den »Benchmarks« in jeder Branche, an denen sich die anderen orientieren. Es werden diese Unternehmen sein, bei denen wir arbeiten wollen und deren Produkte wir künftig kaufen werden. Akzeptieren werden wir auch Unternehmen, die sich durch Aufforstung klimaneutral stellen und die deswegen bei uns hoch im Kurs stehen. Schon sehr, sehr bald werden wir Unternehmen vermeiden, die eine »Weiter so!«-Strategie fahren oder die mit krimineller Energie betrügen, um eine auslaufende Technologie künstlich länger am Leben zu halten. Es geht hier nicht um Moral und Ethik, es geht ums Überleben. Weil wir die letzten 25 Jahre nicht genutzt haben zur Vermeidung und Verminderung, müssen wir in den kommenden zehn Jahren mehrgleisig arbeiten. Nicht entweder Reduktion oder Kompensation, sondern beides gleichzeitig: freiwillige Kompensation, zusätzlich zum Vermeiden und Vermindern. In diesem Zusammenhang begrüße ich sehr die »Allianz für Entwicklung und Klima«, die unser Bundesentwicklungsminister Dr. Gerd Müller Ende 2018 ins Leben gerufen hat. Hier soll eine breite Allianz von Unternehmen, Behörden, Kompensationsanbietern und Mitgliedern der Zivilgesellschaft dabei helfen, die 904 Millionen Tonnen $CO_2$, die Deutschland ausstößt, zu kompensieren. Das bedeutet, jährlich zehn Milliarden Bäume zu pflanzen.

Heute werden in Deutschland nur rund fünf Millionen Tonnen kompensiert. Was für ein starkes Zeichen an die Welt wäre es, wenn alle deutschen Unternehmen und Bürger jedes Jahr eine Milliarde Tonnen kompensieren würden – durch Aufforstung in den sich entwickelnden Ländern? Gehen wir von Kompensationskosten von 20 Euro pro Tonne aus, würden damit jährlich 20 Milliarden Euro gezielt in Aufforstungsprojekte fließen. Damit würde Deutschland seine heutigen Zahlungen in der Entwicklungszusammenarbeit in Höhe von rund 24,68 Milliarden US-Dollar nahezu verdoppeln.[285] Deutschland erreichte im Jahr 2016, nachdem es 44 Jahre lang versprochen hatte, 0,7 Prozent seines Bruttoinlandsproduktes in die Entwicklungszusammenarbeit zu investieren, erstmals diesen Prozentsatz. Nur die USA mit 32 Milliarden US-Dollar geben in absoluten Zahlen mehr Entwicklungshilfe an ärmere Länder als Deutschland, wobei dies allerdings nur 0,18 Prozent des US-BIPs entspricht.

Bedenken wir, dass die 20 reichsten Wirtschaftsnationen ein Bruttoinlandsprodukt von rund 70.000 Milliarden US-Dollar erreichen, dann betragen die Kosten für die weltweite Aufforstung mit 500 Milliarden US-Dollar, also für die Rettung der Menschheit, gerade einmal 0,7 Prozent im Jahr. Anders ausgedrückt: Die 75 Millionen reichsten Menschen unseres Planeten müssten dazu überschaubare 6000 US-Dollar im Jahr in zusätzliche Aufforstung stecken.

# Wir haben 60 Jahre weitgehend verloren – das nächste Jahrzehnt entscheidet

Johan von Mirbach beweist in seinem Film »Die geheimen Machenschaften der Ölindustrie«, dass Exxon und Shell seit 60 Jahren wissenschaftliche Studien und Kampagnen finanzieren, die den Klimawandel bis heute kleinreden.

Laut den Recherchen dieses Films wussten Exxon und Shell seit 1957, dass das Verbrennen fossiler Brennstoffe das Klima verändert – eigene, streng geheim gehaltene Forschungen hatten das ergeben. Die Ölunternehmen in den USA forschten aber nicht nur. Ingenieure von Exxon und Shell nutzen die Erkenntnisse über den zukünftigen Klimawandel schon seit Jahrzehnten für ihre Planungen: Ölbohrplattformen wurden wegen des stetig steigenden Meeresspiegels und der immer heftigeren Stürme höher und stabiler gebaut. Pipelines in der Arktis wurden wegen des schmelzenden Permafrostbodens stärker verankert.

Wo wären wir heute, hätten wir gemeinsam und beherzt schon vor 60 Jahren etwas gegen die Klimakrise getan! Stattdessen beauftragten die Firmen Gegenstudien, die über Lobbygruppen weit verbreitet wurden. »Sie finanzierten bewusst Studien, um die eigenen Ergebnisse zu diskreditieren«, so Carroll Muffett, Vorsitzender des Center for International Environmental Law in Washington, einer NGO, die sich mit Umweltrecht befasst: »Für mich ist das der größte Skandal der Menschheitsgeschichte.« Mittlerweile haben zwei Staatsanwaltschaften in den USA Ermittlungen aufgenommen gegen Exxon und andere Ölfirmen – wegen gezielter Irreführung der Öffentlichkeit beim Thema Klimakrise.

Dank der Los Angeles Times und der Columbia Graduate School of Journalism finden sich unter https://insideclimatenews.org/ zahlreiche Originaldokumente. Im Jahr 2015 veröffentlichten vier Autoren das Buch »Exxon: The Road Not Taken«.[286] Noch am 19. Juli 1991 veröffentlichte Shell einen 28-minütigen Film, der vor den Gefahren des Treibhausgases $CO_2$ als Ergebnis der Verbrennung von fossilen Brennstoffen warnte. Die Kurzfassung mit knapp drei Minuten ist heute noch einer der besten Lehrfilme über die Klimakrise, die ich kenne.[287] Schon fünf Jahre vor der Produktion des entlarvenden Films hatte Shell in einem vertraulichen internen

Bericht die Auswirkungen des steigenden $CO_2$-Gehalts beschreiben lassen: 1986 warnten darin Shell-Mitarbeiter vor «schnellen und dramatischen Veränderungen« infolge des Klimawandels. Doch weder Exxon noch Shell bequemten sich, die Konsequenz aus den eigenen Erkenntnissen zu ziehen und eine umwelt- und klimafreundliche Unternehmenspolitik einzuleiten – im Gegenteil: Shell rief stattdessen Lobbygruppen wie die Global Climate Coalition ins Leben, die Zweifel an der Existenz des Klimawandels säen sollten. ExxonMobil wusste schon 1979 Bescheid und gründete laut Greenpeace USA sogar fast 150 Thinktanks und pseudo-wissenschaftliche Institute.[288] Shell investiert stattdessen seit Jahren in sogenanntes Schiefergas (engl.: »shale gas«), ein in Tonsteinen enthaltenes Gas, dessen Förderung als besonders klimaschädlich gilt.[289] [290]

Wir erinnern uns: 1989 fiel der Eiserne Vorhang, und die Spaltung der Welt schien vorbei. In Rio de Janeiro trafen sich 1992 die Vertreter aller Weltregierungen zum WSSD, zum Weltgipfel für nachhaltige Entwicklung. Der »Geist von Rio« beflügelte nun endlich die Menschen, gemeinsam die Herausforderungen anzupacken. Die Veröffentlichung des aufklärenden Films durch Shell zeigt, dass wohl damals auch in der Industrie noch so etwas wie Verantwortungsgefühl vorhanden war. Es erscheint logisch, denn die Zukunft der Menschheit rangiert vor Unternehmensgewinnen.

Letztlich setzte sich jedoch die Profitgier durch. Die Konzernverantwortlichen vergaßen ihre Verantwortung für die Gesellschaft, wurden zu Erfüllungsgehilfen der Aktionäre oder ließen sich kaufen durch Einkommen, die an Aktienkurse gekoppelt waren. Zur selben Zeit, spätestens wohl im Jahr 2005, warfen die Verantwortlichen beim größten deutschen Automobilhersteller ihrerseits Verantwortung und Ethik über Bord. Bei dem Betrug ging es zwar nicht um Treibhausgase, sondern um die Manipulation von Stickoxiden, die nicht klimarelevant sind. Die Führungskräfte hatten die Verantwortung, zukunftsfähige Mobilitätskonzepte für die Menschheit zu entwickeln, die wir weltweit einsetzen können. Nach über 200 Jahren endete im Dezember 2018 der Steinkohle-

bergbau in Deutschland. Prof. Martin Stuchtey, ein Freund und mein früherer Chef bei Systemiq, schrieb dazu: »Die Steinkohle erinnert an die Industrialisierung, die Arbeiterbewegung, die Reichsgründung, zwei Weltkriege, das Wirtschaftswunder, den Aufstieg und Niedergang des Ruhrgebiets und an epische Debatten über Kohlepfennig und Energiewende. Der Ausstieg aus der Steinkohle erinnert auch daran, wie schwer es uns fällt loszulassen, auch wenn die Zeit gekommen ist. Der Wandel, den wir wollen und brauchen, wird

nur gelingen, wenn wir die Herzen und Köpfe derer gewinnen, die etwas zu verlieren haben.«

Wir sollten auch den Menschen eine Brücke bauen, die erst spät erkennen, dass sie bislang auf einem falschen Weg waren. Beispielsweise schließen sich immer mehr Menschen der Divestment-Bewegung an und desinvestitieren aus Unternehmen, deren Geschäftsfeld die Extraktion, Verarbeitung und der Vertrieb fossiler Energieträger ist – also die Mineralöl-, Erdgas- und Kohleindustrie.

# Beleaf-it – Aufforstung funktioniert auch mit Klimaleugnern

An dieser Stelle müssen wir auch die Taktik der Klimaleugner beleuchten. Sie formierten sich vermutlich in den 80er- und 90er-Jahren. Sie definieren Verantwortung als Verantwortung für den Auftraggeber beziehungsweise für dessen Aktionär, also einen Kapitalgeber, und verstecken sich hinter der Verantwortung, angeblich kurzfristig immer höhere Renditen erwirtschaften zu müssen.

Die Klimaleugner setzen intelligent an zwei unserer menschlichen Charakter-

schwächen an: der Bequemlichkeit und der Ignoranz. Die meisten Menschen wollen ihr Leben nicht ändern, und die Klimaleugner bieten ihnen Argumente. Der intelligenteste und Erfolg versprechendste Weg ist das »Framing« über Begriffe. So verbindet jeder Mensch zum Beispiel mit dem Begriff »Wandel« ein bestimmtes Bild. Das Wort »Wandel« ist durchaus positiv belegt, Barack Obama nutzte diesen Begriff erfolgreich im Wahlkampf. Als infolge des Erdgipfels in Rio de Janeiro im Jahr 1992 »Global Warming« zu Recht als Bedrohung wahrgenommen wurde und die Chance bestand, dass die Menschen darauf entsprechend reagieren, fortan ihr Verhalten ändern und sich für eine saubere Energieproduktion stark machen würden, empfanden das manche in den USA als eine Bedrohung für ihre Profite.

Frank Luntz, Meinungsforscher und Berater verschiedener republikanischer Kandidaten, empfahl den Republikanern im Jahr 2002, den Begriff »Climate Change« anstelle von »Global Warming« zu nutzen, da ersterer harmloser klinge als »globale Erwärmung«. Während globale Erwärmung in seinen Nebenbedeutungen auf etwas Katastrophales hindeute, würde Klimawandel eher auf »eine besser zu kontrollierende und weniger emotionale Herausforderung« verweisen. Außerdem, und das ist vielleicht sogar noch schlimmer, suggeriert der Begriff, dass der Mensch das Opfer des Wandels wäre und nicht der Verursacher der Krise. Folgerichtig mündet die Strategie in eine Anpassung an den Wandel und beschäftigt sich weniger mit der Vermeidung der Ursachen.

Die Strategie ist aufgegangen. Laut einer Studie der Yale Universität glauben 76 Prozent der befragten Amerikaner, dass »Global Warming« eine

Gefahr ist, aber nur 63 Prozent glauben, dass »Climate Change« eine ist. Wir von Plant-for-the-Planet verwenden deswegen immer konsequent den Begriff »Klimakrise«.

Frank Luntz weiter: »Fahrt damit fort, das Fehlen wissenschaftlicher Sicherheit zum Kernaspekt in der Debatte zu machen (...), betont die Wichtigkeit, erst dann zu handeln, wenn alle Fakten [bekannt sind]. (...) Das wichtigste Prinzip ist euer Bekenntnis zu solider Wissenschaft«.[291]

Der Begriff »Sound Science« (zu Deutsch: »solide Wissenschaft«) ist

ein von vielen Klimaleugnern benutztes Codewort, das zwar Objektivität suggerieren soll, tatsächlich aber zumeist für anti-wissenschaftliche Zwecke missbraucht wird. Kernmotiv dieses Argumentationsmusters ist, dass wissenschaftliche Erkenntnisse erst dann von Relevanz für die Politik sind, wenn sie absolute Sicherheit liefern können. Eine solche Annahme steht im diametralen Widerspruch zu der tatsächlichen Arbeitsweise wissenschaftlicher Forschung. Wir müssen verstehen, wer unsere Gegner sind, wie sie vorgehen, und dann lernen, mindestens genauso intelligent zu arbeiten wie sie.

Wissenschaftliche Sicherheit

In einer monatelangen Recherche haben die Journalistinnen Susanne Götze und Annika Joeres für die Süddeutsche Zeitung unter dem Artikel »Kohle, Kohle, Kohle« im Dezember 2018 Klimaleugner aufgespürt, wo niemand sie vermutet hätte.[292] Ihrer Recherche zur Folge zählt die US-amerikanische Lobbyvereinigung das Heartland-Institut dazu, deren Direktor Tim Huelskamp gegenüber der Süddeutschen Zeitung erklärt, dass »nur die fossilen Energien der Welt Frieden bringen würden«. Die Auswirkungen des Heartland-Instituts reichen bis nach Europa. Bei uns beraten sie als Wissenschaftler den Bundestag, sitzen als konservative und liberale Abgeordnete im EU-Parlament, führen neoliberale Wirtschaftsverbände und beeinflussen die Klima-Politik aller rechtsextremen Parteien in Europa.

In Deutschland arbeitet das Heartland-Institut eng mit dem EIKE-Institut, dem Europäischen Institut für Klima und Energie, zusammen. EIKE berät auch die rechtspopulistische AfD. »Das Klima wandelt sich, solange die Erde existiert« und »$CO_2$ ist kein Schadstoff«, heißt es im AfD-Grundsatzprogramm. Der Klimawandel ist ein Thema, das Rechtsextreme in Europa zunehmend zusammenschweißt. Gemeinsam versuchen sie, den Klimaschutz zu kippen.

Bald könnte jeder fünfte Abgeordnete in Brüssel einer rechtsextremen Partei angehören. Genau wie die Rechtspopulisten organisieren sich auch die Klimaleugner mittlerweile über die Landesgrenzen hinweg. Zwischen amerikanischen, australischen, kanadischen und europäischen Leugnern herrscht ein reger Austausch. Sie organisieren sich unter »clexit« – für den climate exit, dem Independent Committee on Geoethics (ICG) u. v. m., ignorieren die Grundlagenphysik und suchen sich Korrelationen und Zufälligkeiten heraus, um ihre Thesen zu untermauern.

In einem Memorandum vom 13. September 2018 von Businesseurope, dem Verband aller EU-Arbeitgeberverbände, werden seine Vertreter angeleitet, die Klimaziele der EU positiv zu kommentieren, aber zugleich verschiedene Wege zu nutzen, um Gesetze zu torpedieren. Beispielsweise, auf eine weltumspannende Lösung zu pochen oder zu behaupten, die zulässigen Emissionen seien nicht fair berechnet.[293]

Sollte auch bei uns in Europa das Leugnen so salonfähig werden wie heute bereits in den USA, dann könnten die Leugner noch erfolgreicher als bisher Gesetze gegen die Erderwärmung torpedieren. Manche Leugner, so die

Journalistinnen Götze und Joeres weiter, befinden sich allerdings bereits in der Nähe der Macht.[294]

Wir müssen die Klimaleugner nicht fürchten, wir müssen aber wissen, dass es sie gibt und wie sie arbeiten. Die Klimaleugner gehen intelligent und fokussiert vor. Sie haben es leichter als wir. Wir müssen die Menschen dazu bringen, lieb gewordene Verhaltensweisen zu ändern, während die Klimaleugner nur Zweifel zu streuen brauchen und einige der Zuhörer, die wir mit vielen Argumenten fast für unsere Sache gewonnen hatten, werden dankbar dafür sein, dass sie doch so weitermachen dürfen wie bisher.

Das beste Argument in einer Diskussion mit Klimaleugnern ist die No-Regret-Strategie. Sie basiert auf Konzepten und Verhaltensweisen, die unabhängig von der Klimakrise ökonomisch, ökologisch und sozial sinnvoll sind. Seit Anfang 2007 sind sich bekanntermaßen weltweit 97 Prozent der Klimawissenschaftler einig, dass der Mensch schuld ist an der Klimakrise. Im Gespräch mit einem Klimaleugner oder einem ihrer Sympathisanten können wir – ausdrücklich hypothetisch – einmal annehmen, das Verhältnis wäre umgekehrt, also nicht 97:3, sondern 3:97, und eine bestimmte Frage stellen: »Würden Sie in ein Flugzeug steigen, das mit dreiprozentiger Wahrscheinlichkeit abstürzen wird?« Wohl kaum! Wenn wir jetzt also Bäume pflanzen und in zwanzig Jahren feststellen, dass sie recht hatten und es nie eine Klimakrise gab, dann haben wir viel Wohlstand in die Länder des Südens gebracht und den Menschen dort eine Perspektive gegeben, um dort zu bleiben. Indem wir die Aufforstung in ihren Ländern finanzieren, brauchen sich die Menschen nicht als Migranten in Richtung unserer Länder aufmachen. Wir werden also nichts falsch gemacht haben!

Wir sind viel mehr als die Klimaleugner – die Hälfte der Menschheit auf unserer Erde ist jünger als 25 Jahre. Außerdem haben wir unter den heute mächtigen und älteren Menschen viele, viele Unterstützer. Die Klimaleugner kämpfen nur für Geld und Macht, wir aber kämpfen für unser Überleben in einer Zivilisation, wie wir sie kennenlernen durften, und wir haben nichts zu verlieren als unser Leben. Damit stehen sich zwei Gruppen mit egoistischen Motiven gegenüber. Die Klimaleugner wissen, dass sie am Ende verlieren werden, denn wir sind mehr, unsere Motivation ist stärker, und jedes Jahr wird mehr Menschen klar, dass wir recht haben. Wir müssen nur genauso intelligent arbeiten wie sie.

# Klimaklagen wirken

Viele unsere Botschafter haben sich in den letzten Jahren erfolgreich an unterschiedlichste Arten von Klimaklagen in verschiedenen Ländern beteiligt. Darüber hinaus unterstützen wir jede Art von Initiative, Klimaschutz in den Verfassungen von Staaten und Nationen zu verankern. Das gemeinsame Ziel ist, klimaschädlichem Verhalten einen Preis zu geben. Wenn schon Verantwortungsgefühl und Ethik sich bei den Vorständen der Unternehmen nicht von selbst durchsetzen können, sollen wenigstens die Rechtsabteilungen der Konzerne für verantwortungsloses und ethisch fragwürdiges Verhalten einen Preis nennen können, und sei es auch nur über eine Risikoabschätzung. Natürlich wäre es schöner, wenn die Verantwortlichen aus Verantwortungsgefühl das Richtige tun würden, aber wenn wir über die juristische Einsicht ein klimafreundliches Verhalten erreichen, sollte uns das ebenso glücklich machen.

## Papst Franziskus (82) – Laudato si'

Im Mai 2015 veröffentlichte Papst Franziskus im Hinblick auf die Klimakonferenz in Paris die Enzyklika »Laudato si'«, weil er die Auffassung vertritt, dass es dringend geboten ist, im Sinne des Klimaschutzes »politische Programme zu entwickeln«. In der Enzyklika bezeichnet Papst Franziskus die Lebensweise der Menschheit als »selbstmörderisch«. Insbesondere sei die globale Erwärmung »eine der wichtigsten aktuellen Herausforderungen an die Menschheit«, weswegen es von großer Bedeutung sei, den Treibhausgasausstoß »drastisch« zu reduzieren und aus der Verbrennung fossiler Energieträger auszusteigen. Der Papst fordert damit eine sogenannte Dekarbonisierung der Weltwirtschaft und einen Erdöl- und Kohleausstieg.

## Greta Thunberg (16) – Klimastreik

Greta setzte sich am ersten Schultag, dem 20. August 2018, mit einem Schild mit der Aufschrift »Skolstrejk för klimatet« (»Schulstreik für das Klima«) vor dem schwedischen Reichstag in Stockholm und begann ihren Protest. Greta argumentiert, dass die Politik viel zu wenig für Klimaschutz tue und damit unverantwortlich handle, insbesondere gegenüber den jungen Menschen. Sie will so lange weiterstreiken, bis ihr Heimatland Schweden die Treibhausgasemissionen um 15 Prozent pro Jahr reduziert. Hierbei argumentiert sie, Schweden als reiches Land habe die Verpflichtung, die Emissionen schneller zu senken als andere Staaten.

Weiter erklärt Greta, die Politiker verhielten sich unverantwortlich und wie kleine Kinder, daher sei es nun an der jungen Generation, ihre Zukunft selbst in die Hände zu nehmen und das zu tun, was die Politik schon lange hätte tun müssen. Die Jugend beginne zu verstehen, was ihr die ältere Generation mit der Klimakrise angetan habe. Daher müssten wir jungen Menschen nun selbst dafür sorgen, dass unsere Stimmen gehört würden.

Greta Thunberg sagte auf der UN-Klimakonferenz in Katowice 2018: »Was ich auf dieser Konferenz zu erreichen hoffe, ist die Erkenntnis, dass wir einer existenziellen Bedrohung ausgesetzt sind. Dies ist die größte Krise, in der sich die Menschheit je befunden hat. Zuerst müssen wir dies erkennen und dann so schnell wie möglich etwas tun, um die Emissionen aufzuhalten, und versuchen, das zu retten, was wir noch können.«

Ihre Klimaschutzaktionen sieht sie als wichtiger an, als an jedem Tag in der Woche die Schule zu besuchen. An andere Schüler gerichtet sagte sie, sie müssten nicht zwingend streiken, jeder solle für sich selbst entscheiden. Allerdings frage sie sich, welchen Sinn es habe, in der Schule für eine Zukunft zu lernen, wenn diese Zukunft schon bald nicht mehr existiere. Daher sei der Streik für sie wichtiger als die Schule.

Als Begründung für ihren Schulstreik, bei dem sie die Schulpflicht ignoriert, nannte Greta die Zukunftsvergessenheit der Erwachsenen: »Wir Kinder tun oft nicht das, was ihr Erwachsenen von uns verlangt. Aber wir ahmen euch nach. Und weil ihr Erwachsenen euch nicht für meine Zukunft interessiert, werde ich eure Regeln nicht beachten.«[295]

# Weltweites Mobilisieren

Der Wissenschaftskolumnist beim The New Yorker, Malcolm Gladwell, beschreibt in seinem Buch »Tipping Point«, wie Trends entstehen.[296] Trends, Ideen oder soziale Verhaltensweisen verbreiten sich genau wie ein Virus epidemisch: Jahrelang sind gerade mal ein paar Menschen davon betroffen, dann aber binnen kurzer Zeit ganze Massen. Worauf es ankommt, ist der »Tipping Point«, jener magische Moment also, in dem die Ansteckung ausgelöst wird und immer größere Fahrt aufnimmt. Wir neigen zu dem Glauben, dass nur groß dimensionierte Maßnahmen auch ähnlich große Wirkungen erzielen.

Weit gefehlt, behauptet Gladwell und belegt mit detaillierten Nachweisen das Gegenteil: Wer soziales Verhalten ändern will, kann gerade auch mit kleinen, aber präzisen Eingriffen Erfolg haben.

Klimastreiks könnten dank Greta zu einem solchen Trend werden. Im Mai 2015 trafen sich über einhundert Jugendliche aus vielen Teilen der Welt zum Plant-for-the-Planet Youth Summit in der Evangelischen Akademie Tutzing. Eines der Ergebnisse war der »Climate Strike«, zu dem wir schon damals aufriefen. Diese Idee startete anfangs sehr zäh, und es war fast zum Verzweifeln, denn nur wenige trauten sich zu streiken. Schließlich war es gegen die Ordnung, und deswegen stellte es sich als schwierig heraus, Freunde zu mobilisieren.

Greta brachte diese Idee 2018 zum Durchbruch. Ich glaube an die Synchronisation des Wissens und der Ideen und die Kraft und Kreativität der Jugend. Greta ist ein junger Mensch, einer von 3,75 Milliarden jungen Menschen auf dieser Welt, und Greta gibt uns allen den Mut und die Zuversicht, dass wir am Ende erfolgreich sein werden. Greta ist für uns alle ein Star.

**Wir sind alle Greta!**

Wir brauchen Mut, und wir müssen handeln! Jeder auf seine Weise, aber jeder beherzt – wie Greta.

Dabei ist wichtig: Es gibt sie nicht, die EINE Lösung, sondern eine Kombination von Hunderten von Ideen wird letztendlich den Durchbruch bringen. Lasst viele Blumen blühen, denn wir wissen heute nicht, welche sich durchsetzen wird. Wangari Maathai formulierte es einmal so: »Die kleinen Dinge, die Menschen tun, zeigen Wirkung. Das wird auf Dauer den Unterschied machen. Meine kleinen Dinge bestehen darin, dass ich Bäume pflanze.«[297]

Es gibt überhaupt keinen Grund, den Kopf in den Sand zu stecken. Ich bin ein optimistischer Realist. Als Realist sehe ich die Wahrscheinlichkeit, dass wir es nicht schaffen, die Welt in ein Gleichgewicht zu bringen, bei 70 Prozent. Als Optimist bin ich davon überzeugt, dass wir als Menschen alle Kräfte mobilisieren werden können, diese 30-prozentige Chance zu ergreifen und die weltweite Wirtschaft in eine nachhaltige Wirtschaft zu transformieren. Wenn wir jetzt beherzt damit anfangen und auch diejenigen einladen mitzuhelfen, die sich in der Vergangenheit als nicht besonders hilfreich oder sogar als Blockierer erwiesen haben, dann haben wir eine berechtigte Chance.

Wir haben das Wissen, den Willen, kennen jede notwendige technische Lösung, haben das Geld und den Mut. Außerdem sind wir jungen Menschen die Mehrheit auf der Erde – und das Wichtigste: Wir jungen Menschen sind nicht allein. Es gibt viele Millionen ältere, die für das gleiche Ziel kämpfen und uns mit ihrem unermüdlichen Einsatz unterstützen: Zuallererst Wangari Maathai, die im Jahr 2011 viel zu früh verstorben ist. Klaus Töpfer, Ernst Ulrich von Weizsäcker, Hans Joachim Schellnhuber, Franz Josef Radermacher, Achim Steiner, meine Eltern Karolin und Frithjof, Tom Crowther, Pirmin und Marianne Jung, Raul Negerete, Josep Santacreu, Mario Trevisan, Michael Durach, alle Mitarbeiter in unserem Team, Jürgen Janku und Hermann Waterkamp, der für uns »Stop talking. Start planting.« erfunden hat. Diese Menschen zeigen uns, dass wir nie, nie, nie aufgeben dürfen, sondern konzentriert und intelligent kämpfen müssen. Wir müssen Vorträge halten, Menschen aufklären, Menschen mobilisieren und unsere Kräfte bündeln!

**Stop talking. Start planting.**

# #Beleafit

**Der Weg aus der Klimakrise führt in den Wald.**
**Und wir brauchen Sie, um ihn zu beschreiten.**
**Die Klimapolitik braucht neue Player: die Unternehmen.**

## Unser Ziel
Die Erderwärmung auf unter
+2 Grad zu begrenzen.

## Wie wir das schaffen?
Mit 1000 Milliarden neuen
Bäumen, die $CO_2$ speichern und
uns so einen Zeitjoker im Kampf
gegen die Klimakrise geben.

## Wer die pflanzen soll?
Menschen auf der ganzen Welt,
besonders im globalen Süden,
wo die Bäume schneller wachsen.

## Was das kostet?
Nicht mehr, als wir weltweit
jedes Jahr in unsere
Militärbudgets investieren.

## Was das bringt?
Diese zusätzlichen Bäume binden
ein Viertel des menschengemachten
$CO_2$-Ausstoßes. Gleichzeitig
schaffen sie Wohlstand in
den armen Ländern des
globalen Südens.

## Wie viel Zeit wir dafür haben?
Bis 2030.

## Wer das zahlen soll?
Wir alle, Privatspender, die sich
fürs Bäumepflanzen begeistern.
Aber vor allem Unternehmen
mit freiwilliger Klimaneutralität,
die als First Mover vorangehen
und neue Bäume finanzieren.

## Bei +2 Grad kippt das Klima
Die Klimaschutzvereinbarungen
von Paris sind ernüchternd.
Selbst wenn alle Staaten alle
versprochenen Maßnahmen
umsetzen, steigt die Temperatur um
+4 Grad. Das hätte katastrophale
Folgen für die gesamte
Weltbevölkerung. Denn wenn
die globale Durchschnittstemperatur
um mehr als + 2 Grad steigt,
werden Kipppunkte im
Klimasystem überschritten.

Wunderpflanze gegen Klimakrise entdeckt: Der Baum.

#Beleafit

**Hier nur einige Beispiele:**

Der Albedo-Effekt: Je mehr Eis an den Polen schmilzt, desto weniger weiße Fläche reflektiert die Sonnenstrahlen. Im Gegenteil, es wird sogar mehr dunkle Fläche frei-gelegt, was die Erwärmung weiter anheizt. Noch mehr Eis schmilzt. Permafrostböden weichen auf, darin gespeichertes Methan entweicht – ein Treibhausgas, das 23-mal aggressiver ist als $CO_2$. Höhere Temperaturen machen Bodenbakterien aktiver und beschleunigen chemische Abbau-prozesse. Organisches Material wird schneller zersetzt, und es ge-langt mehr $CO_2$ in die Atmosphäre. Sie hätten nicht lineare, unumkehr-bare und kaum einschätzbare Folgen. Dürren und Überschwem-mungen führen zu Ernteausfällen, Menschen hungern. Lebensraum, Nahrung und Wasser werden knapp, es kommt zu Kriegen. Hunderte Millionen Klimaflüchtlinge sind zu erwarten. Europa droht heute bereits, an einer Million Flüchtlingen zu zerbrechen. Die Weltwirtschaft wird kopfstehen.

**Die Lösung: Bäume**

Die günstigsten, effektivsten und kinderleicht vermehrbaren $CO_2$-Speicher sind Bäume. In den kommenden zehn Jahren müssen wir 1000 Milliarden Bäume in die Erde bringen und die Abholzung der Regenwälder stoppen. Nur so könnten wir ein Viertel der men-schengemachten $CO_2$-Emissionen binden. Die Bäume verschaffen uns einen Zeitjoker, um noch rechtzeitig unsere $CO_2$-Emissionen auf null zu senken. Damit ermöglichen wir unseren Kindern und Enkelkindern eine lebenswerte Zukunft.
Werden Sie zu Helden.
Bis 2050 müssen 500 Milliarden Tonnen $CO_2$ zusätzlich eingespart oder der Atmosphäre zum Beispiel durch Bäume entzogen werden. Das wird 500 Milliarden Dollar jährlich kosten. Schon die 100 Milliarden Dollar für Nicht-Industrieländer, die im Paris-Abkommen vereinbart wurden, sind für die Politik in den Industrie-ländern fast eine Überforderung.

Neben der Politik brauchen wir deshalb einen zweiten starken Akteur in der Klimapolitik, und zwar den wohlhabenden Teil der Weltbevölkerung, etwa ein bis zwei Prozent der Weltpopulation. Ein großer Teil davon sind »High Emitters«, sie stoßen besonders viel $CO_2$ aus. Ohne sie gäbe es das Klimaproblem nicht.

Sie und ihre Partner – weltweit operierende Unternehmen und Organisationen, reiche Gemeinden und Städte, Lieferanten und Dienstleister – können sich freiwillig klimaneutral stellen und so mit jährlich 100 bis 500 Milliarden Dollar unter anderem Aufforstung und den Schutz der bestehenden Regenwälder finanzieren.

Gleichzeitig profitieren die High Emitters und Unternehmen ökonomisch am meisten davon, wenn eine Klimakatastrophe vermieden wird. Es geht für sie um die Absicherung ihres Lebensstils und Geschäftsmodells und ihrer vielen Eigentumstitel.

### Bäume schaffen Entwicklung

Indem Unternehmen und Privatspender Wiederaufforstung vorantreiben,

• geben sie Millionen von Menschen in den armen Ländern des globalen Südens Arbeit und Einkommen,

• ermöglichen sie Menschen eine Perspektive in ihrer Heimat und verringern die Zahl von Flüchtlingen,

• erhalten sie fruchtbaren Boden, Artenvielfalt und wertvolles Naturkapital,

• erschließen sie neue Nahrungs- und Rohstoffquellen für Menschen und Tiere,

• schaffen sie Wohlstand durch den Aufbau einer holzverarbeitenden Industrie mit langlebigen Holzprodukten, die den Kohlenstoff über Jahrzehnte bindet

• und helfen sie im Idealfall, eine holzverarbeitende Industrie nach dem genossenschaftlichen Prinzip aufzubauen, sodass die Wertschöpfung bei den Menschen vor Ort bleibt. 170 Millionen Hektar stehen bereit.

Wir sind heute weiter als je zuvor: Allein im Rahmen der AFR100 haben 27 afrikanische Länder versprochen, 111 Millionen Hektar – also rund 55 Milliarden Bäume – wiederaufzuforsten. Weltweit wurden im Rahmen der Bonn Challenge damit zusammen 170 Millionen Hektar Wiederaufforstung – also rund 85 Milliarden Bäume – versprochen.

### Der erste Schritt:

350 Millionen Hektar bis 2030 neu bepflanzen.

Eine riesige Fläche: 350 Millionen Hektar Land. Und nur noch 12 Jahre Zeit. Was wir jetzt brauchen, sind weltweit Zehntausende Pflanzprojekte.

Und transparent: Jeder soll jederzeit kontrollieren können, was auf den Pflanzflächen passiert. Die Pflanz-Organisationen sollen diese Transparenz so einfach wie möglich durch aktuelle Satellitenbilder herstellen, um bei Spendern und Investoren Vertrauen zu schaffen.

Konkret formulieren es die Bonn Challenge und AFR100 so:

350 Millionen Hektar sollen bis 2030 »under restoration« gebracht worden sein. Bis heute haben 57 Länder konkrete 170 Millionen Hektar ausgewählt, die sie der Menschheit zur Verfügung stellen, davon 111 Millionen Hektar in 27 afrikanischen Ländern. Bewusst vereinfachen wir diese Botschaft und gehen von 500 Bäumen pro Hektar aus. Auch ignorieren wir an dieser Stelle, dass es bei »Landscape Restoration« natürlich um mehr als um Wald geht. Diese Details findet der Besucher dann bei den konkreten Projektbeschreibungen.

### Was wir noch brauchen:

Eine Kampagne, die mitreißt. 1000 Milliarden Bäume pflanzen, um unsere Zukunft zu retten? Das ist unglaublich viel und scheint unmöglich. Es sei denn, wir alle glauben daran. Deshalb brauchen wir eine Kampagne, die »Ungläubige« und Unwissende zu »Beleafern« macht. Zu echten Optimisten, die an die Zukunft glauben und aktiv mitmachen.

Ein echtes Zeichen gegen die Klimakrise setzt man am besten mit einem Setzling.

#Beleafit

# #Beleafit

Unser plakatives Kampagnenmotto sorgt überall für Wiedererkennung und stärkt den Glauben an die Sache: Beleaf-it!

## Alle werden zu Beleafern!

• Die Kampagne funktioniert als Mitmachkampagne.

• Mit prominenten Botschaftern und Schirmherren, die sich als »Beleafer« outen.

• In Fernsehen, Hörfunk und Print: mit klassischen Anzeigen oder in kreativen Formaten.

• Bäume in der Tagesschau, Wetterfrösche als »Beleafer«.

• Über Influencer: Sie laden ihre Follower ein, Beleafer zu werden.

• Auf Events: Starke Kinder und Jugendliche treten als Redner auf großen Events auf – überall dort, wo viele und wichtige Menschen sie hören.

• Und Unternehmen werden klimaneutral.

**Auch sie sind Beleafer:** die Unternehmen, die mit zusätzlicher freiwilliger Klimaneutralität durch Aufforstung vorangehen.

I'm a Beleafer.

#Beleafit

plant-for-the-planet.org
Damit das Klima nicht
zur Katastrophe wird.

## Jeder macht sich klimaneutral!

Die Unternehmen vermeiden Emissionen und reduzieren ihren $CO_2$-Ausstoß, wo immer es möglich ist. Gleichzeitig und zusätzlich pflanzen sie für das $CO_2$, das sie nicht vermeiden können, Bäume.
Sie helfen mit, Kinder, Jugendliche und junge Erwachsene zu Botschaftern für Klimagerechtigkeit auszubilden.
Sie laden die Kinder zu Unternehmensevents ein, wo sie Reden halten – und ganze Branchen für Klimaneutralität begeistern.
Sie motivieren Mitarbeiter und Kunden zum Mitpflanzen, zum Beispiel mit einem Aufruf auf der Produktverpackung.

## Globale Aufforstung geht nur im World Wide Web.

• 1000 Milliarden Bäume brauchen eine stabile Plattform. Und zwar eine digitale: **www.plant-for-the-planet.org** Aufrufbar als Website oder App ist diese Plattform das Herzstück und die Schaltzentrale der globalen Aufforstung. Denn hier werden unsere überzeugten Beleafer auf einfachste Weise direkt mit den Pflanzprojekten in aller Welt zusammengebracht, können sofort aktiv werden und das weltweite Bäumepflanzen unterstützen.

• Zehntausende einzelne Pflanzprojekte werden sichtbar machen, wie die Menschheit ihre größte Herausforderung meistert, nämlich für ihr Überleben pflanzt.

• Besucher finden das Aufforstungsprojekt, das sie unterstützen und finanzieren wollen, und zwar völlig kommissionsfrei für beide Seiten.

• Jedes Aufforstungsprojekt wird mit den exakten Koordinaten angelegt, regelmäßige Satellitenbilder von dieser Fläche belegen den Fortschritt. Außerdem dokumentieren die Verantwortlichen mit Berichten, Fotos und Videos ihre Pflanzung.

## Die Forbes-Liste der Bäume – Wer hat den größeren Wald?

Schon bis 2035 werden wir Menschen weitere 680 Milliarden Tonnen $CO_2$ in die Atmosphäre emittiert und damit die Grundlage für einen Temperaturanstieg um +2 Grad gelegt haben.
Die Natur reagiert mit zunehmenden Wetterextremen.

Bald werden die ersten Menschen erkennen, dass Bäume wertvoller sind als Geld. Was liegt näher als eine »Forbes-Liste« der Menschen, die am meisten Bäume gepflanzt haben?

Jede natürliche und juristische Person hat einen Baumzähler – ob »Bernd Bäumchen« oder »Susanne Setzling« ... oder ein Unternehmen. Jeder setzt sich ein persönliches Baumziel und zeigt, wie viel davon er schon erreicht hat.

Über die Plattform finanzierte neue Bäume gehen automatisch in den Baumzähler ein. Jeder Mensch kann aber auch selbst gepflanzte Bäume eintragen und mit Geodaten und Bildern versehen.

# #Beleafit

Jeder Mensch kann Freunde finden, ihnen folgen und ihnen Bäume schenken, jeder kann einem Baumpflanz-Wettbewerb beitreten oder andere zu einer Baumpflanz-Challenge herausfordern. Und natürlich kann jeder sehen, wer den größten Wald hat.

## Wer steht dahinter? Die Jugend!

Die digitale Welt ist ihr Zuhause. Eine App zum Bäumepflanzen kommt natürlich von den Digital Natives. Denn sie wissen auch: In der analogen Welt müssen sie um ihr Überleben kämpfen.

Sie sind die Mehrheit.
Die Hälfte der Menschen auf der Welt sind unter 25 Jahre alt.

Sie werden gehört.
Denn niemand kann sich erlauben, sie zu ignorieren. Bei der Klimakrise geht es um nichts weniger als um ihr Überleben. Allein bei Plant-for-the-Planet sind mehr als 70.000 Kinder und Jugendliche aus 67 Ländern organisiert. Sie halten Vorträge über die Klimakrise und rufen zum Bäumepflanzen auf.

Wenn wir in einer gemeinsamen weltweiten Aktion das größte Aufforstungsprojekt der Menschheit schaffen, dann meistern wir auch als Weltfamilie alle anderen Herausforderungen.

Wir können alle gemeinsam Bäume pflanzen: alt und jung, arm und reich, bleich und farbig, krank und gesund.
Das Tool ist neu, aber die Idee ist alt. Seit knapp 100 Jahren begeistern uns Visionäre dafür, unsere Welt mit Bäumen besser zu machen. Und auf wundersame Weise fand diese Idee ihren Weg von Vordenkern in Kenia zu Kindern in Deutschland.
Richard St. Barbe Baker war seiner Zeit weit voraus, als er in den 1920er-Jahren die Bedeutung von Wiederaufforstung erkannte. Er überzeugte und inspirierte Menschen auf der ganzen Welt, im großen Stil Bäume zu pflanzen. Von Stammesführern in Kenia bis hin zur US-Regierung.

Wangari Maathai,
genannt Mama Miti – die Mutter
der Bäume – pflanzte gemeinsam
mit Frauen in Kenia und anderen
Ländern Afrikas 30 Millionen
Bäume in 30 Jahren. Doch sie
wusste, dass die Welt viel mehr
braucht: Im Jahr 2006 startete sie
die Plant-for-the-Planet Billion
Tree Campaign gemeinsam mit dem
Umweltprogramm der Vereinten
Nationen. Sie gab das Ziel aus,
eine Milliarde Bäume pflanzen
zu wollen.

2007 las der neunjährige
Felix Finkbeiner die Geschichte von
Wangari, als er ein Schulreferat
über die Klimakrise vorbereitete.
Seine Idee: Die Kinder nehmen ihre
Zukunft in die eigenen Hände und
pflanzen Bäume. Er gründete
die Kinder- und Jugendinitiative
Plant-for-the-Planet und fand tatsächlich Gehör an oberster Stelle.
Vor den Vereinten Nationen forderte er die Menschheit im Februar
2011 auf, mit 1000 Milliarden
neuen Bäumen das Klima und die
Zukunft der Kinder zu retten. So
übernahm die Initiative von Felix
ein Erbe von Wangari Maathai.

Im September 2011 startete
das Bundesumweltministerium
in Deutschland die Bonn Challenge
und im September 2015 das
Bundesentwicklungsministerium in
Deutschland die AFR100 als Teil
der Bonn Challenge mit Fokus auf
Afrika. Als ersten Schritt: 350
Millionen Hektar Landschaft bis
2030 wiederherstellen. Die Vision
von uns Kindern und jungen
Menschen geht noch weiter.
Wir gaben eine Studie in Auftrag,
deren Ergebnisse im September
2015 veröffentlicht wurden:
Auf der Erde wachsen 3041
Milliarden Bäume, und es ist Platz
für 1000 Milliarden neue.[298]

## Unser Ziel: 1000 Milliarden Bäume

Es gibt genug Platz, es gibt
genügend Menschen, die die
Bäume pflanzen und pflegen,
und es gibt genügend Geld.
Lasst uns Bäume pflanzen für
Klima und Gerechtigkeit!
Gemeinsam können wir die positive
Kettenreaktion in Gang setzen.

# Endnoten

1 https://www.klimareporter.de/erdsystem/dramatische-klimakrise-oder-rasche-transformation. Eingesehen am 14.01.2019

2 Setzt man sehr konservativ europäische Werte an, die das Energieinstitut Vorarlberg im Jahr 2014 berechnete, und geht man von 300 qm Wald für einen 33 qm großen Wohnraum pro Person im Holzhaus aus und von 500 Bäumen pro Hektar, bedeutet das nach europäischem Maßstab Wohnraum für 16.667 Menschen. Ein Haus in den Ländern des Südens braucht deutlich weniger Holz und der Mensch weniger Wohnraum. Verfügbar unter: www.energieinstitut.at/wp-content/uploads/2015/03/2014-04-22_Manuskript_Wie-viel-Wald-braucht-ein-Haus.pdf. Eingesehen am 06.01.2019

3 Taz (2018): Greta schwänzt die Schule – fürs Klima. Verfügbar unter: http://www.taz.de/!5528023/. Eingesehen am 05.01.2019

4 National Geographic (2017): Wissenschaftler empfiehlt Klima-Klagen gegen Unternehmen und Regierungen. Verfügbar unter: https://www.nationalgeographic.de/umwelt/2017/11/wissenschaftler-empfiehlt-klima-klagen-gegen-unternehmen-und-regierungen. Eingesehen am 05.01.2019

5 Von Brackel, B. (2018): Klimaklage abgewiesen. In: Klimareporter.de. Verfügbar unter: https://www.klimareporter.de/international/klimaklage-abgewiesen. Eingesehen am 05.01.2019

6 Klimaretter (2018): Trump kann Klimaklage nicht blockieren. Verfügbar unter: http://www.klimaretter.info/protest/nachricht/24357-trump-kann-klimaklage-nicht-blockieren. Eingesehen am 05.01.2019

7 KlimaSeniorinnen (2018): Über uns. Verfügbar unter: https://klimaseniorinnen.ch. Eingesehen am 05.01.2019

8 Klimaatzaak (2018): Klimaatzaak, de rechtszaak waarbij iedereen wint. Verfügbar unter: https://www.klimaatzaak.eu/nl. Eingesehen am 05.01.2019

9 Urgenda (2019): Home. Verfügbar unter: https://www.urgenda.nl/en/home-en/. Eingesehen am 05.01.2019

10 Somos-Valenzuela, M.; Chisolm, R.E.; Rivas, D.S.; Portocarrero, C.; McKinney, D.C. (2016): Modeling a glacial lake outburst flood process chain: the case of Lake Palcacocha and Huaraz, Peru. In: Hydrology and Earth-System Sciences. 20.

11 Germanwatch (2018): Der Fall Huarez. Verfügbar unter: https://germanwatch.org/de/der-fall-huaraz. Eingesehen am 05.01.2018

12 Klima der Gerechtigkeit (2016): Essener Landgericht weist Klimaklage von Saúl Luciano Lliuya aus Peru ab: »keine rechtliche Kausalität«. Verfügbar unter: http://klima-der-gerechtigkeit.de/2016/12/16/essener-landgericht-weist-klimaklage-von-saul-luciano-lliuya-aus-peru-ab-keine-rechtliche-kausalitaet/. Eingesehen am 05.01.2019

13 Edition F (2018): Stimmt ab für die 25 Frauen, die unsere Wirtschaft revolutionieren. Verfügbar unter: https://editionf.com/25-Frauen-Wirtschaft-revolutionieren-2018-Abstimmung. Eingesehen am 05.01.2019

14 Climate Law (2018): Home. Verfügbar unter: http://www.climatelaw.org. Eingesehen am 05.01.2019

15 Kopiske, J.; Gerhardt, N. (2018): www.greenpeace.de Wie Deutschland sein Klimaziel noch erreichen kann. Greenpeace. Verfügbar unter: https://www.greenpeace.de/sites/www.greenpeace.de/files/publications/energieszenario_fuer_2020.pdf. Eingesehen am 01.05.2019

16 Official Journal of the European Union (2018): Action brought on 23 May 2018 – Carvalho and Others v Parliament and Council. (Case T-330/18). Verfügbar unter: https://eur-lex.europa.eu/legal-content/EN/TXT/PDF/?uri=OJ:C:2018:285:FULL&from=EN#page=40. Eingesehen am 05.01.2019

17 Europäisches Parlament (2000): CHARTA DER GRUNDRECHTE DER EUROPÄISCHEN UNION. Verfügbar unter: http://www.europarl.europa.eu/charter/pdf/text_de.pdf. Eingesehen am 05.01.2019

18 People's Climate Case (2018): Über uns. Verfügbar unter: https://peoplesclimatecase.caneurope.org/de/ueber-uns/. Eingesehen am 05.01.2019

19 Ebd.

20 People's Climate Case (2018): Familien klagen gegen zu schwache EU-Klimapolitik. Verfügbar unter: https://peoplesclimatecase.caneurope.org/de/2018/05/familien-klagen-gegen-zu-schwache-eu-klimapolitik/. Eingesehen am 05.01.2019

21 Erneuerbare- Energien- und- Klimaschutz.de (2018): Publikationen. Verfügbar unter: https://www.volker-quaschning.de/publis/medien/index.php. Eingesehen am 05.01.2019

22 Nachmany, M.; Fankhauser, S.; Setzer, J.; Averchenkova, A. (2017): Global trends in climate change legislation and litigation. The Grantham Research Institute on Climate Change and the Environment. Verfügbar unter: http://www.lse.ac.uk/GranthamInstitute/wp-content/uploads/2017/04/Global-trends-in-climate-change-legislation-and-litigation-WEB.pdf. Eingesehen am 05.01.2019

23 United Nations Environment (2017): THE STATUS OF CLIMATE CHANGE LITIGATION. A GLOBAL REVIEW. Verfügbar unter: https://wedocs.unep.org/bitstream/handle/20.500.11822/20767/climate-change-litigation.pdf. Eingesehen am 05.01.2019

24 Smith, M.; Culllinane, S. (2013): Philippines delegate refuses to eat until action on climate change ›madness‹. In: CNN. Verfügbar unter: https://edition.cnn.com/2013/11/12/world/europe/poland-philippines-sano-cop/index.html. Eingesehen am 05.01.2019

25 Elsner, J.B.; Kossin, J.P.; Jagge T.H. (2008): The increasing intensity of the strongest tropical cyclones. Verfügbar unter: https://www.nature.com/articles/nature07234. Eingesehen am 05.01.2019

26 Manabat, J. (2017): Philippinen: Allein gelassen. In: Correctiv. Verfügbar unter: https://correctiv.org/aktuelles/steigende-meere/2017/07/28/philippinen-allein-gelassen. Eingesehen am 05.01.2019

27 WWF Australia (2009): THE CORAL TRIANGLE AND CLIMATE CHANGE: ECOSYSTEMS, PEOPLE AND SOCIETIES AT RISK. Verfügbar unter: https://www.wwf.de/fileadmin/fm-wwf/Publikationen-PDF/climate_change___coral_triangle___full_report.pdf. Eingesehen am 05.01.2019

28 Institute for Climate and Sustainable Cities (2018): Resources- Publications. Verfügbar unter: http://icsc.ngo/resources/publications. Eingesehen am 05.01.2019

29 Vimeo (2011): Manila- Sea Level Rise. Verfügbar unter: https://vimeo.com/29603273. Eingesehen am 05.01.2019

30 Stoll, R.D.; Niemann-Delius, C.; Debenstedt C.; Müllensiefen, K. (Hrsgs.) (2009): Der Braunkohlentagebau. Bedeutung, Planung, Betrieb, Technik, Umwelt. Berlin – Heidelberg. S. 523

31 Wester, W. (2007): Ein Dürener Pfarrer in Zeiten des Umbruchs. Alektor-Verlag

32 Zeitungsverlag Aachen (2018): »Wir können nicht so weitermachen«. Der evangelische Pfarrer Martin Gaevert verteidigt seine Sitzblockade als gewaltlose Form des zivilen Ungehorsams. Verfügbar unter: https://epaper.zeitungsverlag-aachen.de/2.0/article/6b2e7df501. Eingesehen am 12.12.2018

33 Aachener Nachrichten (2018): Evangelisches Pfarrkolleg Düren unterstützt Protest. Verfügbar unter: https://www.aachener-nachrichten.de/lokales/dueren/evangelisches-pfarrkolleg-dueren-unterstuetzt-protest_aid-33027839. Eingesehen am 12.12.2018

34 Welt (2018): Oberverwaltungsgericht verfügt Rodungsstopp im Hambacher Forst. Verfügbar unter: https://www.welt.de/politik/deutschland/article181771802/Nach-Eilverfahren-Oberverwaltungsgericht-verfuegt-Rodungsstopp-im-Hambacher-Forst.html. Eingesehen am 12.12.2018

35 BUND Landesverband Nordrhein- Westfalen (2018): Verheizte Heimat – zerstörte Landschaft – ruiniertes Klima. Verfügbar unter: https://www.bund-nrw.de/themen/mensch-umwelt/braunkohle/hintergruende-und-publikationen/braunkohlentagebaue/hambach/szenarien-fuer-den-hambacher-wald/. Eingesehen am 12.12.2018

36 Ziehm, C. (2018): Anordnung eines Rodungsverbots für den Hambacher Forst. Verfügbar unter: https://www.greenpeace.de/sites/www.greenpeace.de/files/publications/20180917-greenpeace-rechtsgutachten-rodungsverbot-hambacher-forst.pdf. Eingesehen am 05.01.2019

37 Eberle, L. (2018): Eine Niederlage für RWE, eine Blamage für NRW. In: Spiegel.de. Verfügbar unter: http://www.spiegel.de/wirtschaft/hambacher-forst-der-rodungsstopp-ist-eine-blamage-fuer-die-nrw-regierung-a-1231809.html. Eingesehen am 12.12.2018

38 Compact. e. V. (2018): Emnid Umfrage Klimaziel. Umfragezeitraum 7.–8.11.2018. Verfügbar unter: https://blog.compact.de/wp-content/uploads/2018/11/Emnid-Umfrage-Klimaziel-2020.pdf. Eingesehen am 05.01.2019

39 BUND Landesverband Nordrhein- Westfalen (2018): Hambacher Wald: Neue Studien belegen falsche Aussagen von RWE. Verfügbar unter: https://www.bund-nrw.de/service/presse/detail/news/hambacher-wald-neue-studien-belegen-falsche-aussagen-von-rwe/. Eingesehen am 12.12.2018

40 Sachverständigenrat für Umweltfragen (2017): Stellungnahme. Kohleausstieg jetzt einleiten. Verfügbar unter: https://www.umweltrat.de/SharedDocs/Downloads/DE/04_Stellungnahmen/2016_2020/2017_10_Stellungnahme_Kohleausstieg.html. Eingesehen am 12.12.2018

41 Trieb, F.; Hess, D. (2017): Wege zur regenerativen Stromversorgung. In: Energiewirtschaftliche Tagesfragen. Heft 3

42 European Environmental Bureau (2017): Quecksilberemissionen aus Kohlekraftwerken in Deutschland, Auswertung der EU-Schadstoffregistermeldungen 2015 sowie Vorschläge zu Handlungsbedarf in der Emissionsminderung. Aktualisierung von BZL GmbH und Ökopol Quecksilber Studien. Brüssel

43 Umwelt Bundesamt (ohne Datum): Europäische Human-Biomonitoring Studie DEMOCOPHES Studieninformation. Verfügbar unter: https://www.umweltbundesamt.de/sites/default/files/medien/pdfs/democophes_studieninformation.pdf. Eingesehen am 05.01.2019

44 Health and Environmental Alliance (2018): End Coal for Healthy Energy, Healthy People and the Climate. Verfügbar unter: https://www.env-health.org/end-coal-for-healthy-energy-healthy-people-and-the-climate/. Eingesehen am 12.12.2018

45 Sachverständigenrat für Umweltfragen (2017): Umweltrat fordert vollständigen Ausstieg aus der Kohleverstromung innerhalb von 20 Jahren. Verfügbar unter: https://www.umweltrat.de/SharedDocs/Pressemitteilungen/DE/2016_2020/2017_10_Nr_34_Kohleausstieg.html. Eingesehen am 12.12.2018

46 Frauenhofer ISE (2018): Jährlicher Anteil erneuerbarer Energien an der Stromerzeugung in Deutschland. Verfügbar unter: https://www.energy-charts.de/ren_share_de.htm?source=ren-share&period=annual&year=all. Eingesehen am 12.12.2018

47 Wronski, R. (2018): Was Braunkohle wirklich kostet. Greenpeace Energy eG. Verfügbar unter: http://www.foes.de/pdf/2018-06-25-GPE-Studie-Braunkohle.pdf. Eingesehen am 05.01.2019

48 Schäfer-Timpner, P. (2010): Bäume retten die Welt. Drei Bäumepflanzer verändern das globale Bewusstsein. epubli GmbH

49 The Nobel Prize (2004): Wangari Maathai. Facts. Verfügbar unter: https://www.nobelprize.org/prizes/peace/2004/maathai/facts/. Eingesehen am 13.12.2018

50 Rotary Deutschland (2018): Was ist Rotary? Verfügbar unter: https://rotary.de/was-ist-rotary. Eingesehen am 13.12.2018

51 An dem von Al Gore initiierten GLOBE-Programm (Global Learning and Observations to Benefit the Environment) nahmen seit 1994 über 17000 Schulen in mehr als 100 Ländern teil.

52 Heute ist Achim Steiner Chef des Entwicklungsprogramms (UNDP).

53 Kelley, C.P.; Mohtadi, S.; Cane, M.A.; Seager, R.; Kushnir, Y. (2015): Climate change in the Fertile Crescent and implications of the recent Syrian drought. In: Proceedings of National Academy of Sciences of the United States of America. Band 112 (11). Verfügbar unter: http://www.pnas.org/content/112/11/3241. Eingesehen am 05.01.2019

54 Voss, K.A.; Famiglietti, J.S.; Lo, M; de Linage, C.; Rodell, M.; Swenson, S.C. (2013): Groundwater depletion in the Middle East from GRACE with implications for transboundary water management in the Tigris-Euphrates-Western Iran region. Verfügbar unter: https://agupubs.onlinelibrary.wiley.com/doi/full/10.1002/wrcr.20078. Eingesehen am 05.01.2019

55 Hottinger, A. (2013): Das Ringen um Syrien. In: Journal 21.ch. Verfügbar unter: https://www.journal21.ch/das-ringen-um-syrien. Eingesehen am 13.12.2018

56 Saleeby, S. (2012): Sowing the Seeds of Dissent: Economic Grievances and the Syrian Social Contract's Unraveling. Verfügbar unter: http://www.jadaliyya.com/Details/25271/Sowing-the-Seeds-of-Dissent-Economic-Grievances-and-the-Syrian-Social-Contract's-Unraveling. Eingesehen am 13.12.2018

57 Intergovernmental Panel on Climate Change (2018): Global Warming of 1.5 °C. Verfügbar unter: http://report.ipcc.ch/sr15/pdf/sr15_spm_final.pdf. Eingesehen am 05.01.2019

58 Joshi, M.; Hawkins, E.; Sutton, R.; Lowe, J.; Frame, D. (2011): Projections of when temperature change will exceed 2 °C above pre-industrial levels. Nature Climate Change. 1, 8, S. 407–411.

59 Tagesschau.de (2010): Klimagipfel in Cancún. Große Ziele - gedämpfte Erwartungen. Verfügbar unter: https://web.archive.org/web/20101201174317/http://www.tagesschau.de/ausland/cancun100.html. Eingesehen am 05.01.2019

60 International Panel on Climate Change (2016): Special Report on 1.5 Degrees (SR1.5). Verfügbar unter: https://www.ipcc.ch/sr15/. Eingesehen am 05.01.2019

61 https://www.ipcc.ch/pdf/session48/pr_181008_P48_spm_en.pdf. Eingesehen am 05.01.2019

62 Potsdam Institut für Klimafolgenforschung (2012): Vier-Grad-Dossier für die Weltbank: Risiken einer Zukunft ohne Klimaschutz. Verfügbar unter: https://www.pik-potsdam.de/aktuelles/pressemitteilungen/archiv/2012/4-degrees-briefing-for-the-world-bank-the-risks-of-a-future-without-climate-policy. Eingesehen am: 05.01.2019.

63 Peters, J.P.; Le Quéré, C.; Andrew, R.; et al. (2017): Towards real-time verification of CO2 emissions. In: Nature Climate Change. 7, S. 848–850. Verfügbar unter: https://www.nature.com/articles/s41558-017-0013-9.

64 Mora, C.; Spirandelli, D.; Franklin, E.C. et al. (2018): Broad threat to humanity from cumulative climate hazards intensified by greenhouse gas emissions. In: Nature Climate Change. 8, S. 1062–1071. Verfügbar unter: https://www.nature.com/articles/s41558-018-0315-6. Eingesehen am 05.01.2019

65 Jevrejeva, S.; Jackson, L.P.; Grinsted, A. et al. (2018): Flood damage costs under the sea level rise with warming of 1.5 °C and 2 °C. In: Environmental research letters 13, 7. Verfügbar unter: http://iopscience.iop.org/1748-9326/13/7/074014/. Eingesehen am 05.01.2019

66 Potsdam Institut für Klimafolgenforschung (2016): Meeresspiegelanstieg: Zu groß zum Wegpumpen. Verfügbar unter: https://www.pik-potsdam.de/aktuelles/pressemitteilungen/meeresspiegelanstieg-zu-gross-zum-wegpumpen. Eingesehen am 05.01.2019

67 Potsdam Institut für Klimafolgenforschung (2017): Kippelemente – Achillesfersen im Erdsystem. Verfügbar unter: https://www.pik-potsdam.de/services/infothek/kippelemente/kippelemente. Eingesehen am 05.01.2019

68 Lüdemann, D.; Reimer, N. (2018): Was, wenn die Welt am 1,5-Grad-Ziel scheitert? In: Zeit Online. Verfügbar unter: https://www.zeit.de/wissen/umwelt/2018-08/klimawandel-erderwaermung-duerre-risiko-klima-forschung-kippelemente/seite-3. Eingesehen am 05.01.2019

69 Müller- Jung, J.; Schwägerl, C. (2018): Gespräch zum 1,5-Grad-Bericht: »Klimaschutz ist kein Wunschkonzert«. In: Frankfurter Allgemeine. Verfügbar unter: https://www.faz.net/aktuell/wissen/erde-klima/1-5-grad-bericht-des-weltklimarats-klimaschutz-ist-kein-wunschkonzert-15814681.html?printPagedArticle=true#pageIndex_0. Eingesehen am 05.01.2019

70 European Social Survey (2016): ESS8 - 2016 Fieldwork Summary and Deviations. Verfügbar unter: http://www.europeansocialsurvey.org/data/deviations_8.html. Eingesehen am 05.01.2019

71 Mora, C.; Tittensor, D.P.; Adl, S. et al. (2011): How Many Species Are There on Earth and in the Ocean? In: PLOS Biology. Verfügbar unter: https://journals.plos.org/plosbiology/article?id=10.1371/journal.pbio.1001127. Eingesehen am 05.01.2019

72 WWF (2014): Bedeutung des Klimawandels für Fauna und Flora in Deutschland und Nordeuropa. Verfügbar unter: https://www.wwf.de/fileadmin/fm-wwf/Publikationen-PDF/Klimawandel_Artenschutz_Deutschland.pdf. Eingesehen am 05.01.2019

73 Schrödl, M. (2018): Unsere Natur stirbt. Warum jährlich bis zu 60. 000 Tierarten verschwinden und das verheerende Auswirkungen hat. 1. Auflage. Komplett-Media Verlag

74 Chen, J.; Hill,J.K.; Ohlemüller, R.; Roy, D.B.; Thomas, C.D. (2011): Rapid Range Shifts of Species Associated with High Levels of Climate Warming. Verfügbar unter: https://www.researchgate.net/publication/51581620_Rapid_Range_Shifts_of_Species_Associated_with_High_Levels_of_Climate_Warming. Eingesehen am 05.01.2019

75 Intergovernmental Panel on Climate Change (2014): Assessment Report. Verfügbar unter: https://www.ipcc.ch/assessmentreport/ar5/wg3/WGIIIAR5_SPM_TS_Volume.pdf. Eingesehen am 05.01.2019

76 Lehmann, J.; Korstjens, A.H., Dunbar, R. I.M. (2010): Apes in a changing world – the effectsof global warming on the behaviourand distribution of African apes. In: Journal of Biogeography. 37, S. 2217–2231. Verfügbar unter: http://www.academia.edu/17604047/Apes_in_a_changing_world_-_the_effects_of_global_warming_on_the_behaviour_and_distribution_of_African_apes. Eingesehen am 05.01.2019

77 Levinsky, I.; Skov, F.; Svenning, J.-C.; Rahbek, C. (2007): Potential impacts of climate change on the distributions and diversity patterns of European mammals. In: Biodivers Conserv. 16, S. 3803–3816. Verfügbar unter: http://citeseerx.ist.psu.edu/viewdoc/download?doi=10.1.1.467.4406&rep=rep1&type=pdf. Eingesehen am 05.01.2019

78 Intergovernmental Panel on Climate Change (2014): Chapter 23 – Europe – Supplementary Material. Verfügbar unter: https://www.ipcc.ch/report/ar5/wg2/chapter-23-europe-supplementary-material/. Eingesehen am 05.01.2019

79 Both, C.; Bouwhuis, S.; Lessells, C.M.; Visser, M.E. (2006): Climate change and population declines in a long-distance migrant. In: Nature Letters. 441. Verfügbar unter: https://www.researchgate.net/publication/7107690_Climate_change_and_population_declines_in_a_long-distance_migrant. Eingesehen am 05.01.2019

80 Epple,C.; Korn, H.; Kraus, K.; Stadler, J. (Bearb.) (2010): Biologische Vielfalt und Klimawandel. In: BfN-Skripten. 274. Verfügbar unter: https://www.bfn.de/fileadmin/MDB/documents/service/Skript274.pdf. Eingesehen am 05.01.2019

81 Intergovernmental Panel on Climate Change (2014): Chapter 4. Verfügbar unter: https://www.ipcc.ch/report/ar5/wg2/. Eingesehen am 05.01.2019

82 Arctic Climate Impact Assessment (2004): This subsite presents information products and materials relating to the results of the 2004 Arctic Climate Impact Assessment (ACIA). Verfügbar unter: https://www.amap.no/arctic-climate-impact-assessment-acia. Eingesehen am 05.01.2019

83 WWF Deutschland (2014): Hintergrundinformation: Auswirkungen des Klimawandels auf Arten weltweit. Verfügbar unter: https://www.wwf.de/fileadmin/fm-wwf/Publikationen-PDF/Klimawandel_Artenschutz_Global.pdf. Eingesehen am 05.01.2019

84 Intergovernmental Panel on Climate Change (2014): Chapter 28. Verfügbar unter: https://www.ipcc.ch/site/assets/uploads/2018/02/WGIIAR5-Chap28_FINAL.pdf. Eingesehen am 05.01.2019

85 WWF Deutschland (2014): Hintergrundinformation: Auswirkungen des Klimawandels auf Arten weltweit. Verfügbar unter: https://www.wwf.de/fileadmin/fm-wwf/Publikationen-PDF/Klimawandel_Artenschutz_Global.pdf. Eingesehen am 05.01.2019

86 Intergovernmental Panel on Climate Change (2014): Chapter 28. Verfügbar unter: https://www.ipcc.ch/site/assets/uploads/2018/02/WGIIAR5-Chap28_FINAL.pdf. Eingesehen am 05.01.2019

87 Trathan, N.P.; Fretwell,P.T.; Stonehouse, B. (2011): First Recorded Loss of an Emperor Penguin Colony in the Recent Period of Antarctic Regional Warming: Implications for Other Colonies. verfügbar unter: https://journals.plos.org/plosone/article?id=10.1371/journal.pone.0014738. Eingesehen am 05.01.2019

88 Loucks, C.; Barber-Meyer, S.; Hossain, A.A.; Barlow, A.; Chowdhury, R.M. (2010): Sea level rise and tigers: predicted impacts to Bangladesh's Sundarbans mangroves. A letter. In: Climate Change. 98, S. 291–298. Verfügbar unter: https://www.researchgate.net/publication/225480999_Sea_Level_Rise_and_Tigers_Predicted_Impacts_to_Bangladesh%27s_Sundarbans_Mangroves. Eingesehen am 05.01.2019

89 Intergovernmental Panel on Climate Change (2014): Chapter 24. Verfügbar unter: https://www.ipcc.ch/report/ar5/wg2/chapter-24-asia-supplementary-material/. Eingesehen am 05.01.2019

90 Umwelt Bundesamt für Mensch und Natur (2007): Climate protection in Germany: 40% reduction of CO2 emissions by 2020 compared to 1990. Verfügbar unter: https://www.umweltbundesamt.de/sites/default/files/medien/publikation/long/3304.pdf. Eingesehen am 05.01.2019

91 Bundesministerium für Ernährung und Landwirtschaft (2017): Waldbericht der Bundesregierung 2017. Verfügbar unter: https://www.bmel.de/SharedDocs/Downloads/Broschueren/Waldbericht2017Langfassung.pdf?__blob=publicationFile. Eingesehen am 05.01.2019

92 Pampus, M. (ohne Datum): Einschätzungen zu möglichen und bereits nachweisbaren Auswirkungen des globalen Klimawandels auf die Biodiversität in Hessen. Verfügbar unter: https://www.hlnug.de/fileadmin/dokumente/klima/inklim/endberichte/naturschutz.pdf. Eingesehen am 05.01.2019

93 Pampus, M. (2005): Einschätzungen zu möglichen und bereits nach-weisbaren Auswirkungen des globalen Klimawandels auf die Biodiversität in Hessen. Verfügbar unter: https://www.hlnug.de/fileadmin/dokumente/klima/inklim/fachtagung/pampus.pdf. Eingesehen am 05.01.2019

94 Ludwig- Maximilians- Universität München (2012): Allergene Pollen kommen teuer zu stehen. Verfügbar unter: https://www.uni-muenchen.de/forschung/news/2012/f-39-12.html. Eingesehen am 13.12.2018

95 Mulhall, M. (2009): Saving the Rainforests of the Sea: An Analysis of International Efforts to Conserve Coral Reefs. In: Duke Environmental Law & Policy Forum. S. 321–351. Verfügbar unter: https://scholarship.law.duke.edu/delpf/vol19/iss2/6/. Eingesehen am 05.01.2019

96 Hoegh-Guldberg, O.; Mumby P. J.; Hooten, A.J. et al. (2007): Coral Reefs Under Rapid Climate Change and Ocean Acidification. Verfügbar unter: http://science.sciencemag.org/content/318/5857/1737. Eingesehen am 05.01.2019

97 James-Cook-Universität, Australien (2018): Global warming is transform-ing the Great Barrier Reef. Verfügbar unter: https://www.jcu.edu.au/news/releases/2018/april/global-warming-is-transforming-the-great-barrier-reef. Eingesehen am 05.01.2019

98 BIOACID (2018): Biologische Auswirkungen von Ozeanversauerung. Verfügbar unter: https://www.oceanacidification.de/ozeanversauerung/. Eingesehen am 05.01.2019

99 Breitburg, D.; Levin, L.A.; Oschlies, A.J. et al. (2018): Declining oxygen in the global ocean and coastal waters. Verfügbar unter: http://science.sciencemag.org/content/359/6371/eaam7240. Eingesehen am 05.01.2019

100 Handelsblatt (2018): Hitzerekord für Deutschland geknackt – Jetzt drohen Wetterturbulenzen. Der Juli endet mit einem Hitzerekord 2018. Das aktuelle Supersommer-Tief »Juli« bringt weiterhin subtropische Temperaturen mit sich, aber auch Turbulenzen. Verfügbar unter: https://www.handelsblatt.com/arts_und_style/aus-aller-welt/39-2-grad-hitzerekord-fuer-deutschland-geknackt-jetzt-drohen-wetterturbulenzen/22866268.html. Eingesehen am 13.12.2018.

101 Lee, J.Y.; Kim, H. (2017): Comprehensive assessment of climate change risks. In: The Lancet Planetary Health. 1, 5, S. 166/167. https://www.thelancet.com/journals/lanplh/article/PIIS2542-5196(17)30084-0/fulltext. Eingesehen am 05.01.2019

102 Robert Koch-Institut (2010): Klimawandel und Gesundheit. Ein Sachstandsbericht. Verfügbar unter: https://edoc.rki.de/bitstream/handle/176904/877/29ETCuO6ZOtk.pdf?sequence=1&isAllowed=y. Eingesehen am 05.01.2019

103 Tol, R.S.J. (2002): Estimates of the damage costs of climate change: Part 1: Benchmark estimates. In: Environ Resour Econ 21, 1, S. 47–73.

104 Robert Koch-Institut (2010): Klimawandel und Gesundheit. Ein Sachstandsbericht. Verfügbar unter: https://edoc.rki.de/bitstream/handle/176904/877/29ETCuO6ZOtk.pdf?sequence=1&isAllowed=y. Eingesehen am 05.01.2019

105 Aktionsprogramm Umwelt und Gesundheit (2018): Gesundheitliche Auswirkungen des Klimawandels. Nicht-übertragbare Krankheiten. Lufthygienischer Wirkungskomplex. Feinstaub und Ozon. Verfügbar unter: http://www.apug.de/umwelteinfluesse/klimawandel/feinstaub-ozon.htm. Eingesehen am 13.12.2018

106 ADAC (2018): Hitze verstärkt Unfallgefahr. Verfügbar unter: https://www.adac.de/infotestrat/ratgeber-verkehr/sicher-unterwegs/hitze-verstaerkt-unfallgefahr/default.aspx. Eingesehen am 13.12.2018

107 Deutsche Gesellschaft für Gastroenterologie, Verdauungs- und Stoffwechselkrankheiten (2018): DGVS im Blick. Verfügbar unter: https://www.dgvs.de.

108 Taub, D.R.; Miller, B.; Allen, H. (2007): Effects of elevated $CO_2$ on the protein concentration of food crops: a meta-analysis. In: Global Change Biology. Verfügbar unter: https://onlinelibrary.wiley.com/doi/full/10.1111/j.1365-2486.2007.01511.x. Eingesehen am 05.01.2019

109 Smith, M.; Myers, S.S. (2018): Impact of anthropogenic $CO_2$ emissions on global human nutrition. In: Nature Climate Change. 8, S. 834–839. Verfügbar unter: https://www.nature.com/articles/s41558-018-0253-3. Eingesehen am 05.01.2019

110 Ellsworth, D.S.; Anderson, I.C.; Crous, K.Y. et al. (2017): Elevated $CO_2$ does not increase eucalypt forest productivity on a low-phosphorus soil. Verfügbar unter: https://researchers.mq.edu.au/en/publications/elevated-cosub2sub-does-not-increase-eucalypt-forest-productivity. Eingesehen am 05.01.2019

111 Zhu, K.; Chiariello, N.R.; Tobeck, T.; Fukami, T.; Field, C.B. (2017): Nonlinear, interacting responses to climate limit grassland production under global change. In: PNAS. PNAS. 113, 38, S. 10589-10594. Verfügbar unter: http://www.pnas.org/content/pnas/early/2016/08/30/1606734113.full.pdf. Eingesehen am 05.01.2019

112 Reich; P.B.; Hobbie, S.E.; Lee, T.; Ellsworth, D.S. et al. (2006): Nitrogen limitation constrains sustainability of ecosystem response to $CO_2$. In: Nature. 13, 440, S. 922-925. Verfügbar unter: https://www.ncbi.nlm.nih.gov/pubmed/16612381. Eingesehen am 05.01.2019

113 Long, S.P.; Ainsworth, E.A.; Leakey, A.D.B.; Nösberger, J.; Ort, D.R. (2006): Food for Thought: Lower-Than-Expected Crop Yield Stimulation with Rising $CO_2$ Concentrations. In: Science. 312, 5782, S. 1918–1920. Verfügbar unter: http://science.sciencemag.org/content/312/5782/1918. Eingesehen am 05.01.2019

114 Zhu, K.; Chiariello, N.R.; Tobeck, T.; Fukami, T.; Field, C.B. (2017): Nonlinear, interacting responses to climate limit grassland production under global change. In: PNAS. PNAS. 113, 38, S. 10589-10594. Verfügbar unter: http://www.pnas.org/content/pnas/early/2016/08/30/1606734113.full.pdf. Eingesehen am 05.01.2019

115 Rosenzweig, C.; Elliott, J.; Deryng, D. (2014): Assessing agricultural risks of climate change in the 21st century in a global gridded crop model intercomparison. In: PNAS. 111, 9, S. 3268-3273. Verfügbar unter: https://journals.plos.org/plosone/article?id=10.1371%2Fjournal.pone.0156083. Eingesehen am 05.01.2019

116 Informationsdienst Wissenschaft (2007): Kein Bier, kein Brot, keine Pommes: Klimawandel verändert unser Essen. Verfügbar unter: https://idw-online.de/de/news?print=1&id=203653. Eingesehen am: 13.12.2018.

117 Zhu, C.; Kobayashi, K.; Loladze, I. (2018): Carbon dioxide ($CO_2$) levels this century will alter the protein, micronutrients, and vitamin content of rice grains with potential health consequences for the poorest rice-dependent countries. In: Science Advances. 4, 5. Verfügbar unter: http://advances.sciencemag.org/content/4/5/eaaq1012. Eingesehen am 05.01.2019

118 Institut für Weltwirtschaft und Internationales Management (2013): FINANZSPEKULATION UND NAHRUNGSMITTELPREISE: ANMERKUNGEN ZUM STAND DER FORSCHUNG. In: Materialien des Wissenschafts-schwerpunktes »Globalisierung der Weltwirtschaft«. 42. Universität Bremen. Verfügbar unter: https://www.foodwatch.org/uploads/media/2013-11-21_Bass_Finanzspekulation_und_Nahrungsmittelpreise_02.pdf. Eingesehen am 05.01.2019

119 Schewe, J.; Otto, C.; Frieler, K. (2017): The role of storage dynamics in annual wheat price. In: iop Science. 12, 5. Verfügbar unter: http://iopscience.iop.org/article/10.1088/1748-9326/aa678e. Eingesehen am 05.01.2019

120 NTV (2018): Rund 10.000 Betriebe betroffen Bauern bekommen 340 Millionen vom Staat. Verfügbar unter: https://www.n-tv.de/politik/Bauern-bekommen-340-Millionen-vom-Staat-article20585167.html. Eingesehen am 13.12.2018

121 Lüttger, A.B.; Feike, T. (2017): Development of heat and drought related extreme weather events and their effect on winter wheat yields in Germany. In: Theoretical and Applied Climatology. 132, 1–2, S. 15–29.Verfügbar unter: https://link.springer.com/article/10.1007%2Fs00704-017-2076-y. Eingesehen am 05.01.2019

122 Mohr, S.; Kunz, M.; Keuler, K. (2015): Development and application of a logistic model to estimate the past and future hail potential in Germany. In: Advancing Earth and Space Science. Verfügbar unter: https://agupubs.onlinelibrary.wiley.com/doi/full/10.1002/2014JD022959. Eingesehen am 05.01.2019

123 Vermeulen, S.J.; Campbell, B.M.; Ingram, J.S.I. (2012): Climate Change and Food Systems. In: Annual Review of Environment and Resources. 37, S. 195-222. Verfügbar unter: https://www.annualreviews.org/doi/abs/10.1146/annurev-environ-020411-130608. Eingesehen am 05.01.2019

124 Umwelt Bundesamt (2018): Beitrag der Landwirtschaft zu den Treibhausgas-Emissionen. Verfügbar unter: https://www.umweltbundesamt.de/daten/land-forstwirtschaft/beitrag-der-landwirtschaft-zu-den-treibhausgas#textpart-3. Eingesehen am 13.12.2018

125 Rettet den Regenwald. e.V. (2018): Fragen und Antworten zu Soja. Verfügbar unter: https://www.regenwald.org/themen/fleisch-soja/fragen-und-antworten-zu-soja#start. Eingesehen am 13.12.2018

126 Weltagrarbericht (2018): Zerstörerische Masse: Mensch verdrängte 83 % der wild lebenden Säugetiere. Verfügbar unter: https://www.weltagrarbericht.de/aktuelles/nachrichten/news/de/33212.html. Eingesehen am 06.01.2019

127 United Nations Climate Change (2014): Climate Change Threatens National Security Says Pentagon. Verfügbar unter: https://unfccc.int/news/climate-change-threatens-national-security-says-pentagon. Eingesehen am 13.12.2018

128 Radermacher, F. J. (2017): Der Milliardenjoker. Freiwillige Klimaneutralität und das 2-Grad-Ziel. Verfügbar unter: https://www.sbk-rlp.de/inhalte/uploads/Einleitung_Management-Summary_12-Thesen.pdf.

129 Lobenstein C.; Lau, M. (2018): Oder soll man es lassen? Private Helfer retten Flüchtlinge und Migranten im Mittelmeer aus Seenot. Ist das legitim? Ein Pro und Contra. In: Zeit Online. Verfügbar unter: https://www.zeit.de/2018/29/seenotrettung-fluechtlinge-privat-mittelmeer-pro-contra. Eingesehen am 13.12.2018

130 Tagesspiegel (2018): Hilfsorganisationen beenden Rettungseinsatz der »Aquarius«. Die Aquarius liegt derzeit vor Frankreich vor Anker, ihr wurde mehrmals die Flagge entzogen. Nun suchen die Seenotretter nach einem neuen Schiff. Verfügbar unter: https://www.tagesspiegel.de/politik/

seenotrettung-im-mittelmeer-hilfsorganisationen-beenden-rettungsein-satz-der-aquarius/23730484.html. Eingesehen am 13.12.2018. SOS Mediterranee (2018): SOS MEDITERRANEE verurteilt erneute Kriminalisierung von humanitärer Hilfe auf See – Italienische Behörden fordern präventive Beschlagnahmung der Aquarius. Verfügbar unter: https://sosmediterranee.de/press/statement-sos-mediterranee-verurteilt-erneute-kriminalisierung-von-humanitaerer-hilfe-auf-see-italienische-behoerden-fordern-praeventive-beschlagnahmung-der-aquarius/. Eingesehen am 13.12.2018

131 Europäische Union (2012): Europäische Union erhält Friedensnobelpreis 2012. Verfügbar unter: https://europa.eu/european-union/about-eu/history/2010-today/2012/eu-nobel_de. Eingesehen am 13.12.2018

132 Peters, K.G. (2011): Ceuta und Melilla Europas Hightech-Festung in Afrika. In: Spiegel Online. Verfügbar unter: http://www.spiegel.de/politik/ausland/ceuta-und-melilla-europas-hightech-festung-in-afrika-a-778304.html. Eingesehen am 13.12.2018

133 Bill and Melinda Gates Foundation (2018): The Goalkeepers Report. Verfügbar unter: https://www.gatesfoundation.org/goalkeepers/report.

134 Statista (2018): Hauptherkunftsländer von Asylbewerbern* in Deutschland im Jahr 2018 (bis November). Verfügbar unter: https://de.statista.com/statistik/daten/studie/154287/umfrage/hauptherkunftslaender-von-asylbewerbern/. Eingesehen am 13.12.2018

135 Radermacher, F. J. (2017): Der Milliardenjoker. Freiwillige Klimaneutralität und das 2-Grad-Ziel. Verfügbar unter: https://www.sbk-rlp.de/inhalte/uploads/Einleitung_Management-Summary_12-Thesen.pdf. Eingesehen am 05.01.2019

136 Willner, S.N.; Otto, C.; Levermann, A. (2018): Global economic response to river floods. In: Nature Climate Change. 8, S. 594–598. Verfügbar unter: https://www.nature.com/articles/s41558-018-0173-2?WT.ec_id=N-CLIMATE201807&spMailingID=56915405&spUserID=ODE0MzAwNjg5MAS2&spJobID=1440158046&spReportId=MTQ0MDE1ODA0NgS2. Eingesehen am 05.01.2019

137 Potsdam Institut für Klimaforschung (2018): Chinesische Fluten überschwemmen die US-Wirtschaft: Klimaschäden und Handelsketten. Verfügbar unter: https://www.pik-potsdam.de/aktuelles/pressemitteilungen/chinesische-fluten-ueberschwemmen-die-us-wirtschaft-klimaschaeden-und-handelsketten. Eingesehen am 13.12.2018

138 Welthungerhilfe (2018): Hunger: Verbreitung, Ursachen & Folgen. Was genau ist Hunger? Welche Folgen hat Unterernährung? Wo herrscht am meisten Hunger? Verfügbar unter: https://www.welthungerhilfe.de/hunger/. Eingesehen am 13.12.2018

139 Bundesministerium für wirtschaftliche Zusammenarbeit und Entwicklung (2017): Die globalen Ziele für nachhaltige Entwicklung. Ziel 2. Den Hunger beenden, Ernährungssicherheit und eine bessere Ernährung erreichen und eine nachhaltige Landwirtschaft fördern. Verfügbar unter: https://www.bmz.de/de/ministerium/ziele/2030_agenda/17_ziele/ziel_002_hunger/index.html. Eingesehen am 13.12.2018

140 Deutsche Stiftung Weltbevölkerung (2018): Verfügbar unter: https://www.dsw.org/aktuelles/details/show/detail/News/neue-un-zahlen-muettersterblichkeit-weltweit-fast-halbiert.html. Eingesehen am 13.12.2018

141 World Health Organization (2017): 2.1 billion people lack safe drinking water at home, more than twice as many lack safe sanitation. Verfügbar unter: https://www.who.int/en/news-room/detail/12-07-2017-2-1-billion-people-lack-safe-drinking-water-at-home-more-than-twice-as-many-lack-safe-sanitation. Eingesehen am 13.12.2018, World Health Organization (2017): Progress on drinking water, sanitation and hygiene. Joint Monitoring Programme. 2017 update and SDG baselines. Verfügbar unter: https://www.who.int/water_sanitation_health/publications/jmp-2017/en/. Eingesehen am 13.12.2018

142 WWF Deutschland (2016): Welterschöpfungstag: Die Welt ist nicht genug. Verfügbar unter: https://www.wwf.de/themen-projekte/biologische-vielfalt/welterschoepfungstag-die-welt-ist-nicht-genug/. Eingesehen am 13.12.2018

143 Bundesministerium für wirtschaftliche Entwicklung und Zusammenarbeit (2016): Meeresschutz und nachhaltige Fischerei. 10-Punkte-Aktionsplan. Verfügbar unter: https://www.bmz.de/de/mediathek/publikationen/reihen/infobroschueren_flyer/infobroschueren/Materialie280_meeresschutz.pdf. Eingesehen am 05.01.2019

144 Bundesministerium für wirtschaftliche Entwicklung und Zusammenarbeit (2016): Die globalen Ziele für nachhaltige Entwicklung, Ziel 15. Verfügbar unter: https://www.bmz.de/de/ministerium/ziele/2030_agenda/17_ziele/ziel_015_landoekosysteme/index.html. Eingesehen am 05.01.2019

145 Terre des hommes (2018): Kindersoldaten. Verfügbar unter: https://www.tdh.de/was-wir-tun/themen-a-z/kindersoldaten/. Eingesehen am 13.12.2018

146 Bundesministerium für wirtschaftliche Entwicklung und Zusammenarbeit (2017): Der Zukunftsvertrag für die Welt. Die Agenda 2030 für nachhaltige Entwicklung. Verfügbar unter: https://www.bmz.de/de/mediathek/publikationen/reihen/infobroschueren_flyer/infobroschueren/Materialie270_zukunftsvertrag.pdf. Eingesehen am 05.01.2019

147 Bundesministerium für wirtschaftliche Entwicklung und Zusammenarbeit (2018): Entwicklungspolitik 2030. Neue Herausforderungen – neue Antworten. BMZ Strategiepapier. Verfügbar unter: https://www.bmz.de/de/mediathek/publikationen/reihen/strategiepapiere/Strategiepapier455_06_2018.pdf. Eingesehen am 05.01.2019

148 Bundesministerium für wirtschaftliche Entwicklung und Zusammenarbeit (2017): Neue Partnerschaft für Entwicklung, Frieden und Zukunft. Ein Marshallplan mit Afrika. Verfügbar unter: http://www.bmz.de/de/laender_regionen/marshallplan_mit_afrika/index.jsp. Eingesehen am 05.01.2019

149 Bundesministerium für wirtschaftliche Entwicklung und Zusammenarbeit (2017): Afrika und Europa – Neue Partnerschaft für Entwicklung, Frieden und Zukunft. Eckpunkte für einen Marshallplan mit Afrika. Verfügbar unter: http://www.bmz.de/de/mediathek/publikationen/reihen/infobroschueren_flyer/infobroschueren/Materialie310_Afrika_Marshallplan.pdf. Eingesehen am 05.01.2019

150 Bundesministerium für wirtschaftliche Entwicklung und Zusammenarbeit (2018): Entwicklungspolitik 2030. Neue Herausforderungen – neue Antworten. BMZ Strategiepapier. Verfügbar unter: https://www.bmz.de/de/mediathek/publikationen/reihen/strategiepapiere/Strategiepapier455_06_2018.pdf. Eingesehen am 05.01.2019

151 Global Marshall Plan Foundation. Verfügbar unter: https://www.globalmarshallplan.org. Eingesehen am 05.01.2019

152 Pradhan, P.; Costa, L.; Rybski, D.; Lucht, W.; Kropp, J.P. (2017): A systematic study of Sustainable Development Goal (SDG) interactions. In: Earth's Future. 5, 11, S. 1169–1179. Verfügbar unter: http://onlinelibrary.wiley.com/doi/10.1002/2017EF000632/full. Eingesehen am 05.01.2019

153 Deutsche Klimafinanzierung (2017): Die InsuResilience Initiative für Klimarisikoversicherungen und die InsuResilience Global Partnership. Verfügbar unter: https://www.deutscheklimafinanzierung.de/instrument/insuresilience/. Eingesehen am 13.12.2018

154 Willner, S.; Levermann, A.; Zhao, F.; Frieler, K. (2018): Adaptation required to preserve future high-end river flood risk at present levels. Science Advances. 4, 1. Verfügbar unter: http://advances.sciencemag.org/content/4/1/eaao1914.full. Eingesehen am 05.01.2019

155 Impacts World (2017): Counting the true costs of climate change. The international conference on climate-change impacts for scientists & stakeholders. Verfügbar unter: https://www.impactsworld2017.org/. Eingesehen am 05.01.2019

156 World Food Programme (2017): World Hunger Again On The Rise, Driven By Conflict And Climate Change, New UN Report Says. Verfügbar unter: https://www.wfp.org/news/news-release/world-hunger-again-rise-driven-conflict-and-climate-change-new-un-report-says. Eingesehen am 13.12.2018

157 Food and Agriculture Organization of the United Nations (2018): Child labour in agriculture is on the rise, driven by conflict and disasters. FAO warns that this trend undermines efforts to end hunger and poverty. Verfügbar unter: http://www.fao.org/news/story/en/item/1140078/icode/. Eingesehen am 13.12.2018

158 UNHCR (1951): Abkommen über die Rechtsstellung der Flüchtlinge vom 28. Juli 1951. Verfügbar unter: https://www.unhcr.org/dach/wp-content/uploads/sites/27/2017/03/Genfer_Fluechtlingskonvention_und_New-Yorker_Protokoll.pdf. Eingesehen am 05.01.2019

159 Potsdam Institut für Klimaforschung (2017): Die wahren Kosten des Klimawandels: Impacts World Konferenz in Potsdam. Verfügbar unter: https://www.pik-potsdam.de/aktuelles/pressemitteilungen/die-wahren-kosten-des-klimawandels-impacts-world-konferenz-in-potsdam. Eingesehen am 13.12.2018

160 Vereinte Nationen (2018): Generalversammlung. Zwischenstaatliche Konferenz zur Annahme des Globalen Paktes für eine sichere, geordnete und reguläre Migration. Verfügbar unter: http://www.un.org/depts/german/migration/A.CONF.231.3.pdf. Eingesehen am 05.01.2019

161 Statista (2018): Anteil der Binnenschifffahrt an der Transportleistung im Güterverkehr in Deutschland in den Jahren von 2013 bis 2021 (laut Modal-Split). Verfügbar unter: https://de.statista.com/statistik/daten/studie/12204/umfrage/anteil-der-binnenschifffahrt-am-gueterverkehr-in-deutschland/. Eingesehen am 13.12.2018

162 BDI (2015): Lösungen für den Klimawandel: Technologietransfer und Klimafinanzierung. Verfügbar unter: https://bdi.eu/themenfelder/energie-und-klima/klimapolitik/#/artikel/news/loesungen-fuer-den-klimawandel-technologietransfer-und-klimafinanzierung/. Eingesehen am 13.12.2018

163 Engl.: Per Capita Carbon Dioxide Emissions

164 Statista (2018): Pro-Kopf-$CO_2$-Emissionen nach ausgewählten Ländern weltweit im Jahr 2016 (in Tonnen). Verfügbar unter: https://de.statista.com/statistik/daten/studie/167877/umfrage/co-emissionen-nach-laendern-je-einwohner/. Eingesehen am 13.12.2018

165 The World Bank (2018): $CO_2$ emissions (metric tons per capita). Verfügbar unter: https://data.worldbank.org/indicator/EN.ATM.CO2E.PC. Eingesehen am 13.12.2018

166 UNFCCC (2015): Annex I. Information provided in accordance with paragraph 10 4 of decision 1/CP.21 related to entry into force of the Paris Agreement. Verfügbar unter: https://unfccc.int/resource/docs/2015/cop21/eng/10.pdf#page=30. Eingesehen am 05.01.2019

167 Potsdam-Institut für Klimafolgenforschung (2018): Potsdamer Expertise in deutscher Kohlekommission. Verfügbar unter: https://www.pik-potsdam.de/aktuelles/nachrichten/potsdamer-expertise-in-deutscher-kohlekommission. Eingesehen am 13.12.2018

# Endnoten

168 Bauer, N.; McGlade, C.; Hilaire, J.; Ekins, P. (2018): Divestment prevails over the green paradox when anticipating strong future climate policies. Nature Climate Change. 8, S. 130–134. Verfügbar unter: https://www.nature.com/articles/s41558-017-0053-1. Eingesehen am 05.01.2019

169 Bundesministerium für Wirtschaft und Energie (2018): Bundeskabinett setzt Kommission »Wachstum, Strukturwandel und Beschäftigung« ein. Verfügbar unter: https://www.bmwi.de/Redaktion/DE/Pressemitteilungen/2018/20180606-bundeskabinett-setzt-kommission-wachstum-strukturwandel-und-beschaeftigung-ein.html. Eingesehen am 13.12.2018

170 zdf.de (2018): Proteste gegen Preiserhöhungen - An der Zapfsäule gegen den Klimawandel. Verfügbar unter: https://www.zdf.de/nachrichten/heute/an-der-zapfsaeule-gegen-den-klimawandel-100.html?fbclid=I-wAR1fuUHSrF_TVGVCmu_pOXPhSiDzoaJvxaSfqjdwaZQH0CyMQV-vqX-cOcWk. Eingesehen am 13.12.2018

171 Franks, M.; Lessmann, K.; Jakob, M.; Steckel, J.C.; Edenhofer, O. (2018): Mobilizing Domestic Resources for the Agenda 2030 via Carbon Pricing. Nature Sustainability. Nature Sustainability. 1, S. 350–357. Verfügbar unter: https://www.nature.com/articles/s41893-018-0083-3. Eingesehen am 05.01.2019

172 McKibben, B. (2018): How Extreme Weather is Shrinking the Planet. With wildfires, heat waves, and rising sea levels, large tracts of the earth are at risk of becoming uninhabitable. But the fossil-fuel industry continues its assault on the facts. In: The New Yorker. Verfügbar unter: https://www.newyorker.com/magazine/2018/11/26/how-extreme-weather-is-shrinking-the-planet?fbclid=IwAR13rzGcOYowHgXvdnjsnOFmtnaSC7hN-JWdpX-jMLuX6n9FDg1es9WqAfZeg. Eingesehen am 14.12.2018

173 pbs (2007): Growing Local, Eating Local. Verfürgbar unter: https://web.archive.org/web/20090925025900/http://www.pbs.org/now/shows/344/. Eingesehen am 14.12.2018

174 350 (2018): Team. 350 is made of volunteers and people from all over the world. Verfügbar unter: https://www.350.org/team/. Eingesehen am 14.12.2018

175 Frankel, R. (2009): Special ReportThe FP Top 100 Global Thinkers. In: Foreign Policy. Verfügbar unter: https://foreignpolicy.com/articles/2009/11/30/the_fp_top_100_global_thinkers?page=full. Eingesehen am 14.12.2018

176 Ritchie, H.; Roser, M. (2017): CO$_2$ and other Greenhouse Gas Emissions. In: Our World in Data. Verfügbar unter: https://ourworldindata.org/co2-and-other-greenhouse-gas-emissions. Eingesehen am 05.01.2019

177 United States Environmental Protection Agency (2014): Global Greenhouse Gas Emissions Data. Verfügbar unter: https://www.epa.gov/ghgemissions/global-greenhouse-gas-emissions-data. Eingesehen am 14.12.2018

178 Steffen, A. (2016): Predatory Delay and the Rights of Future Generations. In: Medium.com. Verfügbar unter: https://medium.com/@AlexSteffen/predatory-delay-and-the-rights-of-future-generations-69b06094a16. Eingesehen am 14.12.2018

179 Alter, L. (2017): Jargon Watch: »Predatory Delay«. In: treehugger. Verfügbar unter: https://www.treehugger.com/energy-disasters/jargon-watch-predatory-delay.html. Eingesehen am 14.12.2018

180 Coleman, P. (2017): Top 10 oil and gas companies in the world. In: Energy Digital. Verfügbar unter: https://www.energydigital.com/utilities/top-10-oil-and-gas-companies-world. Eingesehen am 14.12.2018

181 Poole, C. (2018): The World's Largest Oil & Gas Companies 2018: Royal Dutch Shell Surpasses Exxon As Top Dog. In: Forbes. Verfügbar unter: https://www.forbes.com/sites/clairepoole/2018/06/06/global-2000-oil-gas/#6bab2c8c1d1b. Eingesehen am 14.12.2018

182 The Pulitzer Prizes (2016): Finalist: InsideClimate News. For a probe into a major oil company's decades-long misinformation campaign to muddy the debate over climate change. Verfügbar unter: https://www.pulitzer.org/finalists/insideclimate-news. Eingesehen am 14.12.2018

183 Ebd.

184 Banerjee, N.; Song, L.; Hasemyer, D. (2015): Exxon Believed Deep Dive Into Climate Research Would Protect Its Business. Outfitting its biggest supertanker to measure the ocean's absorption of carbon dioxide was a crown jewel in Exxon's research program. Verfügbar unter: https://insideclimatenews.org/news/16092015/exxon-believed-deep-dive-into-climate-research-would-protect-its-business. Eingesehen am 14.12.2018, Inside Climate News (2015): Exxon's Own Research Confirmed Fossil Fuels' Role in Global Warming Decades Ago. Verfügbar unter: http://www.riversimulator.org/Resources/Press/CompleteSeriesExxonsResearchConfirmedFossilFuelsRoleGlobalWarmingDecadesAgo.pdf. Eingesehen am 05.01.2019

185 Banerjee, N.; Song, L.; Hasemyer, D. (2015): Exxon Believed Deep Dive Into Climate Research Would Protect Its Business. Outfitting its biggest supertanker to measure the ocean's absorption of carbon dioxide was a crown jewel in Exxon's research program. Verfügbar unter: https://insideclimatenews.org/news/16092015/exxon-believed-deep-dive-into-climate-research-would-protect-its-business. Eingesehen am 14.12.2018, Greenpeace (2016): Exxon's Climate Denial History: A Timeline. Verfügbar unter: https://www.greenpeace.org/usa/global-warming/exxon-and-the-oil-industry-knew-about-climate-change/exxons-climate-denial-history-a-timeline/. Eingesehen am 14.12.2018

186 LA Times: In Deutschland nicht zugänglich. Ansonsten verfügbar unter: https://notices.californiatimes.com/gdpr/latimes.com/. Eingesehen am 05.01.2019

187 Bureau of Safety and Environmental Enforcement (2014): An Assessment of the Various Types of Real- Time Data Monitoring Systems Available for Offshore Oil and Gas Operations. Verfügbar unter: https://www.bsee.gov/sites/bsee.gov/files/tap-technical-assessment-program/707aa.pdf. Eingesehen am 05.01.2019

188 Supran, G.; Oreskes, N. (2017): Assessing ExxonMobil's climate change communications (1977–2014). In: iop Science. Environ. Res. Lett. 12. Verfügbar unter: http://www.ourenergypolicy.org/wp-content/uploads/2017/08/Supran_2017_Environ._Res._Lett._12_084019.pdf. Eingesehen am 05.01.2019

189 Glasius, M.; Kaldor, M.; Anheier, H. (2006): Global Civil Society 2005/6.

190 Raymond, L.R. (1997): Energy – key to growth and a better environment for Asia-Pacific Nations. World Petroleum Congress Beijing, People's Republic of China. Verfügbar unter: https://assets.documentcloud.org/documents/2840902/1997-Lee-Raymond-Speech-at-China-World-Petroleum.pdf. Eingesehen am 05.01.2019

191 Ebd.

192 History Commons (2007): Context of 'April 17, 2001: Shell Oil Executives Meet with Cheney Energy Task Force'. Verfügbar unter: http://www.historycommons.org/context.jsp?item=a041701shellnepdg. Eingesehen am 06.01.2019

193 The Pulitzer Prizes (2007): Jo Becker and Barton Gellman of The Washington Post. For their lucid exploration of Vice President Dick Cheney and his powerful yet sometimes disguised influence on national policy. Verfügbar unter: https://www.pulitzer.org/winners/jo-becker-and-barton-gellman. Eingesehen am: 14.12.2018

194 Burkeman, O. (2003): Memo exposes Bush's new green strategy. In: The Guardian. Verfügbar unter: https://www.theguardian.com/environment/2003/mar/04/usnews.climatechange. Eingesehen am 14.12.2018

195 Ebd.

196 Brenan, M.; Saad, L. (2018): Global Warming Concern Steady Despite Some Partisan Shifts. In: gallup. Verfügbar unter: https://news.gallup.com/poll/231530/global-warming-concern-steady-despite-partisan-shifts.aspx. Eingesehen am 14.12.2018

197 Universität Stuttgart (2017): scepticism, energy preferences, and societal transformation EPCC – European perceptions of climate change. Analyse der Wahrnehmung des Klimawandels und der damit verbundenen Einschätzung der Energiewende in Deutschland. Zentrum für interdisziplinäre Risiko- und Innovationsforschung. Verfügbar unter: https://www.zirius.uni-stuttgart.de/projekte/european-perceptions-of-climate-change/. Eingesehen am 05.01.2019

198 Steentjes, K. (2017): European Perceptions of Climate Change (EPCC). Topline findings of a survey conducted in four European countries in 2016. Cardiff University. Verfügbar unter: https://orca.cf.ac.uk/98660/7/EPCC.pdf. Eingesehen am 05.01.2019

199 Mouawad, J. (2003): Exxon Chairman got Retirement Package Worth at Least $398 Million. In: The New York Times. Verfügbar unter: https://www.nytimes.com/2006/04/13/business/exxon-chairman-got-retirement-package-worth-at-least-398-million.html. Eingesehen am 14.12.2018

200 Kramer. A.E.; Krauss, C. (2016): Rex Tillerson's Company, Exxon, Has Billions at Stake Over Sanctions on Russia. In: The New York Times. Verfügbar unter: https://www.nytimes.com/2016/12/12/world/europe/rex-tillersons-company-exxon-has-billions-at-stake-over-russia-sanctions.html, Green Policy 360 (2018): GreenPolicy360 Arctic Watch. What happens in the North doesn't stay in the North. Verfügbar unter: https://www.greenpolicy360.net/w/Category:Arctic. Eingesehen am 14.12.2018

201 Schlanger, Z. (2016): Is Exxon Waiting for the Paris Climate Agreement to Fail? In: Newsweek. Verfügbar unter: https://www.newsweek.com/exxon-shareholders-climate-change-paris-agreement-463592. Eingesehen am 14.12.2018

202 Ozone Action (2009): Distorting the Debate: A Case Study of Corporate Greenwashing. Verfügbar unter: https://research.greenpeaceusa.org/?a=view&d=2950. Eingesehen am 05.01.2019

203 Climate Files (ohne Datum): 1991 Information Council on the Environment Climate Denial Ad Campaign. Verfügbar unter: http://www.climatefiles.com/denial-groups/ice-ad-campaign/. Eingesehen am 06.01.2019

204 Der Desmogblog sammelt und veröffentlicht seit 2006 Desinformationskampagnen zur Klimakrise und dient vielen überregionalen Nachrichtenpublikationen als Quelle: https://www.desmogblog.com/about.

205 Greenpeace Investigations (2007): Distorting the debate. A Case Study of Corporate Greenwashing https://research.greenpeaceusa.org/?a=view&d=2950

206 Desmog UK (2018): Peabody Energy. Mapped: Cambridge Analytica's Ties to the Fossil Fuel Industry. Verfügbar unter: https://www.desmog.co.uk/tags/peabody-energy. Eingesehen am 06.01.2019

207 The Guardian (2016): Biggest US coal company funded dozens of groups questioning climate change. Verfügbar unter: https://www.theguardian.com/environment/2016/jun/13/peabody-energy-coal-mining-climate-change-denial-funding. Eingesehen am 06.01.2019

208 Pollutwatch (ohne Datum): Committe for a Constructive Tomorrow (CFACT). Verfügbar unter: http://polluterwatch.org/Committe-for-a-Constructive-Tomorrow-CFACT. Eingesehen am 06.01.2019

209 Document Cloud (2017): United States Bankruptcy Court Eastern District Missouri Eastern Division. Verfügbar unter: https://www.documentcloud.org/documents/2859772. Eingesehen am 06.01.2019

210 Europäisches Institut für Klima und Energie (2016): Artikel von CFACT. Klimazustandsbericht 2016. Verfügbar unter: https://www.eike-klima-energie.eu/author/cfact/. Eingesehen am 06.01.2019

211 Walker, J. (1998): Denial and Deception: A Chronicle of ExxonMobil's Efforts to Corrupt the Debate on Global Warming. Greenpeace. Verfügbar unter: https://web.archive.org/web/20160309000929/http://www.greenpeace.org/usa/wp-content/uploads/legacy/Global/usa/planet3/PDFs/leaked-api-comms-plan-1998.pdf. Eingesehen am 05.01.2019

212 Energy API (ohne Datum): Members. Verfügbar unter: https://www.api.org/membership/members#E. Eingesehen am 06.01.2019

213 Walker, J. (1998): Denial and Deception: A Chronicle of ExxonMobil's Efforts to Corrupt the Debate on Global Warming. Greenpeace. Verfügbar unter: https://web.archive.org/web/20160309000929/http://www.greenpeace.org/usa/wp-content/uploads/legacy/Global/usa/planet3/PDFs/leaked-api-comms-plan-1998.pdf. Eingesehen am 05.01.2019

214 Engl. original: »Average citizens ›understand‹ (recognize) uncertainties in climate science; recognition of uncertainties becomes part of the conventional wisdom [...]«. Verfügbar unter: https://insideclimatenews.org/news/22102015/Exxon-Sowed-Doubt-about-Climate-Science-for-Decades-by-Stressing-Uncertainty. Eingesehen am 06.01.2019 The Pulitzer Prizes (2016): Finalist: InsideClimate News. For a probe into a major oil company's decades-long misinformation campaign to muddy the debate over climate change. Verfügbar unter: https://www.pulitzer.org/finalists/insideclimate-news. Eingesehen am 14.12.2018

215 Reuters (2017): U.S. electric industry knew of climate threat decades ago: report. Verfügbar unter: https://www.reuters.com/article/us-usa-climat-echange-utilities/u-s-electric-industry-knew-of-climate-threat-decades-ago-report-idUSKBN1AA1QT. Eingesehen am 14.12.2018

216 Ebd.

217 Vater der sogenannten Keeling-Kurve, die den steigenden $CO_2$-Gehalt in der Atmosphäre abbildet.

218 Energy and Policy Institute (2017): Utilities Knew. Documenting Electric Utilities' Early Knowledge and Ongoing Deception on Climate Change from 1968-2017. Verfügbar unter: https://www.eenews.net/assets/2017/07/25/document_gw_08.pdf. Eingesehen am 05.01.2019

219 Environment & Energy Publishing

220 Energy and Policy Institute (2017): Utilities Knew. Documenting Electric Utilities' Early Knowledge and Ongoing Deception on Climate Change from 1968-2017. Verfügbar unter: https://www.eenews.net/assets/2017/07/25/document_gw_08.pdf.

221 National Association of Manufacturers (2012): Nam Policy Positions. Verfügbar unter: http://www.nam.org/Issues/Official-Policy-Positions/FINAL-Policy-Langage-Approved-Winter-2012/. Eingesehen am 05.01.2019

222 »We are on the front lines of a wide range of policy battles, from immigration reform and labor relations, to energy and the environment, to trade policy and taxes«. Verfügbar unter: https://archive.is/rh1rQ. Eingesehen am 06.01.2019

223 Desmogblog (ohne Datum): National Association of Manufacturers. Verfügbar unter: https://www.desmogblog.com/national-association-manufacturers. Eingesehen am 06.01.2019

224 National Association of Manufacturers (2017): Comments on Proposed Endangerment and Cause or Contribute Findings for Greenhouse Gases (GHGs). Under Section 202(a) of the Clean Air Act. Verfügbar unter: https://web.archive.org/web/20170921044229/http://www.nam.org/Issues/Energy-and-Environment/Climate-Change/Comments-on-Proposed-EPA-Endangerment-and-Cause-or-Contribute-Findings-for-Greenhouse-Gases/. Eingesehen am 05.01.2019

225 Sourcewatch (2018): Air Quality Standards Coalition. Verfügbar unter: https://www.sourcewatch.org/index.php/Air_Quality_Standards_Coalition. Eingesehen am 14.12.2018

226 Ebd.

227 polluterwatch (2018): Anti-Environmental Archives. Verfügbar unter: http://www.polluterwatch.com/anti-environmental-archives/. Eingesehen am 14.12.2018

228 The Guardian (2016): Rockefeller family charity to withdraw all investments in fossil fuel companies. Verfügbar unter: https://www.theguardian.com/environment/2016/mar/23/rockefeller-fund-divestment-fossil-fuel-companies-oil-coal-climate-change. Eingesehen am 06.01.2019. Rockefeller Family Fund (ohne Datum): RFF's decision to divest. Verfügbar unter: https://www.rffund.org/divestment. Eingesehen am 06.01.2019

229 Wade, T.; Driver, A. (2016): Rockefeller Family Fund hits Exxon, divests from fossil fuels. In: Reuters. Verfügbar unter: https://www.reuters.com/article/us-rockefeller-exxon-mobil-investments/rockefeller-family-fund-hits-exxon-divests-from-fossil-fuels-idUSKCN0WP266. Eingesehen am: 06.01.2019. The Guardian (2016): Rockefeller family charity to withdraw all investments in fossil fuel companies. Verfügbar unter: https://www.theguardian.com/environment/2016/mar/23/rockefeller-fund-divestment-fossil-fuel-companies-oil-coal-climate-change. Eingesehen am 06.01.2019

230 Europäisches Institut für Klima und Energy (2018): Verfügbar unter: https://www.eike-klima-energie.eu. Eingesehen am 14.12.2018

231 Potsdam-Institut für Klimafolgenforschung (2011): EIKE – Besuch am PIK –Sammlung von Sachargumenten. Verfügbar unter: https://www.pik-potsdam.de/services/infothek/PIK_EIKE_Argumentesammlung.pdf. Eingesehen am 05.01.2019

232 Jung, T. (2017): Klimaexpertin Beatrix von Storch (AfD) will die Sonne verklagen. Verfügbar unter: https://www.youtube.com/watch?v=IV8Uz-T_9bXg. Eingesehen am 06.01.2019

233 Shapiro, A.L.; Schmutz, W.; Rozanov, E. et al. (2011): A new approach to the long-term reconstruction of the solar irradiance leads to large historical solar forcing. In: Astronomy & Astrophysics, 529, A67. Verfügbar unter: https://arxiv.org/abs/1102.4763. Eingesehen am 05.01.2019

234 Weber, W. (2010): Strong signature of the active Sun in 100 years of terrestrial insolation data. In: Annalen der Physik. 522, S. 272-381. Verfügbar unter: https://onlinelibrary.wiley.com/doi/abs/10.1002/andp.201000019. Eingesehen am 05.01.2019

235 Schrijver, C.J.; Livingston, W.C.; Woods, T.N.; Mewaldt, R.A. (2011): The minimal solar activity in 2008-2009 and its implications for long-term climate modeling. In: Geophysical Research Letters, 38, L06701. Verfügbar unter: https://agupubs.onlinelibrary.wiley.com/doi/full/10.1029/2011GL046658. Eingesehen am 05.01.2019

236 Feulner, G. (2011): Comment on »Strong signature of the active Sun in 100 years of terrestrial insolation data«. In: Ann. Phys., 523, 11, S. 946–950. Verfügbar unter: https://onlinelibrary.wiley.com/doi/epdf/10.1002/andp.201100179.

237 Lean, L.J.; Rind, D.H. (2008): How natural and anthropogenic influences alter global and regional surface temperatures: 1889 to 2006. In: Geophysical Research Letters. 35, L18701. Verfügbar unter: https://agupubs.onlinelibrary.wiley.com/doi/full/10.1029/2008GL034864. Eingesehen am 05.01.2019

238 Lockwood, M.; Fröhlich, C. (2007): Recent oppositely directed trends in solar climate forcings and the global mean surface air temperature. In: Proceedings of the Royal Society A – Mathematical Physical and Engineering Sciences. 463, S. 2447–2460. Verfügbar unter: https://royalsocietypublishing.org/doi/full/10.1098/rspa.2007.1880. Eingesehen am 05.01.2019

239 Gray, L.J.; Beer, J.; Geller, M.W. et al. (2010): Solar influences on climate. In: Reviews of Geophysics. 48, RG4001. Verfügbar unter: https://agupubs.onlinelibrary.wiley.com/doi/full/10.1029/2009RG000282. Eingesehen am 05.01.2019

240 Feulner, G. (2011): The Smithsonian solar constant data revisited: no evidence for a strong effect of solar activity in ground-based insolation data. In: Atmospheric Chemistry and Physics. 11, S. 3291–3301. Verfügbar unter: https://pdfs.semanticscholar.org/aa4c/7a851ada04a93d22cd-0c8654ba7cbb7fbcc1.pdf. Eingesehen am 05.01.2019

241 IPCC Deutsche Koordinierungsstelle (2018): IPCC veröffentlicht Sonderbericht über 1,5 °C globale Erwärmung (SR1.5). Verfügbar unter: https://www.de-ipcc.de/256.php. Eingesehen am 06.01.2019

242 Europäisches Institut für Klima und Energie (2018): Klimaschutz als Herrschaftsinstrument. Verfügbar unter: https://www.eike-klima-energie.eu/2018/07/15/klimaschutz-als-herrschaftsinstrument/. Eingesehen am 06.01.2019

243 Bayern 2 (2014): Die Argumente der Klimaskeptiker. Verfügbar unter: https://www.youtube.com/watch?v=nyNumnqDUyI. Eingesehen am 14.12.2018

244 Greenpeace (2010): Dealing in Doubt: The Climate Denial Industry and Climate Science. A Brief History of Attacks on Climate Science, Climate Scientists and the IPCC . Verfügbar unter: https://www.greenpeace.org/archive-international/Global/international/planet-2/report/2010/3/dealing-in-doubt.pdf. Eingesehen am 05.01.2019

245 Engl. Original: »Doubt is our product, since it is the best means of competing with the ›body of fact‹ [linking smoking with disease] that exists in the mind of the general public. It is also the means of establishing a controversy«, zitiert aus einem internen Papier des Tabakkonzerns Brown und Williamson.

246 Ebd.

247 Standardverfahren zur wissenschaftlichen Qualitätssicherung: Unabhängige Gutachter aus demselben Fachgebiet beurteilen die Qualität einer Arbeit, häufig in einem Doppelblindgutachten.

248 »Purists might object that the process did not qualify as a peer review«, he said. »I think it would be fine to call it a peer review.« Verfügbar unter: https://www.theguardian.com/environment/2015/dec/08/greenpeace-exposes-sceptics-cast-doubt-climate-science. Eingesehen am 06.01.2019

249 https://www.tagesschau.de/inland/fakescience-101.html

250 Diethelm, P.; McKee, M. (2009): Black is White and White is Black. In: European Journal of Public Health. 19, 1, S. 2–4. Verfügbar unter: https://academic.oup.com/eurpub/article/19/1/2/463780. Eingesehen am 14.12.2018

251 Crowther, T.W.; Glick, H.B.; Covey, K.R. et al. (2015): Mapping tree density at a global scale. In: Nature. 525, S. 201–205. Verfügbar unter: https://www.nature.com/articles/nature14967. Eingesehen am 06.01.2019

252 Wer mit gutem Gewissen naschen will, kann die Gute Schokolade in vielen Märkten von Edeka, Kaufland, Rewe, famila, Hieber, sky und Feneberg, in einigen Weltläden sowie auf www.plant-for-the-planet.org im Online-Shop kaufen. Die Gute Schokolade gibt es auch als Bio-Schokolade unter anderem bei Alnatura, Globus, dm, Müller Drogeriemarkt, tegut und Rossmann.

253 Brogan, C. (2018): Greenhouse gas removal best way to make UK carbon neutral by 2050. In: Imperial College London. Verfügbar unter: https://www.imperial.ac.uk/news/188126/greenhouse-removal-best-make-uk-carbon/. Eingesehen am 14.12.2018

254 Um den potenziellen CO$_2$-Entzug durch Aufforstung abzuschätzen, wird das Netto-Potenzial (Life Cycle Assessment) berechnet. Dieses ergibt sich aus der Menge Kohlenstoff, die die Pflanzen photosynthetisch bis zu ihrer Ernte gebunden haben, minus den Emissionen, die die Pflanze selbst, die Landnutzungsänderung zuvor, der Ernteprozess, der Transport und die Umwandlung zu Folgeprodukten hervorrufen (Bildungsserver (2018): Kohlendioxidentzug durch Aufforstung. Verfügbar unter: http://wiki.bildungsserver.de/klimawandel/index.php/Kohlendioxidentzug_durch_Aufforstung. Eingesehen am 14.12.2018

255 Chazdon, R.L.; Broadbent, E.N.; Rozendaal, D.M.A.; Bongers, F.; et al. (2016): Carbon sequestration potential of second-growth forest regeneration in the Latin American tropics. In: Science Advances. 2. Verfügbar unter: https://www.researchgate.net/publication/303082997_Carbon_sequestration_potential_of_second-growth_forest_regeneration_in_the_Latin_American_tropics. Eingesehen am 06.01.2019

256 Der Wert in den Tropen liegt noch höher.

257 Divisão de Processamento de Imagens Coordenação-Geral de Observação da Terra (2018): Verfügbar unter: http://www.dpi.inpe.br/. Eingesehen am 14.12.2018

258 Food and Agriculture Organization of the Unites Nations (2010): Global Forest Resources Assessment. Verfügbar unter: http://www.fao.org/forest-resources-assessment/past-assessments/fra-2010/en/. Eingesehen am 14.12.2018

259 Word Resources Institute (2015): Tropical Forests Declining in Overlooked Hotspots, Featuring Nigel Sizer. Verfügbar unter: https://www.youtube.com/watch?v=oGExHqB-ZnY. Eingesehen am 14.12.2018

260 McGrath, M. (2018): Alarm over 'timber grab' from Cambodia's protected forests. In: BBC. Verfügbar unter: https://www.bbc.com/news/science-environment-33702814. Eingesehen am 14.12.2018

261 Global Forest Watch (2018): Verfügbar unter: https://www.globalforestwatch.org/. Eingesehen am 14.12.2018

262 Global Forest Watch (2018): Verfügbar unter: https://www.globalforestwatch.org/. Eingesehen am 14.12.2018

263 Hansen, M.C.; Potapov, P.V.; Moore, R. et al. (2013): High-Resolution Global Maps of 21st-Century Forest Cover Change. In: Science. 342, 6160, S. 850-853. Verfügbar unter: http://science.sciencemag.org/content/342/6160/850. Eingesehen am 06.01.2019

264 Ram, M.; Bodganov, D.; Aghahosseini, A. et al. (2017): Global Energy System based on 100 % Renewable Energy –Power Sector. Verfügbar unter: http://energywatchgroup.org/wp-content/uploads/2017/11/Full-Study-100-Renewable-Energy-Worldwide-Power-Sector.pdf. Eingesehen am 14.12.2018

LUT University (2017): Fully Renewable Electricity Worldwide is Feasible and More Cost-Effective than the Existing System. Verfügbar unter: https://www.lut.fi/web/en/news/-/asset_publisher/IGh4SAywhcPu/content/fully-renewable-electricity-worldwide-is-feasible-and-more-cost-effective-than-the-existing-system. Eingesehen am 14.12.2018

265 UNFCCC (2018): Greta Thunberg speech to UN secretary general António Guterres. Verfügbar unter: https://www.youtube.com/watch?v=1Cve4bLDrIM. Eingesehen am 06.01.2019

266 Bundesministerium für wirtschaftliche Zusammenarbeit und Entwicklung (2018): Schulze und Müller in Kattowitz: Deutschland verdoppelt Zusage für internationalen Klimafonds. Verfügbar unter: http://www.bmz.de/de/presse/aktuelleMeldungen/2018/dezember/181203_pm_057_Deutschland-verdoppelt-Zusage-fuer-internationalen-Klimafonds/index.html. Eingesehen am: 06.01.2019.

267 UNFCCC YOUNGO (ohne Datum): About. Verfügbar unter: http://www.youthpolicy.org/blog/structures/conference-of-youth/. Eingesehen am 14.12.2018

268 Tagesschau.de (2018): Studie zu Klimazielen Deutschlands CO$_2$-Budget für 2018 verbraucht. Verfügbar unter: https://www.tagesschau.de/inland/kohlendioxid-budget-klimaschutz-101.html. Eingesehen am 06.01.2019

269 Stand: Dezember 2018

270 Bundesministerium für wirtschaftliche Zusammenarbeit und Entwicklung: Minister Müller stellt neue Allianz für Entwicklung und Klima im Bundestag vor, http://www.bmz.de/20181129-2. Eingesehen am 14.12.2018

271 Nature climate change: The role of the private sector, http://www.nature.com/nclimate/. Eingesehen am 14.12.2018

272 Radermacher, F. J. (2017): Der Milliardenjoker. Freiwillige Klimaneutralität und das 2-Grad-Ziel. Verfügbar unter: https://www.sbk-rlp.de/inhalte/uploads/Einleitung_Management-Summary_12-Thesen.pdf. Eingesehen am 06.01.2019

273 Bundesministerium für wirtschaftliche Zusammenarbeit und Entwicklung (2018): Allianz für Entwicklung und Klima. Verfügbar unter: http://www.bmz.de/de/zentrales_downloadarchiv/themen_und_schwerpunkte/klimaallianz/BMZ_Allianz-fuer-Entwicklung-und-Klima.PDF. Eingesehen am 14.12.2018.

274 https://t.co/NabcHbOqqS, http://www.climate-change-performance-index.org. Eingesehen am 06.01.2019

275 Beetz, J. (2016): Wie Rückkopplung unser Leben bestimmt und Natur, Technik, Gesellschaft und Wirtschaft beherrscht. S. 21. Springer Spektrum

276 Potsdam-Institut für Klimafolgenforschung: Kippelemente – Achillesfersen im Erdsystem. Verfügbar unter: https://www.pik-potsdam.de/services/infothek/kippelemente/kippelemente. Eingesehen am 06.01.2019

277 Eine kleine positive Nachricht am Rande: In den USA gründete sich die Klimaallianz der Vereinigten Staaten, eine Allianz von amerikanischen Bundesstaaten, die sich weiterhin an das Übereinkommen von Paris halten wollen. Der Allianz gehören 13 Staaten an, acht weitere überlegen, beizutreten.

278 Mercator Research Institute on Global Commons and Climate Change (2018): So schnell tickt die CO$_2$-Uhr. Verfügbar unter: https://www.mcc-berlin.net/forschung/co2-budget.html. Eingesehen am 24.01.2019

279 Crowther, T.W.; Glick, H.B.; Covey, K.R. et al. (2015): Mapping tree density at a global scale. In: Nature. 525, S. 201–205. Verfügbar unter: https://www.nature.com/articles/nature14967. Eingesehen am 06.01.2019

280 The Renewable Materials Company: Verfügbar unter: https://www.storaenso.com/en. Eingesehen am 06.01.2019

281 Die aktuelle Zahl ist unter bonnchallenge.org zu finden.

282 DESERTEC (2018): Verfügbar unter: http://www.desertec.org/. Eingesehen am 06.01.2019

283 Radermacher, F. J. (2017): Der Milliardenjoker. Freiwillige Klimaneutralität und das 2-Grad-Ziel. Verfügbar unter: https://www.sbk-rlp.de/inhalte/uploads/Einleitung_Management-Summary_12-Thesen.pdf.

284 Weber, W. (2010): Strong signature of the active Sun in 100 years of terrestrial insolation data. In: Annalen der Physik. 522, S. 272-381. Verfügbar unter: https://onlinelibrary.wiley.com/doi/abs/10.1002/andp.201000019.

285 Bundesministerium für wirtschaftliche Zusammenarbeit und Entwicklung (2017): ODA-Zahlen Geber im Vergleich. Verfügbar unter: https://www.bmz.de/de/ministerium/zahlen_fakten/oda/geber/index.html. Eingesehen am 06.01.2019

286 Song, L.; Banerjee, N.; Hasemeyer, D. (2015): Exxon's Own Research Confirmed Fossil Fuels' Role in Global Warming Decades Ago. In: Inside Climate News. Verfügbar unter: https://insideclimatenews.org/content/Exxon-The-Road-Not-Taken. Eingesehen am 06.01.2019

287 The Guardian (2017): Shell's 1991 warning: climate changing ›at faster rate than at any time since end of ice age‹. Verfügbar unter: https://www.theguardian.com/environment/2017/feb/28/shell-film-warning-climate-change-rate-faster-than-end-ice-age. Eingesehen am 06.01.2019

288 Greenpeace (2016): Exxon's Climate Denial History: A Timeline. Verfügbar unter: https://www.greenpeace.org/usa/global-warming/exxon-and-the-oil-industry-knew-about-climate-change/exxons-climate-denial-history-a-timeline/. Eingesehen am 14.12.2018

289 The Correspondent (2017): Shell made a film about climate change in 1991 then neglected to heed its own warning). Verfügbar unter: https://thecorrespondent.com/6285/shell-made-a-film-about-climate-change-in-1991-then-neglected-to-heed-its-own-warning/692663565-87533116. Eingesehen am 06.01.2019

290 Müller, K. (2017): Shell wusste es schon vor 25 Jahren. In: Energiewende rocken. Verfügbar unter: https://energiewende-rocken.org/shell-wusste-es-schon-vor-25-jahren/. Eingesehen am 06.01.2019

291 Powell, J.L. (2012): The Inquisition of Climate Science. S. 174. Columbia University Press. New York.

292 Götze, S.; Joeris, A. (2018): Kohle, Kohle, Kohle. In: Sueddeutsche.de. Verfügbar unter: https://projekte.sueddeutsche.de/artikel/wissen/die-klimaleugner-szene-ist-im-aufwind-e344371/?reduced=true. Eingesehen am 06.01.2019

293 https://www.euractiv.com/wp-content/uploads/sites/2/2018/09/Business-Europe-strategy-memo.pdf. Eingesehen am 06.01.2019

294 Götze, S.; Joeris, A. (2018): Kohle, Kohle, Kohle. In: Sueddeutsche.de. Verfügbar unter: https://projekte.sueddeutsche.de/artikel/wissen/die-klimaleugner-szene-ist-im-aufwind-e344371/?reduced=true. Eingesehen am 06.01.2019

295 Ehlerdingg, S.; Sendker, M. (2018): Die Jungen kämpfen für ihre Zukunft. In: Der Tagesspiegel. Verfügbar unter: https://www.tagesspiegel.de/politik/demos-fuer-mehr-klimaschutz-die-jungen-kaempfen-fuer-ihre-zukunft/23698894.html. Eingesehen am 06.01.2019

296 Gladwell, M. (2000): Wie kleine Dinge Großes bewirken können. Tipping Point. Goldmann. New York

297 Weltverwandler (ohne Datum): Mama Miti – Die Mutter der Bäume. Verfügbar unter: http://weltverwandler.de/person/wangari-maathai/. Eingesehen am 06.01.2019

298 The Crowther Lab (2018): Verfügbar unter: https://crowtherlab.com/. Eingesehen am 06.01.2019